Accedi
ai **servizi riservati**

COLLEGATI AL SITO
EDISES.IT

ACCEDI AL
MATERIALE DIDATTICO

SEGUI LE
ISTRUZIONI

Utilizza il codice personale contenuto nel riquadro per registrarti al sito **edises.it** e accedere ai **servizi** e **contenuti riservati**.

Scopri il tuo **codice personale** grattando delicatamente la superficie

Il volume NON può essere venduto, né restituito, se il codice personale risulta visibile.
L'**accesso ai servizi riservati** ha la durata di **un anno** dall'attivazione del codice e viene garantito esclusiv... ni in corso.

Per attivare i **servizi riservati**, collegati al sito **ed**... zioni

Se sei registrato al sito

- clicca su *Accedi al materiale didattico*
- inserisci email e password
- inserisci le ultime 4 cifre del codice ISBN, riportato in basso a destra sul retro di copertina
- inserisci il tuo **codice personale** per essere reindirizzato automaticamente all'area riservata

...gistrato al sito

- clicca su *Accedi al materiale didattico*
- registrati al sito o autenticati tramite facebook
- attendi l'email di conferma per perfezionare la registrazione
- torna sul sito **edises.it** e segui la procedura già descritta per *utenti registrati*

EdiSES
Professioni & Concorsi

Il nuovo concorso a cattedra – CCS14 – Tracce svolte di Discipline artistiche e tecniche

9 8 7 6 5 4 3 2 1 0
2024 2023 2022 2021 2020

Le cifre sulla destra indicano il numero e l'anno dell'ultima ristampa effettuata

A cura di: Chiara ABBATE, Paolo LEO

Progetto grafico: ProMedia Studio di A. Leano – Napoli

Grafica di copertina e fotocomposizione: curvilinee

Stampato presso Vulcanica s.r.l. – Nola (NA)

Per conto della EdiSES – Piazza Dante, 89 – Napoli

www.edises.it
info@edises.it

ISBN 978 88 3622 101 1

il **nuovo** concorso
a cattedra

Discipline artistiche e tecniche

Tracce svolte per la prova scritta

Ampia raccolta di **quesiti** a **risposta aperta** e **tracce svolte** per la **prova scritta**

EdiSES
Professioni & Concorsi

Premessa

Il volume è concepito come supporto per la preparazione alla prima prova scritta del concorso ordinario a cattedra nelle classi:
- **A01 Arte e immagine nella scuola secondaria di I grado**
- **A17 Disegno e storia dell'arte negli istituti di istruzione secondaria di II grado**
- **A54 Storia dell'arte**
- **A60 Tecnologia nella scuola secondaria di I grado**

Il volume è costituito da un'**ampia raccolta di domande a risposta aperta** suddivise per **area disciplinare**. Ognuno dei quesiti qui riuniti è corredato da un percorso di svolgimento (che evidenzia i punti chiave da trattare) e da un'ipotesi di trattazione sintetica.

Le aree trattate sono relative alle principali conoscenze disciplinari necessarie per l'insegnamento delle materie per le quali si intende partecipare al concorso. Lo **svolgimento** di ciascun quesito favorisce un rapido riepilogo delle **nozioni fondamentali** e consente di fissare i **concetti chiave**.

In Appendice, una raccolta di tracce assegnate nei precedenti concorsi a cattedra.

Il volume è completato da **materiali didattici, approfondimenti e risorse di studio** accessibili online. I servizi web sono disponibili per 12 mesi dall'attivazione del codice.

Questo lavoro, ricco, complesso, denso di rinvii normativi e spunti operativi per l'attività dei futuri insegnanti, tratta materie in continua evoluzione.

Ulteriori **materiali didattici** e **approfondimenti** sono disponibili nell'area riservata a cui si accede mediante la registrazione al sito ***edises.it*** secondo la procedura indicata nel frontespizio del volume.

Eventuali errata-corrige saranno pubblicati sul sito *edises.it*, nella scheda "*Aggiornamenti*" della pagina dedicata al volume

Altri aggiornamenti sulle procedure concorsuali saranno disponibili sui nostri profili social

Facebook.com/Concorso a cattedra e abilitazione all'insegnamento
blog.edises.it

Indice generale

PARTE PRIMA
STORIA DELL'ARTE

PARTE SECONDA
LETTURA DI UN'OPERA D'ARTE

PARTE TERZA
DISEGNO TECNICO

PARTE QUARTA
CIRCUITI

PARTE QUINTA
TECNOLOGIA E SCIENZA DEI MATERIALI

APPENDICE
TRACCE ASSEGNATE IN PRECEDENTI CONCORSI A CATTEDRA

Parte Prima
Storia dell’arte

1 Nella dimora rinascimentale lo studiolo riveste un ruolo significativo sia sul piano artistico che sociale. Il candidato illustri un episodio di committenza legato all'allestimento dello studiolo nel sec. xv

Punti chiave

- Il *Rinascimento.*
- L'importanza degli studi.
- Lo *Studiolo* di Federico da Montefeltro ad Urbino.

Svolgimento

Con il termine *Rinascimento* s'intende il periodo che va dalla fine del XIV secolo a tutto il XVI secolo in Italia e in Europa. Il *Rinascimento* prende le mosse dall'*Umanesimo,* movimento culturale e ideologico che nasce alla fine del Trecento nella florida città di Firenze e si diffonde durante il Quattrocento nel resto dell'Italia. Alla base dell'Umanesimo vi è una rinnovata fiducia nell'individuo e nelle sue capacità. L'uomo è al centro dell'universo. L'acquisizione di una prospettiva storica si accompagna alla volontà di studiare il mondo in maniera scientifica e la conoscenza è un bisogno primario dell'uomo.
Il Principe rinascimentale, colto e ambizioso, cerca il raccoglimento per i suoi studi in un luogo riservato e personale, nel quale racchiudere tutta la scienza conosciuta: dai classici latini e greci, agli scritti d'arte e architettura, ai trattati di matematica. Uno degli esempi più rappresentativi in tal senso è il celebre *Studiolo* di Federico da Montefeltro, cuore del *Palazzo Ducale* di Urbino (1455 c.-1481), opera di Luciano Laurana e Francesco di Giorgio Martini.

Lo studiolo, luogo destinato ai suoi studi appassionati, è anche simbolo delle virtù del Principe umanista, mirabilmente raffigurate nella serie degli *Uomini illustri* dipinta dal fiammingo Giusto di Gand (notizie negli anni 1460-1475) e dallo spagnolo Pedro Berruguete (1450/55-15040c.), tra il 1472 ed il 1474. Le raffinatissime tarsie lignee sono di Baccio Pontelli (1450-1492).
Il duca Federico, esperto di arte, letteratura, matematica e architettura, si fa promotore di un Umanesimo razionale fondato sulla convinzione che tutto il mondo visibile possa essere ricondotto alle leggi della matematica e della geometria. Si circonda, pertanto, di illustri matematici e artisti, come il traduttore di Euclide Luca Pacioli da Borgo San Sepolcro e il suo conterraneo Piero della Francesca che ad Urbino porta ai massimi sviluppi una pittura fondata sulla prospettiva e sull'equilibrio della perfezione geometrica.
In generale, lo studiolo è luogo di raccolta e conservazione di oggetti d'arte e volumi rari e preziosi, antesignano della cinquecentesca *wunderkammer*, la "camera delle meraviglie".

2 Il candidato illustri le caratteristiche salienti dell'architettura di Francesco Borromini

Punti chiave

- Il Barocco.
- Aspetti principali dell'opera di Borromini.
- La chiesa di *Sant'Ivo alla Sapienza.*

Svolgimento

Durante il terzo decennio del Seicento si afferma a Roma il Barocco, corrente artistica della Chiesa controriformata trionfante, che si diffonde poi in tutta Europa e le cui caratteristiche principali sono: teatralità, illusionismo, dinamismo formale, gusto per le decorazioni, effetti scenografici, integrazione tra le arti, volontà di stupire ed emozionare lo spettatore. L'architettura e la scultura dell'epoca sono dominate da Gian Lorenzo Bernini (1598-1680) il quale opera in modo magistrale la sintesi delle arti propugnata dal Barocco.

Parallelamente emerge la figura, altrettanto straordinaria, di Francesco Castelli detto Borromini (1599-1667), architetto che lavora prevalentemente per gli ordini mendicanti e realizza opere ispirate ai principi di austerità e spiritualità richiesti dai committenti e da egli stesso fortemente sentiti. Le originali invenzioni di Borromini rivestono un'eccezionale importanza per la creatività e la profonda carica innovativa che le caratterizza, sempre accompagnate da una intensa misticità.

La concezione artistica dell'architetto ticinese è opposta a quella del suo collega e antagonista Gian Lorenzo Bernini. La sua opera è caratterizzata, infatti, da una profonda spiritualità e da una ripresa della tradizione classica in chiave ancora più originale e im-

prevedibile. Le sue architetture, prive di retorica e spesso realizzate con materiali poveri, si adattano bene alle richieste degli ordini religiosi che affermano l'importanza della preghiera e dell'ascesi. Il suo capolavoro è la chiesa di *Sant'Ivo alla Sapienza* (1642-1662), un'opera tra le più innovative dell'architettura barocca. La chiesa sorge sul fondo del cortile del Palazzo della Sapienza e presenta una pianta stellare mistilinea – originata dall'intersezione di due triangoli equilateri – ispirata all'architettura tardoantica. L'alternanza di linee curve e convesse imprime energia e dinamismo alla struttura che si espande e si contrae ritmicamente proseguendo e culminando nella luminosissima cupola priva di tamburo. La facciata è inserita nell'esedra del cortile cinquecentesco della Sapienza, opera di Giacomo della Porta. All'andamento concavo della facciata si oppone l'originale tiburio dal quale sporge la parte superiore della cupola coronata da una lanterna mistilinea. Su di essa si erge uno stupefacente fregio spiraliforme con guglie fiammeggianti che si avvita verso l'alto con moto elicoidale e sorregge un'elastica gabbia metallica culminante in una simbolica sfera dorata con la croce, vertice della composizione e motivo forse più eccentrico e personale di tutta l'opera di Borromini.
Oltre agli edifici religiosi, Borromini realizza anche importanti opere civili, come il *Palazzo di Propaganda Fide* (1646-1666) e la *Colonnata di Palazzo Spada* (1652-1655).

3 Nell'articolo 9 della Costituzione è scritto: "la Repubblica tutela il paesaggio e il patrimonio storico e artistico della nazione". Il candidato elabori le tracce di un'ipotetica lezione a commento di tale assunto

Punti chiave

- Finalità dell'insegnamento della storia dell'arte.
- Importanza della tutela e della valorizzazione del patrimonio.
- Direttive ministeriali in materia di patrimonio artistico.
- Metodologie di insegnamento: l'approccio pratico.

Svolgimento

L'insegnamento della storia dell'arte, disciplina umanistica che coinvolge ambiti diversi e complementari come la letteratura, la filosofia e la storia, si pone oggi un obiettivo prioritario: l'educazione alla conoscenza delle arti e del patrimonio artistico e culturale.

L'attenzione al patrimonio e la sua valorizzazione costituiscono aspetti essenziali dell'educazione alla cittadinanza e alla maturazione di una identità nazionale, soprattutto in un paese che conta un vastissimo e ricchissimo patrimonio archeologico, architettonico, artistico, storico e paesaggistico, quale il nostro. In questo senso è da sottolineare che la Costituzione italiana pone, tra i principi fondamentali, proprio la "tutela del paesaggio e del patrimonio storico e artistico della nazione" (articolo 9).

In ottemperanza alle direttive europee, il Ministero dell'istruzione ha stabilito quattro assi culturali fondamentali: dei linguaggi, matematico, scientifico-tecnologico e storico-sociale. L'asse dei linguaggi prevede esplicitamente tra le competenze l'utilizzo di "strumenti fondamentali per una fruizione consapevole del patrimonio artistico", e tra le abilità e le conoscenze la capacità di "riconoscere e apprezzare le opere d'arte e conoscere e rispettare i beni culturali e ambientali a partire dal proprio territorio", ovvero l'aver acquisito: "le conoscenze fondamentali delle diverse forme di espressione e del patrimonio artistico" nonché "la sensibilità alla tutela e alla conservazione dei beni culturali e la coscienza del loro valore"[1]. È attraverso la conoscenza, infatti, che i giovani vanno sensibilizzati al problema della tutela del nostro patrimonio e alla sua valorizzazione.

Affinché una conoscenza possa essere realmente acquisita, trasformandosi in una competenza, è necessario che essa sia significativa per lo studente, ovvero che abbia un senso e richiami in lui situazioni e avvenimenti legati al quotidiano. È fondamentale, pertanto, partire dal patrimonio locale, legato al proprio vissuto, per avvicinare i giovani a tali tematiche. Una breve introduzione teorica, accompagnata dalla visione di immagini esplicative, fungerà da base ad una o più visite guidate, anche in collaborazione con strutture museali.

---

[1] D.M. 22 Agosto 2007, n. 139 "Regolamento recante norme in materia di assolvimento dell'obbligo d'istruzione".

4 Il candidato analizzi il *coro* della chiesa di *Santa Maria presso San Satiro* a Milano, opera di Donato Bramante. La trattazione dovrà essere orientata e finalizzata a un intervento didattico da condurre efficacemente in una classe a scelta del candidato

Punti chiave

- La fioritura artistica di Milano sotto Ludovico Sforza.
- Caratteristiche del coro della *Chiesa di Santa Maria presso San Satiro*
- Altre opere di Bramante.

Svolgimento

La lezione si rivolge a una classe di terzo liceo scientifico.

Sotto la reggenza di Ludovico Sforza detto il Moro (1480-1499), Milano vive un periodo di grande fioritura artistica e culturale. Ludovico, desideroso di affermare la propria autorità e la supremazia della città lombarda in Italia, chiama a corte due grandi artisti: Donato Bramante (1444-1514) e Leonardo da Vinci (1452-1519). Le opere di Bramante e di Leonardo a Milano anticipano la nascita di un nuovo linguaggio artistico, classico e monumentale, definito da Vasari *Maniera Moderna* (stile moderno), caratterizzato da naturalezza, armonia e ripresa dei modelli classici, che si sviluppa nel primo decennio del Cinquecento a Firenze (1501-1512) e a Venezia (1500-1510) e si consolida a Roma durante il pontificato di Giulio II (1503-1513).
Donato Bramante, architetto e pittore, si forma a Urbino presso i Montefeltro, dove è a contatto con le opere di Luciano Laurana,

Francesco di Giorgio Martini, Piero della Francesca e dei pittori fiamminghi. A Milano realizza per Ludovico Sforza il progetto per la *Chiesa di Santa Maria presso San Satiro* (1482-1486 circa) dove, per ovviare alla mancanza dell'abside, inventa la geniale soluzione di un finto coro prospettico coperto con una volta a botte a lacunari in stucco dipinto, che si sviluppa in profondità, dilatando prospetticamente e scenograficamente lo spazio. Tale soluzione, che rappresenta un vero saggio di virtuosismo illusionistico, conferisce spazialità alla piccola chiesa creando l'immagine di un'abside monumentale e dando l'impressione ottica di una pianta a croce latina che, in realtà, per ragioni urbanistiche è semplicemente a tau (T).

Culmine della sua produzione architettonica a Milano è la *Tribuna di Santa Maria delle Grazie* (1492-1497) nel cui convento contemporaneamente *Leonardo* dipinge l'*Ultima Cena* (1494-1498). La *Tribuna* (complesso dello spazio presbiteriale), realizzata in collaborazione con Giovanni Antonio Amadeo (1447-1522), nasce come monumento funebre per Ludovico il Moro e sua moglie Beatrice d'Este, ma non è portata a termine a causa della cacciata del duca nel 1499.

Caduto il ducato degli Sforza, Bramante si reca a Roma, dove su commissione di Giulio II lavora alle sue due più importanti imprese architettoniche: il *Belvedere Vaticano* e il grandioso progetto per la ricostruzione della *Basilica di San Pietro* (iniziata nel 1506).

5 Il candidato analizzi l'opera di Gian Lorenzo Bernini *Apollo e Dafne* (1622-1625). La trattazione dovrà essere orientata e finalizzata a un intervento didattico da condurre efficacemente in una classe a scelta del candidato

Punti chiave

- La figura di Gian Lorenzo Bernini.
- Analisi dell'opera *Apollo e Dafne*.

Svolgimento

La lezione si rivolge a una classe di quarto liceo scientifico.

Gian Lorenzo Bernini (1598-1680) è architetto, scultore, scenografo, pittore, costumista. Con la sua straordinaria opera, egli domina la scultura e l'architettura del Seicento, interpretando lo spirito dell'epoca e raggiungendo magistralmente la fusione tra le arti alla base dello stile barocco. La sua fervida immaginazione e le sue continue sperimentazioni lo portano a creare un linguaggio ricco di energia e dinamismo che esprime la forza infinita della natura in rapporto al divino. Bernini, definito "l'artista dei papi", interpreta lo spirito trionfalistico della Chiesa controriformata ormai vittoriosa; in particolare Papa Urbano VIII Barberini (1623-1644) gli affida una serie di opere di grande prestigio, volte alla celebrazione della rinnovata potenza della Chiesa.
Opere giovanili sono i gruppi scultorei di soggetto mitologico realizzati per il cardinale Scipione Borghese (1576-1633), il *Ratto di Proserpina* (1621-1622), *Apollo e Dafne* (1622-1625 Roma, Galleria Borghese), il *David* (1623-1624), capolavori nei quali Bernini sperimenta un rivoluzionario schema scultoreo dinamico caratteriz-

zato da figure in tensione che si proiettano nello spazio coinvolgendo fisicamente l'osservatore.
In particolare, nel gruppo intitolato *Apollo e Dafne* esposto nella Galleria Borghese di Roma, Bernini raffigura la metamorfosi in alloro della casta ninfa Dafne, inseguita invano da Apollo, dio della luce, come narrato nelle *Metamorfosi* di Ovidio. Iniziata dal Bernini a ventiquattro anni, l'opera marmorea in scala naturale era originariamente collocata nella stessa sala in cui è oggi ma posta su una base più bassa e ristretta appoggiata alla parete verso la scala. A chi entrava allora, Apollo in corsa si presentava di spalle e compariva quindi la ninfa in fuga mentre si compie la sua metamorfosi e la corteccia ne avvolge gran parte del corpo. Nel 1785 Marcantonio IV Borghese decise di collocare l'opera al centro della sala e Vincenzo Pacetti progettò l'attuale base utilizzando i pezzi originali, integrando con gesso il plinto del gruppo e facendo aggiungere un altro cartiglio con l'aquila Borghese, scolpito da Lorenzo Cardelli.

6 Si analizzi la cappella di *Notre-Dame-du-Haut* a Ronchamp (1950-54), opera di Le Corbusier, contestualizzandola nell'ambito dell'attività dell'autore e inquadrando l'autore stesso entro la produzione artistica a lui contemporanea e al clima culturale dell'epoca

Punti chiave

- Il Razionalismo.
- Attività artistica di Le Corbusier.
- Evoluzione dell'architettura di Le Corbusier in senso organicista.

Svolgimento

Le Corbusier è il grande maestro del Razionalismo, corrente che si sviluppa tra le due guerre mondiali con l'intento di rinnovare l'architettura in senso moderno, basandosi sulla convinzione di poter risolvere i problemi sociali conseguenti alla rivoluzione industriale e al massiccio inurbamento attraverso l'uso della razionalità in architettura e urbanistica. In particolare, gli obiettivi che gli architetti si pongono sono: sviluppo sociale, ottimizzazione di suolo e risorse, funzionalità, utilizzo delle tecniche di produzione industriale, standardizzazione e purificazione della forma.
Appartengono a questo filone i progetti realizzati durante gli anni Venti e Trenta del Novecento, nei quali Le Corbusier affronta i problemi del delicato equilibrio tra natura e civiltà industriale, del "livello minimo di esistenza" e dei principi del funzionalismo razionalista nella casa unifamiliare.
Tra il 1945 e il 1965 Le Corbusier realizza alcuni grandi capolavori caratterizzati da un nuovo indirizzo organicista e mistico, tra cui

la cappella di *Notre-Dame-du-Haut* a Ronchamp (1950-54). Il suo impegno etico si accentua, inoltre, durante la fase di ricostruzione postbellica in Francia, esprimendosi esemplarmente nella progettazione dell'*Unità di abitazione a Marsiglia* (1947-53), dove applica il concetto di *Modulor* (1947), proporzione modulare basata sulla misura di un uomo alto 1,83 m, finalizzata a realizzare spazi abitativi a misura d'uomo. A partire dal 1952 Le Corbusier lavora alla realizzazione di *Chandigarh,* città capitale della regione indiana del Punjab.

La *cappella di Ronchamp,* situata tra le montagne dei Vosgi, è un organismo complesso, pervaso da un profondo misticismo. Diversi volumi si uniscono e si compenetrano definendo un perfetto oggetto plastico, integrato all'ambiente circostante come una grande scultura all'aperto. La struttura è in cemento armato. Le pareti in pietra, imbiancate con cemento di gunite (intonaco di cemento e sabbia applicati a spruzzo), contrastano con il colore scuro della copertura a forma di conchiglia, che sovrasta la struttura, sporgendo rispetto ai muri a loro volta curvilinei e inclinati. Una sottile fascia vuota, esistente tra la copertura e le pareti, lascia trapelare la luce naturale all'interno dell'edificio con effetto di grande spiritualità. Il pavimento dell'unico ambiente interno è posto in leggera pendenza in direzione dell'altare. Il lirismo è la chiave di lettura della cappella di Ronchamp.

7 Il candidato tratti, con peculiare terminologia e dimostrando la conoscenza delle moderne metodologie di indagine critica, l'architettura romanico-lombarda e padana attraverso i suoi principali monumenti, indicando i caratteri permanenti e le varianti stilistiche

Punti chiave

- L'arte romanica nei Comuni dell'Italia settentrionale.
- Milano, centro egemone dell'architettura romanica: la *Basilica di Sant'Ambrogio.*
- Altri centri del Romanico lombardo.

Svolgimento

In Italia il Romanico presenta caratteristiche diverse da regione a regione, a causa della frammentazione territoriale, politica e culturale che caratterizza il paese. I Comuni della pianura padana, nel territorio compreso tra Como, Milano e Pavia, aderiscono ai modelli artistici europei e influenzano a loro volta le regioni centrali e meridionali, come la Toscana e la Puglia, dove il Romanico viene rielaborato in base alle tradizioni artistiche e culturali locali. Per la sua posizione geografica, la Lombardia è la regione che intrattiene più stretti rapporti con l'Europa centro-settentrionale, da cui assimila modelli artistici e culturali. Il più importante esempio di architettura in stile romanico lombardo si ha a Milano, centro egemone della regione, con la Basilica di Sant'Ambrogio (1080 c. - inizi XII secolo). La chiesa, eretta sull'antica *Basilica Martyrum* fondata da Sant'Ambrogio nel IV secolo, è a tre navate senza transetto e ha un quadriportico antistante.

Sant'Ambrogio diventa il modello indiscusso dell'architettura romanica in Lombardia. Le chiese di Milano, Vercelli, Novara e Pavia ne riprendono la forma e il sistema organizzativo. A Pavia, in particolare, la diffusione del modello è testimoniata dalla chiesa di *San Michele* (prima metà del XII secolo). Il corpo basilicale a tre navate deriva chiaramente dall'impianto di Sant'Ambrogio, da cui differisce, però, per l'inserimento di un transetto coperto a botte che determina la pianta a croce latina. La facciata, a capanna, è caratterizzata da un accentuato slancio verticale e dall'inserimento delle finestre nella zona centrale e dell'originale *loggetta* sulla sommità.
A Modena l'architetto Lanfranco (secoli XI-XII) elabora uno dei capolavori dell'architettura romanica padana, il *Duomo* dedicato a *San Gemignano* (1099-1117 c.) con un impianto basilicale a tre navate, cui corrisponde la sequenza di archi tripartiti presenti in facciata e lungo i lati della chiesa, e originali innovazioni quali il *protiro* con i leoni *stilofori* (che reggono la colonna). Al modello di Modena si ispira la *Chiesa di San Zeno* a Verona (1120-38), dove opera lo scultore Nicolò, attivo in Italia tra il 1115 e il 1150.

8 Il candidato analizzi, con peculiare terminologia e dimostrando la conoscenza delle moderne metodologie di indagine critica, il *Pulpito di Sant'Andrea a Pistoia* di Giovanni Pisano, con adeguato riferimento alle contemporanee vicende storiche

Punti chiave

- La scultura gotica.
- Nicola Pisano, modello di riferimento per il figlio Giovanni.
- Il *Pulpito di Sant'Andrea a Pistoia.*

Svolgimento

Presso la corte di Federico II si forma il più grande scultore italiano del Duecento, Nicola de Apulia, detto Nicola Pisano (1220c.-1278/1284), autore del *Pergamo del Battistero di Pisa* (1257c.-1260), prima sua opera documentata. Insieme al figlio Giovanni Pisano e all'allievo Arnolfo di Cambio, con i quali realizza il *Pergamo del Duomo di Siena* (1266-68), lo scultore attua una vera e propria rivoluzione in campo plastico, fondendo elementi gotici con altri di derivazione classica e creando uno stile originale, caratterizzato da espressività, naturalismo ed efficacia narrativa, che influenza i successivi sviluppi della scultura italiana.
Il figlio Giovanni (1248c.-1318c.) accentua la tensione drammatica presente nelle opere paterne, potenziandone l'aspetto espressivo e tra il 1298 e il 1301 realizza il *Pergamo di Sant'Andrea a Pistoia*, la cui analisi non può prescindere dal confronto con le analoghe sculture realizzate dal padre Nicola, in particolare con il *Pergamo del Battistero di Pisa.* In quest'ultimo, il tradizionale impianto a cassa quadrangolare è abbandonato a favore di una struttura archi-

tettonica a pianta esagonale, liberamente disposta nello spazio. Nel pulpito le membrature architettoniche e le parti scultoree risultano in perfetto equilibrio come lo sono le diverse componenti stilistiche e culturali che caratterizzano l'opera dell'artista: l'*antico*, evidente nell'ornato delle cornici e nello stile delle figure, il *gotico francese* espresso dallo slancio verticale delle colonne, dall'uso di archi *trilobati* (con tre lobi che formano archetti minori), dai capitelli ornati a *crochets* (elaborati motivi vegetali) e dal risalto plastico delle sculture.
Giovanni si rifà al modello paterno riprendendo sia l'impianto esagonale della struttura appoggiata su sette colonne (sei ai vertici e una centrale) di cui due sorrette da leoni stilofori e una da un telamone ricurvo, sia l'organizzazione dei temi iconografici con le *Storie della vita di Cristo* scolpite nei cinque parapetti del pulpito. A differenza del padre, però, conferisce maggiore slancio all'opera attraverso l'utilizzo di colonne più sottili e poggianti su plinti e di archi a sesto acuto al posto degli archi trilobati, in linea con lo stile gotico europeo cui s'ispira anche la maggiore espressività e plasticità delle sculture, cariche di tensione drammatica. Innovativo è inoltre l'uso di statue angolari a tutto tondo negli spigoli della cassa.

9 Il candidato delinei un confronto tra l'Impressionismo francese e l'opera dei Macchiaioli toscani, analizzando le differenze culturali, storiche e artistiche

Punti chiave

- Il movimento impressionista: origine e significato.
- L'opera di Monet.
- I Macchiaioli in Italia.

Svolgimento

Nel 1874 si forma a Parigi un gruppo di artisti indipendenti denominato *Société Anonyme Cooperative des Artistes.* Della *Société* fanno parte i pittori passati alla storia sotto il nome di Impressionisti: Monet, Degas, Renoir, Cézanne, Pissarro, Sisley, Morisot, Bazille e altri. La ricerca visiva impressionista rappresenta una svolta nella storia dell'arte. Non vi è un programma preciso nel gruppo impressionista, né un interesse politico o ideologico, piuttosto ciò che lega i diversi pittori tra di loro è la comune avversione per l'arte ufficiale e accademica dei *Salons,* il disinteresse per il soggetto, la propensione per i paesaggi e le nature morte e, soprattutto, il rifiuto per il tradizionale atelier, a favore del lavoro *en plein air,* ovvero all'aria aperta. L'intento è di rendere con immediatezza l'impressione visiva, utilizzando una tecnica rapida e senza ritocchi e mediante il solo uso del colore.
È il dipinto di Claude Monet (1840-1926) *Impressione. Levar del sole* (1872) a dare il nome alla corrente. Monet è convinto dell'importanza del lavoro *en plein air*: solo osservando la natura all'aria aperta è possibile riprodurla realisticamente. Studia gli effetti della

luce, le trasparenze dell'acqua e dell'atmosfera e comprende che in natura i contorni non esistono, ma sono solo un metodo convenzionale per rappresentare le cose. Egli, quindi, mette a punto la tecnica di rappresentazione impressionista: rapidi tocchi di colore puro, che restituiscono con immediatezza la percezione visiva della realtà.

Già intorno al 1860 alcuni artisti provenienti da diverse regioni d'Italia (Giovanni Fattori, Raffaello Sernesi, Silvestro Lega, Giuseppe Abbati, Telemaco Signorini, Francesco Saverio Altamura, Domenico Morelli ed altri), che si ritrovano abitualmente al *Caffè Michelangiolo* di Firenze, danno origine alla corrente dei *Macchiaioli*: attraverso l'accostamento di macchie di colore e senza la mediazione del disegno, cercano di riprodurre fedelmente l'*impressione* ottica. I macchiaioli – il termine viene utilizzato per la prima volta nel 1862 sulla «Gazzetta del Popolo» per definire questo gruppo di artisti – precorrono in tal senso la corrente impressionista francese, ma si distinguono da essa per la restituzione puntuale ed elaborata del dato visivo. La ricerca di realismo e di oggettività del dato visivo si realizza attraverso la pratica della *pittura sul motivo*, ovvero a diretto contatto con l'oggetto da rappresentare. I temi principali delle loro opere, in mostra alla prima esposizione nazionale organizzata a Firenze nel 1861, sono paesaggi e scene di vita all'aperto. I macchiaioli, come gli impressionisti, rifiutano tematiche religiose o storiche, a favore del *vero*.

10 Il candidato analizzi il Movimento Moderno a partire dall'esperienza del Bauhaus

Punti chiave

- La Bauhaus.
- Architettura razionalista.
- Architettura organica.

Svolgimento

L'evento artistico-culturale che segna l'inizio del Movimento Moderno è la fondazione del Bauhaus di Walter Gropius a Weimar nel 1919. Il Bauhaus, "casa della costruzione" o "casa dell'architettura", è un istituto d'arte e mestieri che si afferma in un contesto caratterizzato da un grande fermento culturale e artistico (la Repubblica di Weimar degli anni 1919-33) e si pone lo scopo di conciliare arte e industria, nel nome di valori quali armonia, razionalità, funzionalità, modernità, integrazione tra le arti, collaborazione e democrazia. Il Bauhaus ha definito una metodologia progettuale ancora valida, impostando una didattica innovativa che ha segnato la storia dell'architettura moderna.
Nell'ambito del Movimento Moderno si evidenziano in particolare due tendenze architettoniche: il Razionalismo e l'Architettura Organica.
I principi basilari del Razionalismo sono il rifiuto dell'orpello decorativo, la preminenza assegnata alla funzionalità e la supremazia dell'urbanistica sul singolo intervento architettonico. Le Corbusier nei *Cinque punti per una nuova architettura* (1927) fissa il modello di casa unifamiliare, improntato ai principi del funzionalismo razionalista delineando le regole per un moderno sistema progettuale, perfettamente esemplificato nella *Villa Savoye* a Poissy

presso Parigi (1928-31). Tali regole sono: la casa sollevata dal terreno tramite pilastri; i tetti-giardino; la pianta libera; la facciata libera; la finestra a nastro.
La teoria di un'Architettura organica è legata all'opera di Louis Henry Sullivan e del suo allievo Frank Lloyd Wright, autore della *Casa Robie a Oak Park* (1909). Questo tipo di architettura parte dal razionalismo per allargarne i contenuti: si rivolge a un pubblico più vasto e propone un'ampia gamma di tipologie edilizie ispirate dalla convinzione che la forma debba sempre seguire la funzione. I volumi degli edifici hanno una forma più libera, ispirata alla natura; s'introducono angoli smussati e un maggior numero di materiali, come il legno, il mattone, l'alluminio; soprattutto si progetta nel rispetto del contesto ambientale, sia in ambito urbano che paesaggistico. Si tende, inoltre, a rivalutare le tradizioni nazionali e provinciali, bandite dal livellamento internazionale dell'architettura razionalista. Le idee alla base dell'Architettura organica sono magistralmente espresse nella *Casa sulla cascata* di Frank Lloyd Wright in Pennsylvania, ritenuta il suo capolavoro.

11 Il candidato analizzi la corrente artistica denominata "Confraternita dei Preraffaelliti", con adeguato riferimento alle contemporanee vicende storiche e culturali

Punti chiave

- Il Romanticismo.
- Aspetti della pittura romantica: la ripresa di modelli proto-rinascimentali.
- La Confraternita dei Preraffaelliti.

Svolgimento

Tra la fine del Settecento e la prima metà dell'Ottocento si diffonde in Europa il vasto movimento letterario e culturale definito Romanticismo. Il termine romantico, dapprima usato per definire ambienti naturali suggestivi e pittoreschi, verrà poi utilizzato in maniera più estesa per individuare un atteggiamento generale dell'uomo, basato sulla riscoperta dell'immaginazione, della spiritualità, della fantasia, in contrapposizione al concetto di razionalità e al culto della bellezza classica, tipici dell'Illuminismo.
Il Romanticismo si sviluppa nel periodo storico caratterizzato dalla caduta di Napoleone e dal processo di nazionalizzazione avviatosi dopo il Congresso di Vienna (1814-1815). La nuova sensibilità romantica se da un lato esalta l'interiorità dell'uomo, dall'altro recupera le radici dell'appartenenza etnica sviluppando il concetto di "popolo" e un sentimento collettivo di patria e d'orgoglio nazionale che porta alla rivalutazione di origini e tradizioni locali.
In pittura, il recupero delle tradizioni storiche porta alla ripresa di modelli proto-rinascimentali. Un gruppo di artisti tedeschi, i *Nazareni*, formatisi attorno a Friedrich Overbeck e Franz Pforr, pro-

pongono un'arte basata su valori d'ispirazione ascetica e semplicità stilistica, tipici dell'arte dei "primitivi" italiani del Trecento e del Quattrocento. Dal movimento tedesco deriva l'attività dei *Puristi* italiani (Minardi, Tenerani, Mussini, Bianchini), i quali considerano l'arte tardo-medievale e la pittura di Raffaello un modello di bellezza, nell'ambito del quale purezza di stile e purezza di sentimenti sono perfettamente coniugate.

All'esperienza dei *Nazareni* si rifà la *Confraternita dei Preraffaelliti*, corrente artistica sviluppatasi in Inghilterra nella seconda metà dell'Ottocento. La componente religiosa e spirituale, fondamentale nel programma della Confraternita, è chiaramente espressa nell'opera di Dante Gabriele Rossetti, il maggior esponente e teorico del movimento (*Ecce ancilla Domini*, 1850), che si orienta verso un ritorno agli ideali cavallereschi e all'idealizzazione della donna tipica del dolce stil novo. I temi ai quali si ispirano gli esponenti di tale corrente sono quelli biblici e letterari; John Everett Millais, ad esempio, nel dipinto *Ofelia* (1851-52) si rifà all'*Amleto* di Shakespeare. Altri esponenti importanti sono Edward Burne-Jones e William Morris che grazie al loro impegno profuso nel campo delle arti applicate, contribuiscono alla fortuna della corrente artistica, che si afferma come gusto dominante nella società vittoriana.

12 Il candidato tratti il tema della comunicazione visiva con particolare riguardo alla tecnica grafica del disegno, inteso come mezzo di comunicazione

Punti chiave

- Il significato del termine “comunicare”.
- La comunicazione visiva.
- Il disegno.

Svolgimento

Comunicare significa, in generale, entrare in relazione con l’ambiente esterno allo scopo di dare e ricevere informazioni. Per comunicare l’uomo utilizza un sistema variabile di segni che viene definito linguaggio. I segni o simboli usati possono essere combinati tra loro in base a regole specifiche, per rappresentare in modo convenzionale fatti della realtà e scambiare informazioni. La comunicazione, infatti, è un processo bidirezionale (o pluridirezionale). L’interscambio può avvenire fra due o più entità e compiersi nella medesima dimensione temporale o spaziale, come nel caso di un dialogo, o in differita, cioè in tempi e luoghi diversi, come nel caso della comunicazione visiva delle opere d’arte.
In particolare è possibile distinguere due grandi categorie di comunicazione: verbale e non verbale. Rientrano nella seconda i linguaggi gestuali, corporei, iconici o visivi e musicali.
La comunicazione visiva può essere diretta, ovvero basata sul contatto oculare, o mediata, come nel caso delle immagini. Per immagine si intende il messaggio o la trasmissione percepibile dell’attività percettivo-rappresentativa attraverso cui l’uomo elabora la sua conoscenza. Qualsiasi tipo di immagine reale, infatti, è la rap-

presentazione di una equivalente immagine mentale ottenuta attraverso l'uso dei segni o simboli che compongono il linguaggio.
Ampio è il repertorio di immagini visive realizzabili attraverso linguaggi diversi: dipinti, sculture architetture, graffiti, incisioni, fotografie, film, fumetti, ecc. La comunicazione visiva, infatti, può avvalersi di svariate tecniche artistiche che rappresentano i diversi linguaggi utilizzati. Le tecniche grafiche, in particolare, privilegiano l'uso della matita e il segno distintivo è la linea, mezzo grafico per eccellenza. Quello del disegno è il più antico tra i linguaggi visivi; esso può assumere valore autonomo quando esprime valori estetici fini a se stessi, come nella pittura o nella scultura, oppure può avere una funzione ideativa, quando si usa come "schizzo" rapido e sintetico in fase progettuale, o infine può svolgere una funzione tecnica nella fase esecutiva e di dettaglio.
Il disegno svolge un ruolo fondamentale nel campo dell'illustrazione, sia letteraria a supporto di testi, che scientifica per una rappresentazione oggettiva della realtà. Risulta in ogni caso il mezzo di comunicazione visiva più immediato e utilizzato in contesti disparati, dall'ambito quotidiano a quello tecnico, artistico, didattico e così via.

13 Il candidato indichi le principali metodologie di approccio alla lettura di un'opera d'arte

Punti chiave

- La lettura dell'opera d'arte.
- Gli approcci metodologici più importanti.

Svolgimento

Leggere un'opera d'arte significa ricostruire l'epoca storica e il contesto socio-culturale nel quale è stata realizzata, interpretarne il codice espressivo e analizzarne la tecnica di esecuzione, inquadrare la corrente artistica cui appartiene e, da ultimo, percepirne i valori formali e la cultura figurativa. A tal fine, nel corso della storia, sono state elaborate diverse metodologie di studio che hanno privilegiato di volta in volta determinati aspetti nell'ambito dell'analisi delle opere.
Tali metodologie, che costituiscono differenti approcci allo studio delle opere, hanno permesso di realizzare l'analisi critica e tracciare così la Storia dell'Arte. La varietà degli approcci metodologici rivela, in realtà, l'aspetto polisemico dell'opera d'arte ed è espressione dell'attuale ampliamento dei confini disciplinari della storia e della critica dell'arte e della complessità delle forme artistiche contemporanee.
La metodologia più appropriata va scelta in funzione dell'opera da analizzare. Nel corso del tempo, infatti, e nei vari contesti storici e culturali, i prodotti dell'attività artistica hanno assunto significati, contenuti e linguaggi diversi; talvolta è prevalsa la funzione, tal'altra il contenuto, altre volte ancora l'aspetto psicologico. In ogni caso va sottolineato che alla base di un'opera esiste sempre una specifica forma scelta dall'autore per esprimere al meglio le

sue intenzioni e che va indagata per valutare l'efficacia della comunicazione dei contenuti al di là dell'approccio di studio.
Tra le metodologie storiche, il metodo Formalistico, quello Iconologico e in parte quello Strutturalistico riguardano lo studio dell'immagine e del suo processo ideativo; il metodo Sociologico e quello Psicologico partono dalla valutazione dell'opera d'arte per indagare più in generale il contesto in cui è nata o le funzioni assunte nella comunicazione.
Le metodologie tradizionali sono tuttora strumenti indispensabili per l'analisi dell'arte: la sociologia dell'arte, l'iconologia, il formalismo, lo strutturalismo sono ancora approcci fondamentali per la ricostruzione delle vicende storiche e culturali e per l'identificazione e le attribuzioni delle opere; consentono di mettere in relazione i rapporti costruttivi interni di un'opera con quelli della cultura figurativa storica o contemporanea, di istituire relazioni con la cultura letteraria delle immagini e dei "significati", di identificare relazioni con il contesto sociale, politico ed economico in cui l'opera è stata prodotta, di indagare sulla presenza di moti dell'inconscio e di simboli onirici nel prodotto artistico.

14 Il candidato delinei gli sviluppi dell'arte di Brunelleschi nel palazzo, nella chiesa, nella città, adottando una terminologia peculiare e dimostrando la conoscenza delle moderne metodologie di indagine critica

Punti chiave

- Firenze agli inizi del Quattrocento.
- Le opere principali di Filippo Brunelleschi.

Svolgimento

Tra la fine del Trecento e gli inizi del Quattrocento, Firenze conosce un periodo di grande fervore artistico e culturale, favorito dalla fiorente economia e da un governo oligarchico di banchieri e commercianti. In questo quadro storico opera l'architetto Filippo Brunelleschi, grande protagonista del primo Rinascimento fiorentino. Egli, partendo dalla prospettiva empirica di Giotto, introduce a inizio secolo la prospettiva geometrica teorizzata dal letterato e architetto Leon Battista Alberti (1404-1472) nel trattato *De Pictura* (1435).

L'opera di Brunelleschi (1377-1446) ha segnato indelebilmente la città di Firenze. In particolare, la monumentale *Cupola di Santa Maria del Fiore* (1420) rappresenta il simbolo della città rinascimentale. L'opera impegna l'architetto dal 1418, anno del concorso, sino alla sua morte, ma contemporaneamente egli realizza altre importanti architetture, sperimentando nuove tipologie che saranno sistematicamente riprese nei secoli successivi a Firenze: il tempio cristiano a pianta centrale nella *Rotonda di Santa Maria degli Angeli* (1434-36); il palazzo signorile con rivestimento esterno

in *bugne* del *Palazzo Pitti* (1440 c.) e il loggiato esterno dello *Spedale degli Innocenti* (dal 1419), sua prima opera architettonica conosciuta. Alla tipologia del *Palazzo Pitti* si rifà l'architetto Michelozzo nel realizzare *Palazzo Medici-Riccardi* (dal 1444, Firenze) costruito per Cosimo il Vecchio de' Medici.
Nello *Spedale* è già evidente la novità del linguaggio architettonico del Brunelleschi basato su purezza formale e razionalità. Le superfici sono scandite dall'alternarsi di pietra serena per le strutture portanti e di bianco per le campiture. Il loggiato è modulato da arcate a tutto sesto che inquadrano le campate quadrate in successione ritmica. Lo spazio è concepito in base a moduli regolari che costruiscono un insieme armonioso e coerente.
Gli stessi elementi caratterizzano anche le altre opere di Brunelleschi. Egli sperimenta per gli edifici religiosi due tipologie architettoniche differenti: la pianta basilicale a tre navate con transetto (d'origine paleocristiana e medievale) presente nella *Basilica di San Lorenzo* (dal 1421 c.) e nella *Basilica di Santo Spirito in Oltrarno* (1434 c.) e la pianta centrale di derivazione classica, elaborata nella *Sagrestia Vecchia di San Lorenzo* (1419-1428) e nella *Cappella dei Pazzi in Santa Croce* (1429 c.).
La *Sagrestia Vecchia di San Lorenzo* nasce come cappella funeraria per la famiglia de' Medici ed è costituita da un vano cubico sormontato da una cupola a base circolare. La struttura si fonda sulla ripetizione del modulo del quadrato e del cerchio per le superfici piane e del cubo e della sfera, per i volumi.

15 Il ruolo fondamentale dell'insegnamento delle discipline artistiche è stato evidenziato dalla Road Map per l'Educazione artistica promossa nel 2006 dall'UNESCO e approvata e diffusa dal Miur. Il candidato ne delinei i punti principali

Punti chiave

- Premesse alla Road Map: la Conferenza Mondiale sull'educazione artistica del 2006.
- Gli obiettivi dell'educazione artistica.
- Le metodologie.
- L'importanza della pratica artistica.

Svolgimento

Il crescente interesse dimostrato nel corso dell'ultimo decennio a livello internazionale verso l'educazione artistica è culminato nel 2006 con la *Prima Conferenza mondiale sull'educazione artistica* organizzata dall'UNESCO a Lisbona. Gli esiti della conferenza sono confluiti in un documento denominato "Road Map per l'educazione artistica". Lo studio sottolinea il ruolo centrale dell'insegnamento delle discipline artistiche quale risorsa fondamentale per lo sviluppo della creatività sia nell'ambito delle istituzioni che nel sistema dell'arte e si pone l'obiettivo di indagare sul ruolo dell'educazione artistica in rapporto ai bisogni di creatività e sensibilizzazione culturale del XXI secolo, definendo le strategie fondamentali per l'introduzione e la promozione delle arti nell'ambito dell'istruzione.
Posto che l'armonioso e pieno sviluppo creativo e culturale dell'individuo dovrebbe svolgere un ruolo primario nell'ambito dell'educazione scolastica, il documento fissa gli obiettivi principali

dell'educazione artistica: difendere il diritto dell'uomo all'istruzione e alla partecipazione culturale; sviluppare le attitudini individuali; migliorare la qualità dell'educazione; promuovere l'espressione della diversità culturale.
Relativamente alle metodologie la Road Map evidenzia l'importanza dell'approccio concreto con l'arte: gli alunni devono scoprire progressivamente le arti attraverso l'esperienza pratica, acquisendo consapevolezza del valore del risultato del processo creativo, ma anche apprezzando il valore fine a se stesso. Inoltre, è necessario mettere in evidenza la dimensione interdisciplinare delle arti dal momento che numerose forme artistiche non possono limitarsi a una sola disciplina.
Per i giovani "fare arte" può significare esprimere al meglio se stessi e affrontare la vita con un atteggiamento costruttivo ed emozionante, che la riempia di significati sempre nuovi. Pertanto sarebbe auspicabile organizzare laboratori nei quali le opere d'arte, proposte sotto forma di riproduzioni e proiezioni, rappresentino non solo "testi" da interpretare e sui quali lavorare per sviluppare conoscenze e riferimenti storici, ma anche occasioni per innescare processi mentali, culturali ed emotivi e produrre arte.

16 L'insegnamento delle materie artistiche e le nuove tecnologie informatiche (TIC): strumenti e metodologie didattiche nella nuova società digitale. Il candidato esponga le sue conoscenze sull'argomento

Punti chiave

- Società multimediale e didattica.
- Sussidi didattici e nuove tecnologie informatiche.
- Esempi di TIC e applicazioni alle materie artistiche.

Svolgimento

Fondamentale risulta oggi la questione dell'utilizzo delle tecnologie informatiche nella didattica. I giovani sono esposti continuamente a stimoli derivanti dalle nuove tecnologie e sono ormai immersi in ambienti nei quali la realtà spesso si sovrappone all'esperienza virtuale. Per evitare, dunque, uno scollamento tra la scuola e la realtà quotidiana dei ragazzi ma anche per sfruttare al meglio le enormi potenzialità offerte dal vasto territorio dell'informatica, si pone con urgenza la necessità di una riorganizzazione della didattica in vista dell'utilizzo delle tecnologie digitali.

Anche la "Road Map per l'educazione artistica", elaborata nel 2006 dall'UNESCO, ha posto l'accento sulla necessità di avvalersi di sussidi didattici in linea con le nuove tecnologie utilizzate nella creazione artistica, nella musica elettronica e nell'ambito dei nuovi media, conferendo una nuova dimensione all'educazione artistica e attribuendo agli insegnanti un nuovo ruolo per il XXI secolo. Questi strumenti, infatti, offrono l'opportunità di migliorare la qualità dell'insegnamento soprattutto nel caso di discipline come

quelle artistiche che, essendo capaci di stimolare aree percettive che vanno dal visivo all'auditivo, meglio di altre materie umanistiche si prestano all'impiego della tecnologia multimediale come strumento didattico.
Con l'espressione "Tecnologie di Informazione e di Comunicazione" (TIC) in ambito scolastico ci si riferisce in particolare a risorse didattiche digitali, quali: software didattici; strumenti software con funzionalità generali (programmi di scrittura, presentazioni etc.); risorse elettroniche (archivi di documenti, immagini); ambienti tecnologici per l'apprendimento (sistemi di rete, piattaforme di e-learning); CD-Rom e DVD-Rom multimediali; Internet; E-mail; Videoconferenze.
Rispetto a un libro di testo tradizionale è evidente che la peculiarità dei software didattici risiede nella loro adattabilità alle esigenze della classe. In particolare, gli ipertesti sono strumenti molto utili e versatili poiché consentono di utilizzare le conoscenze in modo non lineare – come avviene nel caso del libro cartaceo – ma secondo unità informative collegate tra loro attraverso legami e associazioni. L'assenza di un unico ordine di lettura e di apprendimento permette la creazione di molteplici itinerari.
In questa prospettiva i testi scolastici in formato digitale (*e-book*) e le LIM (Lavagne Interattive Multimediali) costituiscono uno sbocco naturale per la didattica della storia dell'arte; in particolare le LIM consentono di proiettare immagini più o meno grandi, di ingrandire dettagli e disegnare schemi compositivi e griglie prospettiche.
Grande potenziale in ambito didattico, inoltre, riveste anche la rete Internet, uno spazio multidimensionale che integra una serie di dimensioni – tradizionalmente separate – estremamente adattabili alle esigenze specifiche.

17 Il candidato delinei le finalità della disciplina Arte e Immagine, come enunciato nelle *Indicazioni nazionali per il curricolo della scuola dell'infanzia e del primo ciclo d'istruzione del 2012*

Punti chiave

- Le Indicazioni nazionali.
- Gli obiettivi principali della disciplina Arte e Immagine.
- L'importanza dell'approccio laboratoriale.
- Il contributo dell'arte allo sviluppo del senso civico.

Svolgimento

Le *Indicazioni nazionali per il curricolo della scuola dell'infanzia e del primo ciclo d'istruzione* (D.M. 254/2012), nel rispetto e nella valorizzazione dell'autonomia delle istituzioni scolastiche, costituiscono il quadro di riferimento per la progettazione curricolare affidata agli istituti. Ogni scuola predispone il curricolo, all'interno del Piano dell'offerta formativa, in linea con le finalità, i traguardi, gli obiettivi posti dalle Indicazioni.

Lo studio della disciplina Arte e Immagine, come sottolineato nelle Indicazioni, ha la finalità di sviluppare e di potenziare nell'alunno la capacità di leggere e comprendere le immagini e le diverse creazioni artistiche, di esprimersi e comunicare in modo personale e creativo, di acquisire sensibilità e consapevolezza nei confronti del patrimonio artistico. Per realizzare ciò è necessario valorizzare e ordinare l'insieme di conoscenze acquisite e di esperienze vissute precedentemente dall'alunno nel campo espressivo e multimediale al di fuori della scuola, anche in modo frammentario; in questo modo la scuola si apre al mondo confrontandosi

criticamente con “la cultura giovanile” e con le nuove modalità di apprendimento proposte dalle tecnologie della comunicazione.
Con l’educazione all’arte e all’immagine, soprattutto attraverso un approccio operativo di tipo laboratoriale, lo studente sviluppa la capacità di osservare e descrivere, di leggere e comprendere criticamente le opere d’arte, condizione necessaria per incoraggiare la curiosità e la creatività attraverso l’utilizzo di codici e linguaggi espressivi e la rielaborazione di segni visivi.
È importante infatti che l’alunno apprenda, a partire dal primo ciclo, gli elementi di base del linguaggio delle immagini (linea, colore, superficie, forma, volume, composizione, ecc.) e allo stesso tempo sperimenti diversi metodi di lettura delle opere d’arte, anche attraverso esperienze dirette con visite sul territorio e nei musei.
Imparare a leggere le immagini e le opere d’arte oltre a potenziare nell’alunno le capacità estetiche ed espressive, serve anche a far sviluppare in lui il senso civico. L’alunno, infatti, viene educato alla salvaguardia e alla conservazione del patrimonio artistico e ambientale e scopre i beni culturali presenti nel proprio territorio, che impara a contestualizzare a livello nazionale e internazionale; in questo modo si favorisce lo scambio interculturale.

18 Il candidato tratti il tema della percezione visiva evidenziando il legame esistente tra attività cognitiva (pensiero, linguaggio, ecc.) e sensoriale-percettiva, con opportuni riferimenti alle caratteristiche fondamentali del linguaggio visivo

Punti chiave

- Il legame tra percezione visiva e attività cognitive.
- La visione come forma di apprendimento.
- Gli elementi costitutivi del linguaggio visivo.

Svolgimento

"Percepire" significa elaborare e selezionare i dati sensoriali acquisiti, ordinandoli in strutture semplificate dotate di precise caratteristiche. La percezione visiva è quella maggiormente sviluppata nell'uomo: attraverso la vista, infatti, si acquisiscono le prime informazioni sugli oggetti che ci circondano (dimensioni, forme, colori, materiali, luce, orientamento, movimento). Non si tratta di un'attività sensoriale passiva consistente nella semplice registrazione di immagini, piuttosto comporta un impegno attivo della mente e interessa aspetti cognitivi come il pensiero, il linguaggio e l'adattamento all'ambiente. Gli studiosi Piaget e Vygotskij hanno dimostrato che lo sviluppo del pensiero e del linguaggio sono strettamente connessi allo sviluppo percettivo e Arnheim, nel suo fondamentale testo *Arte e Percezione visiva,* ha sottolineato che il pensiero e le operazioni conoscitive costituiscono una parte sostanziale del processo percettivo. Vygotskij, in particolare, definisce la percezione come una delle "funzioni psicologiche" che compongono il "sistema dinamico della cognizione", ovvero l'in-

sieme dei processi che caratterizzano l'attività mentale dell'uomo: percezione, rappresentazione, memoria, ecc.
Attraverso le sensazioni visive, dunque, si producono articolate costruzioni mentali; ne deriva che la visione costituisce una complessa forma di apprendimento: la percezione visiva attiva il metodo cognitivo senso-motorio, per il quale, in base alle informazioni visive apprese, si interagisce con la realtà adattandola e modulandola in maniera innata e immediata.
La percezione visiva, insieme alla creatività, è una delle attitudini che può essere maggiormente sviluppata attraverso l'arte. Le immagini colte dai nostri occhi vengono percepite attraverso la mente. Esse comunicano tramite un linguaggio non verbale fatto di segni, simboli, forme, colori. Al pari del linguaggio verbale, quello visivo è costituito da un insieme di segni organizzati secondo regole di grammatica e sintassi. Le immagini, infatti, come le parole, sono caratterizzate da aggregazioni di segni corrispondenti alle lettere dell'alfabeto. Gli elementi grammaticali che costituiscono la forma delle immagini possono essere il punto, la linea, la superficie, il volume, la luce, il colore. Le regole sintattiche alla base della composizione delle immagini sono quelle relative allo spazio, al movimento, al ritmo, al peso, all'equilibrio e alla simmetria.

19 Il candidato illustri sinteticamente le regole alla base del linguaggio visivo, così come sono state individuate dalla Psicologia della Forma durante i primi anni del Novecento

Punti chiave

- La psicologia della Gestalt.
- Le leggi di organizzazione della percezione.
- Le illusioni ottiche.

Svolgimento

L'attività di decodificazione degli stimoli visivi è regolata da leggi e principi universali che costituiscono le caratteristiche del linguaggio visivo. Tali regole sono state individuate dalla psicologia della Gestalt o psicologia della forma, scuola fondata in Germania nei primi del Novecento da Wertheimer, Koffka e Köhler. Il presupposto da cui parte il movimento della Gestalt è che il nostro campo visivo è popolato da una moltitudine di immagini che non vengono percepite in maniera giustapposta o caotica, ma risultano organizzate in unità distinte e separate in base ad alcune regole. La percezione non dipende dagli elementi ma dalla strutturazione di questi elementi in un "insieme organizzato", ovvero in una Gestalt termine che significa appunto "forma", "struttura", "schema".

Le più importanti leggi di organizzazione dei dati percepiti sono: la semplicità, legata ai principi di ordine ed economia per i quali si procede alla semplificazione dello stimolo percettivo; la buona forma (*Prägnanz*), ovvero la tendenza a rendere più chiara e definita una forma irregolare; la relazione figura-sfondo, in base alla quale lo stimolo percepito assume una forma delimitata diventando figura e posizionandosi in primo piano rispetto al resto del campo percettivo che diventa sfondo; la vicinanza, ossia la tendenza a percepire come unità elementi vicini nello spazio; la somiglianza, per la quale si percepiscono come unità elementi simili; il destino comune, la tendenza a percepire come unità elementi che si muovono in maniera simile o solidale; la continuità di direzione, per la quale si tendono a percepire come unità elementi che seguono la stessa traiettoria; la chiusura, ossia la tendenza a percepire come unità elementi che formano delle figure chiuse; l'esperienza passata, per la quale si percepiscono come unità degli elementi che per la nostra esperienza passata sono abitualmente associati tra di loro.

Non sempre, però, quello che si percepisce è corretto; interessante, in questo senso, è la questione relativa alle illusioni ottiche, argomento che genera sempre molta curiosità negli studenti. L'occhio umano può essere ingannato da illusioni ottiche, in particolare nel caso di immagini in movimento ma anche in presenza di immagini statiche; un esempio è il *triangolo di Kanizsa* nel quale si percepiscono due triangoli equilateri sovrapposti pur non essendo nessuno dei due delineato nella figura.

20 Il candidato affronti il tema del colore, in particolare gli aspetti riguardanti la sua percezione ed espressività

Punti chiave

- Luce e colore.
- Le regole del colore.
- La percezione del colore.

Svolgimento

Tutto ciò che ci circonda è caratterizzato dal colore, ma solo in presenza di luce. Dal punto di vista scientifico, infatti, senza la luce non vi può essere colore. Le onde elettromagnetiche di cui essa è costituita in parte vengono assorbite dagli oggetti colpiti e in parte si rifrangono nell'ambiente colpendo il nostro occhio che interpreta le radiazioni elettromagnetiche riflesse come colore.
Il primo ad affrontare lo studio della luce dal punto di vista scientifico è stato Isaac Newton (1642-1727) nel XVII secolo dimostrando che la luce non è bianca bensì è appunto composta dalla somma di tutti i colori. Un oggetto bianco riflette tutti i colori della luce, mentre uno nero li assorbe. Fenomeno simile accade nell'arcobaleno che contiene i sette colori dello spettro visibile.
I colori si distinguono in primari (rosso, giallo e blu), secondari, che sono formati da miscele di colori primari (l'arancione è dato dall'unione di rosso e giallo, il verde di giallo e blu e il viola di blu e rosso), e complementari, costituiti da coppie di colori composte da un colore primario e da uno secondario che non lo contiene: rosso-verde, giallo-viola, blu-arancione.
Johannes Itten (1889-1967), insegnante della Bauhaus, è tra i principali studiosi, insieme a Kandinskij (1866-1944), della teoria

del colore. A lui si deve la creazione del cerchio cromatico, nel quale sono visualizzate le combinazioni di colori a partire dai tre primari. Mescolando i colori tra loro o con il bianco o con il nero è possibile ottenere infinite combinazioni, dette tonalità. L'unione di troppi colori ne annulla, invece, la luminosità, generando un grigio spento.
Oltre alla tonalità il colore possiede altre due proprietà: la saturazione, ovvero la sua purezza, e la luminosità, intensità di luce da cui è colpito un colore e che è riflesso da esso.
I colori hanno anche una "temperatura" distinguendosi in caldi (dal rosso al giallo) e freddi (dal blu al verde) in base alle sensazioni che trasmettono e alle immagini che richiamano alla mente. Si tratta ovviamente di percezioni puramente visive, mentre fondamentale è il valore espressivo e comunicativo di tali variazioni cromatiche.
La percezione del colore è influenzata fortemente anche dallo sfondo. Sfondi di colore diverso possono accentuare o ridurre la luminosità propria dei colori.
L'accostamento dei colori può determinare contrasto, quando, in una composizione, i colori non hanno nulla in comune, né alcuna somiglianza o armonia. Il contrasto principale è ottenuto accostando bianco e nero. Tra i due estremi si collocano infiniti gradazioni di grigio che possono servire ad ottenere effetti chiaroscurali.

21 Il candidato illustri sinteticamente il significato di pitture e graffiti rupestri di epoca preistorica con opportuni riferimenti al quadro cronologico e alle principali opere di riferimento

Punti chiave

- La concezione dell'arte come magia durante il Paleolitico.
- Il valore artistico di pitture e graffiti rupestri.

Svolgimento

Le prime manifestazioni artistiche nella storia dell'umanità compaiono durante il Paleolitico, termine che deriva dal greco «palaiós», antico, e «lithos», pietra o età della pietra antica (650.000-10.000 a.C. circa). L'uomo vive in comunità nomadi ed è dedito alla caccia e alla raccolta; inizia intenzionalmente a incidere o dipingere segni sulle pareti di roccia o sugli oggetti d'uso quotidiano. Tali raffigurazioni hanno un significato magico e propiziatorio. Le immagini rappresentate, infatti, sono legate ai problemi della sopravvivenza quotidiana e hanno la funzione di scongiurare gli eventi negativi così come le numerose statuette votive di figure femminili sono connesse alla fertilità (la più famosa è la cosiddetta *Venere di Willendorf*).

Inizialmente le pitture e le incisioni rupestri rappresentano semplici profili e impronte di mani. In seguito, in particolare in area cantabrica, vengono raffigurati profili di animali (cavalli, bisonti, cervi, mammut) in movimento e spesso trafitti da frecce come rito propiziatorio per la caccia (*Bisonte trafitto,* c. 20.000 a.C., Grotta di Niaux, Francia).

Il significato magico-rituale delle raffigurazioni non ne esclude la validità artistica. Il naturalismo dell'arte preistorica non va inteso

come volontà di imitare la natura, ma come tentativo di evocare mentalmente l'idea dell'animale raffigurato senza trascurare la componente estetica. Il soggetto è generalmente rappresentato con la sola linea di contorno, oppure a colore pieno dipinto in rosso, nero e ocra, privo di ambientazione, in maniera estremamente sintetica, ma allo stesso tempo vitale ed efficace (*Mucca che salta*, tardo perigordiano o magdaleniano, Grotta di Lascaux, Périgord, Francia; *Bisonte*, c. 12.000 a. C., Grotta di Altamira, Spagna). Gli effetti di prospettiva, ottenuti sfruttando le sporgenze della roccia e una precisa organizzazione dello spazio denotano abilità tecniche e una visione organica della composizione. I materiali utilizzati sono il carbone, l'ocra gialla o alcune sostanze vegetali, applicate con semplici pennelli di pelo.
La connotazione simbolica dell'arte parietale preistorica è accentuata dalla collocazione delle pitture in zone totalmente separate dai contesti della vita quotidiana: le profonde caverne sotterranee. La struttura stessa delle grotte riveste un ruolo fondamentale nella distribuzione delle pitture, ordinate secondo un percorso ben definito, dall'ingresso verso il fondo, con figure isolate lungo le pareti dei corridoi (visibili man mano che si procede) e vere e proprie composizioni nelle sale decorate su volta e pareti.

22 Il candidato delinei un confronto tra l'architettura cretese e quella micenea evidenziando le caratteristiche principali delle città-palazzo cretesi e delle città-fortezza micenee

Punti chiave

- L'architettura cretese: l'epoca protopalaziale e il periodo delle città-palazzo.
- L'architettura micenea: le città-fortezza.

Svolgimento

Definita minoica dall'archeologo inglese Arthur John Evans, dal nome del leggendario re Minosse, a partire dal 2000 a.C. circa si sviluppò nell'isola di Creta una fiorente civiltà urbana. Durante la fase definita dei "primi palazzi o protopalaziale" (Minoico Medio) sorsero importanti città, come Cnosso, Festo e Mallia, dotate di palazzi residenziali che richiamavano quelli della Mesopotamia, ma di dimensioni inferiori e caratterizzati da vivacità e inventiva, lontani dalla monumentalità tipica dell'arte mesopotamica, con ambienti disposti in maniera articolata intorno a un cortile centrale. La caratteristica principale di questi palazzi era l'assenza di mura difensive, segno di una società pacifica che non temeva aggressioni. In seguito a una catastrofe naturale avvenuta nella prima metà del XVII secolo a.C. i palazzi cretesi andarono distrutti e poi ricostruiti più grandi e più ricchi di prima. L'ampiezza, come la complessità della pianta di queste regge, ha dato vita alla definizione di città-palazzo. Esse, infatti, erano vere e proprie cittadelle in cui viveva l'intera collettività. L'intrico di corridoi, scale, colonnati, portici e terrazze formavano un complesso tanto articolato

da aver generato la celebre leggenda del labirinto di Dedalo. L'assenza di mura è la testimonianza della lunga era di pace vissuta dalla civiltà cretese.
Tra il XVIII e il XVII secolo a.C. la Grecia fu conquistata dagli Achei, popolo di origine indoeuropea, la cui civiltà raggiunse la massima fioritura nel Peloponneso sotto la guida del re di Micene. La società micenea, dedita alla guerra e alla pirateria, era strutturata in principati indipendenti. I centri più importanti erano Micene, Tirinto, Pilo, Sparta, Atene, Tebe. Le città, ubicate in zone collinari facilmente difendibili, erano organizzate attorno ai palazzi e cinte da poderose mura che le rendevano inespugnabili. Le dimensioni dei palazzi micenei erano inferiori rispetto a quelli cretesi; il cuore dell'edificio era il *mégaron* ("camera grande"), sala quadrangolare, con focolare al centro e colonne di sostegno agli angoli, attorno alla quale si disponevano gli ambienti residenziali e di servizio. Se le città-palazzo cretesi erano ampie, aperte, articolate, le città-fortezza micenee rispondevano invece alle esigenze difensive di una società costretta a combattere per affermarsi e sopravvivere. Le mura di Tirinto (XV secolo a.C.) ad esempio furono realizzate con massi di dimensioni tali da aver originato la leggenda per la quale a costruirle sarebbero stati i Ciclopi.

23 Il candidato descriva le caratteristiche principali dello Stile Severo, con particolare riferimento all'opera dello scultore Mirone

Punti chiave

- Lo Stile Severo: l'uso del bronzo e l'imitazione della natura.
- L'opera di Mirone di Euletere: il *Discobolo*.

Svolgimento

Tra il 480 e il 450 a.C. nell'ambito della scultura greca si delinea un indirizzo artistico denominato Stile Severo per il rigore costruttivo e per la serietà dei volti, che, privi del tradizionale sorriso arcaico, non esprimono alcun sentimento. Lo Stile Severo è caratterizzato dall'uso del bronzo, che permette agli artisti di sperimentare pose ardite e complesse, e dalla *mimesis,* ossia l'imitazione della natura per creare un modello di perfezione e di bellezza ideale, basato su regole universali. Ci sono pervenuti soltanto pochi originali in bronzo e in gran parte conosciamo le opere appartenenti a questa fase della scultura greca attraverso copie romane in marmo. Uno dei pochi esemplari originali conservati è l'*Auriga di Delfi* (478-470 a.C.), capolavoro dello Stile Severo, proveniente dal santuario di Apollo a Delfi, nel quale risultano perfettamente incarnati gli ideali di misura ed equilibrio fondamentali nella cultura greca classica. Alla fase più tarda appartengono due opere magistrali rinvenute nel 1972 al largo delle coste di Riace Marina in Calabria, i celeberrimi *Bronzi di Riace,* originali greci databili tra il 460 e il 450 a.C.

L'ultimo grande protagonista dello Stile Severo è Mirone di Euletere, originario della Beozia, ma attivo soprattutto ad Atene. Mirone è uno tra i più famosi scultori dell'antichità specializzati nella lavorazione del bronzo, ma la sua opera, purtroppo, è conosciuta solo attraverso le copie in marmo di epoca romana. Nel *Discobolo* (450 a.C. circa), simbolo dell'arte classica, Mirone raggiunge il punto più alto della rappresentazione naturalistica del corpo umano in movimento. L'atleta è colto mentre sta per lanciare il disco, nell'attimo di stasi e contrazione massima che precede lo scatto vero e proprio. La figura, inserita in uno schema geometrico, è scomposta in una serie di forme: le gambe piegate formano due triangoli, le braccia un arco di cerchio tagliato perpendicolarmente dal torace. L'idea di movimento è risolta attraverso una combinazione di piani, che rende il moto astratto e non reale. La geometrizzazione della figura umana rimanda a un concetto di universalità cui è legata l'idea di perfezione della natura, al di là delle contingenze umane. Il volto, infatti, non esprime alcuno sforzo, ma rimane fedele a un modello di bellezza tipico dello Stile Severo e rappresenta un ideale di atleta, piuttosto che un atleta vero e proprio. Altra opera celebre di Mirone è il gruppo di *Atena e Marsia* (440 a.C. circa), in cui lo scultore rappresenta il violento contrasto esistente tra civiltà (la dea greca Atena) e barbarie (il satiro Marsia).

24 Gli Etruschi attribuivano grande importanza al culto dei morti. Il candidato delinei le peculiarità delle necropoli etrusche facendo riferimento agli esempi più significativi

Punti chiave

- La civiltà etrusca.
- Lo sviluppo dell'arte funeraria.
- Le caratteristiche delle necropoli.

Svolgimento

Tra il IX e l'VIII secolo a.C. gli Etruschi si stanziano originariamente nella zona compresa tra l'Arno a Nord e il corso del Tevere a Oriente e a Sud, nelle attuali Toscana, Lazio settentrionale e Umbria occidentale (Etruria propria). Tra il VII e il VI secolo a.C., nel periodo di massima espansione, l'area interessata si estende a nord in Emilia orientale e Romagna (Etruria padana) e a sud in Campania meridionale e Lucania (Etruria campana).
La religione degli Etruschi, caratterizzata da un *pantheon* simile a quello greco, attribuisce molta importanza alla vita dopo la morte ed è per tale motivo che le opere architettoniche e pittoriche hanno una funzione prevalentemente funeraria. Nella fase più antica della civiltà, la morte è considerata come un naturale e sereno prolungamento della vita. Le necropoli, pertanto, sono delle vere e proprie "città dei morti", organizzate in quartieri con lunghe strade. In seguito (dalla fine del IV secolo a.C.), la concezione della vita ultraterrena si fa cupa, popolandosi di elementi ostili e divinità infernali che spingono gli Etruschi ad arricchire ancor di più le loro tombe, per accattivarsi la benevolenza degli spiriti maligni.

Delle città e dei templi etruschi non ci è giunto quasi nulla. Restano soltanto le tombe, innovative strutture architettoniche giunte sino a noi in gran numero poiché sotterranee e poco esposte al rischio di manomissioni. Nel VII secolo a.C. la tipologia più diffusa è la tomba a tumulo (o a camera), scavata nella roccia e poi ricoperta da cumuli di terra, spesso riccamente arredata e dotata di armi e suppellettili per garantire al defunto la piacevolezza della vita ultraterrena. È il caso delle necropoli di Veio, Orvieto o Cerveteri, dove interessanti esempi sono la *Tomba degli scudi e delle sedie* (VI secolo a.C.), una vera e propria casa con tetto piano e più stanze arredate con letti, sedili e scudi alle pareti, e la *Tomba dei rilievi* (IV-III secolo a.C.), con camera unica, tetto a spioventi sostenuto da pilastri, loculi al centro e lungo le pareti e una ricca decorazione in terracotta e stucco a rilievo dipinto, con raffigurazioni di animali, utensili e armi.
Più rara è la tomba realizzata con la complessa tecnica della falsa volta (o pseudo cupola), copertura costituita da una serie di anelli concentrici di blocchi di pietra squadrati e posati a secco che si restringono progressivamente verso l'alto sino a chiudersi al centro nella chiave di volta, spesso sorretta da un poderoso pilastro rastremato, come nella *Tomba di Casale Marittimo* (VII secolo a.C.).

25 Si illustrino le caratteristiche principali dell'architettura romana durante l'Età dei Flavi facendo riferimento alle opere più rappresentative

Punti chiave

- L'età dei Flavi (69-96 d.C.).
- Architetture per spettacoli: il Colosseo.
- L'Arco di Tito.

Svolgimento

Alla morte di Nerone segue un anno di anarchia che si risolve con la proclamazione dell'imperatore Tito Flavio Vespasiano (69-79), generale d'origine plebea, che ripristina l'ordine e la pace. Vespasiano istituisce la trasmissione ereditaria dell'impero. Gli succedono Tito (79-81) e Domiziano (81-96).
Vespasiano e Tito attuano una politica edilizia volta alla costruzione di architetture dedicate agli spettacoli pubblici, dove si perfezionano i sistemi costruttivi fondamentali dell'arte romana: archi a crociera, volte a botte e cupole emisferiche.
Nel 72 d.C. Vespasiano inizia la costruzione dell'*Anfiteatro Flavio* (72-80), monumentale edificio a pianta ellittica, noto con il nome di *Colosseo* attribuitogli nel Medioevo per la presenza sul sito di una statua colossale di Nerone posta da Adriano tra il 126 e il 128 d.C. L'*Anfiteatro Flavio* è il primo e più grande edificio pubblico costruito dai Romani, destinato a ospitare giochi, spettacoli di gladiatori, caccia alle fiere e addirittura combattimenti navali (riempiendo d'acqua l'arena). Il teatro romano, infatti, non ha finalità religiose o educative come in Grecia; il suo unico scopo è il divertimento degli spettatori.

La struttura dell'anfiteatro è grandiosa; i sotterranei in muratura sono destinati a ospitare le fiere e le attrezzature per i giochi; l'esterno è costituito da un anello con tre ordini di arcate inquadrate da semicolonne, tuscaniche a piano terra, ioniche al primo piano e corinzie al secondo. Una fascia superiore piena, ritmata da lesene corinzie e traforata da piccole finestre rettangolari, funge da coronamento. La cavea, suddivisa in cinque settori assegnati al pubblico in maniera gerarchica, è sostenuta da corridoi interni ad anelli concentrici coperti da volte a botte e a crociera, le prime finora conosciute. All'imperatore è riservata la tribuna d'onore.
Nel II secolo a.C. diventa usuale, da parte degli imperatori, dedicare archi per attestare il proprio mecenatismo, mostrare la propria devozione agli dèi o la riconoscenza al predecessore divinizzato. È il caso dell'*Arco di Tito* (81-96 d.C.), dedicato all'imperatore dal fratello Domiziano suo successore. A un fornice, l'arco è caratterizzato da due massicci pilastri poggianti su base, sormontati da un alto attico, il cui sviluppo in profondità determina una sontuosa volta a botte cassettonata. Si tratta del più antico arco onorario conservato all'interno delle mura di Roma, nel quale compare per la prima volta l'ordine composito, caratterizzato dalla fusione del capitello ionico e di quello corinzio. L'arco celebra le vittorie di Tito sui giudei, culminate con la presa di Gerusalemme e la distruzione del tempio di Salomone. Nei rilievi scolpiti sui pannelli delle pareti interne compare uno stile scultoreo nuovo caratterizzato da un effetto spaziale illusionistico generato dal moto circolare delle figure.

26 Si illustrino le caratteristiche principali dell'architettura gotica con riferimento alle soluzioni tecniche adottate e alle opere più rappresentative prodotte in Francia durante il XII secolo

Punti chiave

- Nascita e sviluppo dell'arte gotica.
- Le prime cattedrali in Francia.
- Caratteristiche tecniche.

Svolgimento

A differenza del *Romanico*, il *Gotico* nasce in un unico centro l'Île-de-France (Francia settentrionale) e da lì s'irradia nel resto dell'Europa. Tale fenomeno si spiega con la solida monarchia che regna in Francia e si contrappone al pluralismo dei territori circostanti divisi tra feudi, abbazie e Comuni. La corona francese dimostra la propria supremazia anche sulla Chiesa. Alla nomina di un papa francese e al trasferimento del papato ad Avignone (1309-77), segue la grave crisi che porta al grande Scisma d'Occidente (1378-1417).

Le espressioni più significative del gotico si manifestano in architettura e l'edificio simbolo è la cattedrale. I principi della nuova architettura si manifestano per la prima volta nell'*Abbazia di Saint-Denis,* ricostruita a partire dal 1137 per volere dell'abate Suger, potente consigliere del re di Francia, Luigi VII. Il coro della chiesa (1140-1144), con deambulatorio semicircolare e cappelle radiali absidate, è la più antica struttura gotica di datazione certa.

Il linguaggio dell'architettura gotica francese trova pieno sviluppo nella *Cattedrale di Chartres,* iniziata nel 1194 e caratterizzata da

uno straordinario apparato decorativo costituito dalle vetrate policrome e dai portali scolpiti in maniera naturalistica.
La cattedrale di *Notre-Dame di Parigi*, iniziata nel 1163, può essere considerata l'ultimo grande esempio di gotico primitivo.
Elementi distintivi dell'architettura gotica sono, in evidente contrato con i canoni romanici, l'accentuato verticalismo e l'uso della luce e della ricchezza decorativa come strumenti di elevazione spirituale. In particolare il gotico si distingue per la concentrazione dei pesi sui sostegni (pilastri, archi e costoloni slanciati verso l'alto) e il conseguente svuotamento delle pareti, nelle quali s'inseriscono ampie aperture (monofore, bifore, trifore, quadrifore) con estese vetrate dipinte. Altre caratteristiche della cattedrale gotica sono: l'uso dell'arco a sesto acuto (in sostituzione dell'arco a tutto sesto delle chiese romaniche) e della volta a crociera ogivale che permette di raggiungere maggiori altezze, diminuendo le spinte laterali; la sostituzione del pilastro cruciforme romanico con elaborati pilastri a fascio; l'uso di archi rampanti e pinnacoli all'esterno e l'inserimento in facciata del rosone, ampia finestra circolare in pietra, riccamente lavorata a traforo e progressivamente sempre più maestosa.

27 Nel XV secolo la pittura fiamminga vive un periodo di grande fioritura. Se ne illustrino gli elementi caratterizzanti confrontandoli con la contemporanea produzione pittorica italiana

Punti chiave

- La regione delle Fiandre nel XV secolo.
- Caratteristiche della pittura fiamminga.
- Confronto con la pittura fiorentina.
- Principali artisti: Jan van Eyck e Rogier van der Weyden

Svolgimento

Il territorio delle Fiandre corrisponde all'incirca alla zona compresa tra la Francia nord-orientale e l'Olanda Meridionale e fa parte, tra il XIV ed il XV secolo, del ducato francese di Borgogna. Nel primo ventennio del Quattrocento la regione vive un periodo di grande fioritura artistica e culturale favorita dall'ascesa politica ed economica che si ha con il trasferimento della capitale del ducato nel 1419 da Digione a Bruges, per volere di Filippo il Buono.
L'arte fiamminga è caratterizzata da una minuziosa descrizione dei più piccoli dettagli, resi in maniera sorprendentemente realistica, come se fossero studiati attraverso una lente d'ingrandimento. Gli artisti fiamminghi si specializzano nella pittura a olio, tecnica che conferisce ai dipinti un aspetto lucido, consentendo di raffigurare alla perfezione i dettagli e di ottenere particolari effetti di luce sulle superfici.
Rispetto alla razionalità e all'essenzialità della pittura prospettica fiorentina, quella fiamminga si sofferma sulle piccole e grandi cose che compongono la realtà umana, esaltando particolari e superfici di ambienti domestici e di paesaggi, inquadrati a volo d'uc-

cello. Gli interni delle case borghesi, dimore della classe sociale dominante da celebrare, costituiscono la principale ambientazione dei dipinti fiamminghi.

Il caldo e intenso cromatismo, la particolare resa luministica e la restituzione estremamente minuziosa della realtà della pittura fiamminga suscitano profondo interesse nell'ambiente artistico italiano, ottenendo anche maggiore successo dell'arte fiorentina, misurata e intellettualistica. Allo stesso tempo, gli artisti fiamminghi risultano influenzati dalla visione prospettica razionale della pittura italiana, dando vita a uno scambio dialettico tra linguaggi diversi.

I principali protagonisti della pittura fiamminga sono Jan van Eyck e Rogier van der Weyden. L'opera più importante di van Eyck è il monumentale *Polittico di Gand* per la cattedrale di San Bavone portato a termine nel 1432 e che insieme agli affreschi della *Cappella Brancacci* di Masaccio rappresenta il capolavoro dell'arte del Primo Rinascimento in Europa. In esso si riscontrano tutte le caratteristiche peculiari della pittura fiamminga. Nel pannello centrale con l'*Adorazione dell'Agnello mistico*, il punto di vista rialzato (a volo d'uccello) permette la visione in profondità del paesaggio.

Rispetto a Jan van Eyck, Rogier van der Weyden elabora una pittura caratterizzata da introspezione psicologica e ricerca di pathos. La *Deposizione* (1435 c.) è il suo primo capolavoro. L'opera è caratterizzata dalla tragica espressività dei volti (visi corrucciati, occhi gonfi di pianto, pallore) e dagli atteggiamenti affranti delle figure.

28 Il candidato si soffermi sull'opera teorica di Leon Battista Alberti affrontando, in particolare, il tema del palazzo signorile e il filone di progetti di città ideali ispirati alle sue teorie

Punti chiave

- Leon Battista Alberti, teorico del Rinascimento.
- Opere fiorentine: la committenza della famiglia Rucellai.
- Esempi di città ideali: Pienza e Sforzinda.

Svolgimento

Leon Battista Alberti, vissuto tra il 1404 e il 1472, è architetto, letterato e umanista, autore di importanti trattati, redatti con lo scopo di conferire un fondamento scientifico all'arte: la *Descriptio urbis Romae* (1434), primo studio metodico sulle antichità romane, il *De pictura* (1435), dedicato a Brunelleschi e incentrato sull'invenzione della prospettiva, il *De statua* (1440 circa), sulla scultura e il *De re aedificatoria*, redatto a Roma tra il 1452 e il 1485, dove lavora sotto la guida illuminata del papa "umanista" Niccolò V, sostenitore della conciliazione tra cultura classica e cristianesimo.
In qualità di architetto, Alberti realizza a Firenze rilevanti opere su committenza della famiglia Rucellai: il *Palazzo Rucellai* (1447-51 c.), il *tempietto del Santo Sepolcro* nella Cappella Rucellai in San Pancrazio (1467) e il completamento della facciata di *Santa Maria Novella* (1470). Nel *Palazzo Rucellai*, Alberti, in collaborazione con Bernardo Rossellino, fissa il modello per il palazzo signorile fiorentino. La facciata è organizzata come una griglia geometrica in cui si sovrappongono i tre ordini classici (dorico, ionico e corinzio) ed è caratterizzata dall'elegante paramento a conci lisci di

diverse dimensioni e dall'originale idea di slanciare l'edificio sopraelevandolo su uno zoccolo la cui decorazione imita l'*opus reticulatum* romano.

Al fenomeno del mecenatismo di stampo umanista è legata la diffusione di progetti di città ideali, spesso non realizzati (o non realizzabili), concepiti seguendo le teorizzazioni dell'Alberti nel *De re edificatoria* che influenzerà profondamente l'attività degli architetti tra il XV e il XVI secolo. Alla tipologia di dimora signorile d'impronta classica inaugurata dall'Alberti, si rifà Rossellino nella progettazione del *Palazzo Piccolomini* a Pienza, esempio di pianificazione di "città ideale" realizzato per il papa Pio II Piccolomini nel 1459 rinnovando completamente il borgo medievale di Corsignano in val d'Orcia, città natale del pontefice. Al filone del *Palazzo Rucellai* appartiene anche il *Palazzo Venezia* di Roma, opera di Bernardo Rossellino o Giuliano da Maiano (dal 1455).

Al progetto di *Pienza* segue quello di *Sforzinda* (1461-1464), città ideale pensata dal Filarete per i signori di Milano, ma mai realizzato. In questo contesto s'inquadrano anche l'ampliamento della città di Ferrara, detto *Addizione erculea* (Biagio Rossetti, dal 1492) e la costruzione del *Palazzo Ducale* (dal 1455) di Urbino.

29 Si delinei la figura di Leonardo da Vinci facendo riferimento alle importanti invenzioni che introdusse in campo pittorico e che influenzarono profondamente la pittura italiana

Punti chiave

- L'arte come strumento d'indagine scientifica.
- Prime sperimentazioni in pittura.
- La prospettiva atmosferica e la tecnica dello sfumato.

Svolgimento

Leonardo da Vinci, figura complessa e affascinante del Rinascimento italiano, è un genio universale: pittore, scultore, architetto, orafo, musicista, geologo, ingegnere idraulico, inventore ma, soprattutto, scienziato. Il suo approccio sperimentale alla conoscenza lo porta a indagare, in modo sistematico, tutti gli aspetti della natura e a rifiutare i dogmi assoluti e le convenzioni. L'arte per Leonardo è un insuperabile strumento d'indagine scientifica. La pittura, in particolare, vera e propria scienza della visione, è tra tutte le arti quella che meglio consente di riprodurre la natura e di studiarla.

L'artista si forma alla bottega del Verrocchio a Firenze. Qui dipinge l'*Annunciazione* (1472-1475 c.), opera in cui sperimenta un nuovo modo di rappresentare lo spazio in profondità. Egli, infatti, non usa la griglia prospettica, ritenuta troppo rigida, ma utilizza un gioco di luci e ombre giustapposte, sfumando i colori ed eliminando la linea di contorno, preannunciando quindi l'uso della prospettiva aerea e dello sfumato che verranno perfezionati nelle opere successive.

Nel 1481 comincia a dipingere l'*Adorazione dei Magi* per il monastero di San Donato a Scopeto (non più esistente), ma lascia l'opera incompiuta nel 1482, anno in cui si reca a Milano. Nella tavola Leonardo rielabora la tradizionale iconografia dell'Adorazione dei Magi, disponendo in maniera dinamica le figure degli adoranti a semicerchio attorno alla Madonna col Bambino. Innovativa è la tecnica pittorica basata sul chiaroscuro e sui passaggi graduali di tono che non isolano le figure ma le mettono in relazione tra loro e con lo spazio atmosferico.
La prospettiva aerea sperimentata nelle opere fiorentine è messa a punto nella *Vergine delle rocce* (1483 - 1486) dipinta a Milano: partendo dal presupposto che lo spazio in natura non è vuoto, ma carico di atmosfera, Leonardo elabora una tecnica con la quale rendere visibile l'aria che avvolge le figure, modulando sapientemente luci e ombre. Inoltre, poiché le forme in natura non sono limitate da contorni netti, ma sono indefinite, abolisce la linea di contorno e inventa la tecnica dello sfumato, passaggio graduale e modulato dal chiaro allo scuro nel disegno dei contorni.
Nel refettorio del convento della chiesa di *Santa Maria delle Grazie* a Milano, Leonardo realizza l'*Ultima cena* (1494-1498). L'opera rappresenta il punto d'arrivo delle ricerche prospettiche, naturalistiche, anatomiche e fisionomiche compiute dall'artista.

30 Il candidato analizzi sinteticamente le principali opere architettoniche realizzate da Michelangelo a Firenze e a Roma

Punti chiave

- L'ultima stagione umanistica di Michelangelo a Firenze: *Chiesa di San Lorenzo, Sagrestia Nuova, Biblioteca Laurenziana.*
- Papa Paolo III Farnese e il rinnovamento di Roma: *Piazza del Campidoglio.*

Svolgimento

Papa Leone X de' Medici (1513-1521) si fa promotore dell'ultima grande stagione della cultura umanistica e si circonda di artisti, letterati, musicisti ed eruditi antiquari di altissimo livello. Nel 1516 il pontefice affida a Michelangelo il completamento dei lavori nella chiesa di *San Lorenzo* a Firenze. Qui l'artista progetta la facciata della chiesa (non realizzata), la *Sagrestia Nuova* destinata a ospitare i sepolcri degli ultimi due discendenti di Cosimo I de' Medici (*Cappella Medicea,* dal 1521) e la *Biblioteca Laurenziana* (dal 1524), quest'ultima su incarico di papa Clemente VII.
Come la simmetrica *Sagrestia Vecchia* di Brunelleschi, la *Sagrestia Nuova* di Michelangelo presenta una pianta quadrata coperta da una cupola. Il volume ottenuto, però, acquista verticalità e ritmo ascensionale grazie all'inserimento di un piano intermedio e all'apertura di finestre rastremate verso l'alto nelle lunette. I due grandi monumenti sepolcrali in marmo di *Lorenzo* e *Giuliano de' Medici* addossati alle pareti sono dominati dalle eroiche e idealizzate figure dei due duchi e dalle possenti allegorie del *Giorno,* della *Notte,* dell'*Aurora* e del *Crepuscolo.* Sulla parete di fondo è collocata la

figura della *Vergine allattante*, verso la quale i condottieri volgono lo sguardo, come per rigenerarsi e rinascere.

La *Biblioteca laurenziana*, realizzata al primo piano di uno dei chiostri della chiesa di San Lorenzo, è composta da due ambienti principali: un'aula di studio longitudinale caratterizzata da pareti scandite da una successione di paraste e finestre e un vestibolo a pianta quadrata, posto a un livello inferiore rispetto alla sala di lettura. Invenzione straordinaria e originalissima di Michelangelo è lo scultoreo scalone d'accesso inserito nello spazio alto e stretto del vestibolo che viene trattato come uno spazio monumentale, caratterizzato dalle poderose colonne binate incassate.

A Roma, il nuovo papa Paolo III Farnese (1534-1549) commissiona a Michelangelo alcune opere volte al rinnovamento urbanistico e edilizio della città. Per la riqualificazione della *Piazza del Campidoglio* (1536), cuore civile e politico di Roma, egli progetta uno spazio trapezoidale incentrato sulla statua equestre di *Marco Aurelio* (161-169). L'impianto medievale della piazza risulta regolarizzato dall'inserimento del *Palazzo dei Conservatori* e del *Palazzo dei Musei Capitolini* (realizzati da Giacomo Della Porta e Girolamo Rainaldi su disegni di Michelangelo) che divergono tra loro, dilatando scenograficamente lo spazio. Michelangelo si occupa, inoltre, del completamento di *Palazzo Farnese*, lasciato incompiuto da Antonio da Sangallo il Giovane alla sua morte nel 1546. Nello stesso anno è nominato architetto capo della *Basilica di San Pietro*, per la quale riprende, trasformandolo, l'originario progetto a pianta centrale di Bramante e progetta la cupola, realizzata solo in parte dopo la sua morte da Giacomo della Porta.

31 La *Maniera Moderna* a Venezia: il candidato esponga i principali aspetti dell'arte del pieno Rinascimento nella città lagunare attraverso il riferimento ai maggiori protagonisti nel campo della pittura

Punti chiave

- La Repubblica di Venezia agli inizi del Cinquecento.
- Giorgione, inventore della pittura tonale.
- Tiziano, autore di uno stile moderno e monumentale.

Svolgimento

Agli inizi del Cinquecento la Repubblica di Venezia è uno stato politicamente forte e culturalmente all'avanguardia. Attorno all'umanista Pietro Bembo si forma un circolo di letterati che influenza l'opera dei più grandi artisti veneziani. Il panorama artistico è vivificato inoltre dalla presenza di grandi pittori nordeuropei, come il tedesco Albrecht Dürer che soggiorna due volte in città.

Ad imprimere una svolta verso la Maniera Moderna è Zorzi da Castelfranco, detto Giorgione (1477-1510) che introduce un personale linguaggio basato non sul disegno – come nella scuola fiorentina – ma sul colore, secondo una tecnica innovativa che diventerà tipica dell'ambiente veneziano, la pittura tonale. Giorgione, utilizzando solo accordi cromatici, modella le forme direttamente con il colore. I contorni, non più netti, sono definiti mediante pennellate di colore disgiunte che creano effetti di compenetrazione atmosferica e integrazione con la realtà naturale.

A collaborare con Giorgione in opere come la *Venere dormiente* di Dresda (1509) e la decorazione del *Fondaco dei Tedeschi* (1508), è

Tiziano Vecellio (1488/90-1576), altro importante esponente della pittura veneta del Cinquecento. Tiziano, dopo essersi formato nella bottega di Giovanni Bellini e aver lavorato con Giorgione, acquista ben presto una propria autonomia specializzandosi nell'esecuzione di ritratti caratterizzati psicologicamente. La sua moderna visione pittorica è contraddistinta da chiarezza espositiva, naturalezza, monumentalità, ma, soprattutto, da una stesura del colore dato per grandi masse, che si discosta nettamente dalla pittura tonale di Giorgione, in cui tutto si fonde.
Nel 1518 l'*Assunta dei Frari* segna il pieno distacco dall'arte di Giorgione e rappresenta il raggiungimento della piena maturità artistica di Tiziano e il suo ingresso nella *Maniera moderna.* La grande tavola, inserita in una cornice marmorea a forma di arco trionfale, è divisa in due zone distinte: il mondo terreno con gli apostoli accalcati in basso e il mondo celeste in alto, con la schiera di angeli che accolgono la Vergine protesa verso Dio e circondata da una luce calda e intensa. La modernità dell'opera sta nella monumentalità e nell'energia eroica emanata dai personaggi e nel nuovo uso del colore steso in larghe campiture senza l'ausilio del disegno, ma con contrasti netti. Le tinte sono cariche e i toni caldi e accesi. Spiccano le diverse gradazioni di rosso, variamente declinate per armonizzare l'intera composizione e suscitare emozioni.

32 Il candidato illustri gli aspetti principali dell'architettura delle ville di Palladio. La trattazione dovrà essere orientata e finalizzata ad un intervento didattico da condurre efficacemente in una classe a scelta del candidato

Punti chiave

- Obiettivi della lezione.
- Il fenomeno delle ville venete.
- Le ville di Palladio.

Svolgimento

La lezione, rivolta agli studenti del secondo biennio del liceo scientifico, si propone di approfondire lo studio di uno dei maggiori architetti del Rinascimento italiano, Andrea Palladio, attraverso un aspetto specifico della sua opera: l'architettura delle ville. La realizzazione delle ville palladiane e di quelle venete in generale è strettamente legata a precise condizioni storiche, economiche e politiche. Sarà necessario, pertanto, ripercorrere brevemente alcuni passaggi storici per inquadrare in maniera corretta la nascita e i primi sviluppi di quella "civiltà delle ville" che ha trasformato il territorio veneto e lo ha reso celebre nel mondo.

Tra il XIV e il XV secolo la Repubblica Veneziana aveva cominciato a espandersi verso la terraferma. In questo periodo nei territori agricoli assoggettati dell'entroterra vengono costruite più di 5.000 ville: l'aristocrazia veneziana, infatti, iniziò a nutrire grande interesse nei confronti dei nuovi territori conquistati dove investì costruendo grandi residenze signorili e tenute agricole. In particola-

re si diffusero due tipi di ville: il primo era costituito dalla semplice casa colonica, all'interno di un cortile attrezzato per le attività rurali; il secondo tipo era la villa-castello, elegante e progettata secondo il gusto dell'epoca, per soddisfare anche le esigenze di svago dei proprietari in villeggiatura.
Dopo la guerra della Lega di Cambrai (1509-1517) che vide la situazione politica ed economica cambiare profondamente, dalle tradizionali attività di tipo mercantile e commerciale si dovette ripiegare sullo sfruttamento agricolo di quelle terre di cui i nobili si erano assicurati la proprietà fin dal secolo precedente. Conseguente fu la necessità di sovrintendere alle tenute agricole che cominciavano ad essere apprezzate anche per le rilassanti attrattive proprie della campagna. Andrea Palladio raccolse entrambe le istanze, soddisfacendo pienamente le aspettative dei suoi numerosi committenti e armonizzando nelle sue architetture la magnificenza e l'eleganza delle antiche ville romane con la piena funzionalità agricola della villa veneta tradizionale. La straordinaria varietà delle sue soluzioni caratterizzò così una vasta area dell'entroterra veneto, in particolare la zona orientale, in prossimità di Venezia, Vicenza e Padova.
Tra gli esempi più importanti ricordiamo *Villa Barbaro* a Maser (1554) nella quale le colombaie e le barchesse, elementi tipici delle tenute agricole della regione, sono collocate le prime in eleganti padiglioni alle due estremità del complesso e le seconde in serie armoniose di porticati fiancheggianti la struttura centrale. La parte residenziale centrale si distingue per lo splendido frontone con decorazioni a stucco, simile a quelli dei templi romani, la cui enfatica grandiosità si discosta nettamente dall'atmosfera semplice e "genuina" del cortile centrale.

33 Il candidato illustri le caratteristiche principali della pittura di Tintoretto, trattando, in particolare, gli aspetti teatrali presenti nelle sue opere

Punti chiave

- Il Manierismo.
- La corrente manierista a Venezia: il Tintoretto.
- Pittura e teatro nell'opera dell'artista.

Svolgimento

La rottura dell'unità religiosa causata dalla Riforma protestante produce in Europa importanti conseguenze a livello politico, religioso e culturale. L'Italia perde la propria supremazia e le certezze dell'uomo rinascimentale cadono. Anche l'arte risente profondamente della grave crisi che attanaglia il Vecchio Continente; in questa fase si sviluppa il Manierismo, corrente che, partendo dalla "maniera", ovvero dallo stile, dei grandi maestri del Cinquecento – Leonardo, Raffaello e Michelangelo – si muove alla ricerca di un proprio linguaggio autonomo, espressione del tormentoso clima religioso, politico e culturale.

A partire dal 1530, dopo la fuga da Roma dei maggiori artisti a causa del sacco della città del 1527, e grazie soprattutto all'intensa circolazione di stampe e disegni, il Manierismo arriva a Venezia, dove assume caratteristiche originali. Soprattutto con il Tintoretto – il cui vero nome è Jacopo Robusti – luce, colore e figure sembrano fondersi perdendo consistenza fisica e avvicinando i dipinti a vere e proprie visioni. La componente manierista, caratterizzata da composizioni mosse, non simmetriche, con equilibri precari, corpi muscolosi, panneggi rigonfi e torsioni innaturali, si ritrova

impressa nelle sue opere giovanili, tanto che si è ipotizzato un suo viaggio a Roma.
Il Tintoretto ama le grandi scene drammatiche, le prospettive ardite, le gradazioni luminose e i contrasti di luce e ombra dove prevalgono intensi sfondi scuri, diametralmente opposti alla pittura solare del contemporaneo Paolo Veronese. Fin dalle sue prime opere – *Cristo e l'adultera, Salomone e la regina di Saba* – risulta evidente la propensione del pittore ad affidare un ruolo determinante ai forti contrasti di luce e ombra.
In questi anni l'artista nutre anche un particolare interesse verso motivi architettonici ripresi dal teatro. Il Tintoretto allestisce infatti lo spazio dei suoi quadri come un palcoscenico basandosi soprattutto sulla scena tragica di Sebastiano Serlio, architetto, scenografo e autore di trattati, attivo a Venezia nel secondo decennio del Cinquecento.
Tra il 1548 e il 1563 dipinge il ciclo dei teleri per la *Scuola di San Marco,* dimostrando una straordinaria capacità narrativa. Nell'episodio del *Miracolo di San Marco,* col quale il Tintoretto ottiene immediato successo, una moltitudine di personaggi è raffigurata in svariati atteggiamenti carichi di tensione drammatica, davanti a un fondale architettonico di gusto teatrale, dietro il quale lo scenario cambia e si rasserena nell'azzurro del cielo e nel verde del giardino. L'esasperazione degli scorci e i colori caldi illuminati da bagliori istantanei producono un effetto d'irrealtà ed enfatizzano il carattere miracoloso e trascendente dell'evento.

34 L'opera di Gian Lorenzo Bernini e la committenza papale a Roma. Il candidato delinei gli aspetti salienti dell'opera dell'artista

Punti chiave

- Aspetti dell'attività di Gian Lorenzo Bernini.
- Le opere principali.

Svolgimento

Gian Lorenzo Bernini (1598-1680) è architetto, scultore, scenografo, pittore, costumista. Con la sua straordinaria opera domina la scultura e l'architettura del Seicento, interpretando lo spirito dell'epoca e raggiungendo magistralmente la fusione tra le arti alla base dello stile barocco. Crea un linguaggio pieno di energia e dinamismo che esprime la forza infinita della natura in rapporto al divino. Bernini è l'artista dei papi e come tale interpreta lo spirito trionfalistico della Chiesa controriformata ormai vittoriosa.
Il papa Urbano VIII Barberini affida a Bernini una serie di opere di grande prestigio volte alla celebrazione della rinnovata potenza della Chiesa. Il suo linguaggio è sfarzoso e monumentale. La scultura s'intreccia con l'architettura, la pittura e il teatro, raggiungendo spettacolari effetti illusionistici ed espressivi che hanno il preciso scopo di stupire lo spettatore ed emozionarlo.
Il debutto come architetto avviene con l'eccezionale impresa del *Baldacchino di San Pietro* (1624-1633), una monumentale struttura bronzea collocata nella basilica in posizione centrale, sotto la grandiosa cupola di Michelangelo, in ideale collegamento con la tomba di San Pietro, conservata nella cripta sottostante. Riprendendo un'antica tradizione paleocristiana, Bernini reinterpreta la tipologia del ciborio, realizzando uno spettacolare e scintillante

baldacchino retto da colonne tortili che si avvitano con moto ascensionale, relazionandosi in maniera dinamica con la cupola sovrastante, senza interromperne la visuale.
Nel 1627 Bernini è incaricato di eseguire il *Monumento funebre per Urbano VIII* da collocare nell'abside di San Pietro. Ispirandosi ai progetti di Michelangelo per la *Tomba di Giulio II* a Roma e per *Lorenzo de' Medici* a Firenze, egli realizza una composizione piramidale articolata su due livelli con diverso risalto. Alla concezione statica delle tombe cinquecentesche contrappone una struttura dinamica e spettacolare che fonde architettura, scultura e pittura e rinnova profondamente la tradizionale tipologia del monumento funebre.
Gli interventi per la Basilica di San Pietro proseguono con la realizzazione della *Cattedra* (1656-1666), posta al centro dell'abside, al termine della visuale prospettica che va dall'ingresso al fondo della chiesa. Attraverso una finestra con vetri gialli, un fascio di luce sfolgorante illumina l'immagine dello Spirito Santo con effetto di grande teatralità.
Chiude la grande stagione del mecenatismo papale a Roma Alessandro VII Chigi (1655), il quale, nonostante la crisi economica e il flagello della peste, affida a Bernini nuovi importanti opere come il *Colonnato di Piazza San Pietro* (1656-1657).

35 Il candidato analizzi l'opera degli architetti Guarino Guarini e Filippo Juvarra attivi a Torino tra la fine del Seicento e gli inizi del Settecento

Punti chiave

- Il Rococò.
- Torino, centro di sperimentazione architettonica e urbanistica.
- L'opera di Guarino Guarini.
- Filippo Juvarra e il rinnovamento della città in chiave monumentale.

Svolgimento

Caratteristico del Settecento è lo stile Rococò caratterizzato da una ricerca di maggior grazia rispetto al Barocco pur esasperandone alcuni principi come le linee spezzate, le curve e l'asimmetria. Il Rococò nasce in Francia ma si diffonde presto nel resto d'Europa. Anche in Italia il Rococò, sull'esempio francese, crea un notevole rinnovamento nel campo delle decorazioni d'interni e nella pittura, soprattutto nelle regioni del nord. In particolare Torino, capitale del Regno Sabaudo, diventa tra la fine del Seicento e gli inizi del Settecento, un importante centro di sperimentazione architettonica e urbanistica. Importanti interpreti del Rococò in architettura sono Guarino Guarini e Filippo Juvarra, entrambi attivi a Torino.

Tra il 1666 e il 1681 il modenese Guarino Guarini (1624-1683), religioso, filosofo, matematico e architetto, formatosi sulle opere di Francesco Borromini a Roma, lavora nella città piemontese realizzando importanti opere. Nella *Cappella della Santa Sindone* (1667-1690), luogo in cui è custodita la reliquia più sacra della cristianità, l'architetto svolge un'originale riflessione sul tema del-

la pianta centrale. La parte più originale della cappella è la cupola, struttura molto leggera e luminosa, basata sulla ripetizione di un motivo esagonale concentrico e sfalsato che decresce verso l'alto, determinando una progressione dinamica rotatoria, sino a concludersi in una stella a dodici punte con al centro la colomba dello spirito santo inondata di luce. All'esterno la cupola termina in un'alta guglia che ricorda le invenzioni di Borromini. Un complesso e spettacolare gioco di nervature caratterizza anche la cupola "stellata" della *Chiesa di San Lorenzo* (1668-1687).
Il rinnovamento della città in chiave monumentale è affidato dai Savoia al messinese Filippo Juvarra (1678-1736). Egli, in base alle diverse commissioni e destinazioni d'uso, si rifà all'antico, al Rinascimento, al Barocco e al Classicismo seicentesco, rinnovando sapientemente i modelli della tradizione locale. Le sue opere più importanti sono la scala "a forbici" di *Palazzo Reale*, la *Palazzina di caccia di Stupinigi*, residenza sabauda fuori città, la facciata di *Palazzo Madama*, la *Basilica di Superga*, il più grande santuario barocco in Italia. Realizzata tra il 1715 e il 1731 quest'ultima nasce come monumento celebrativo del nuovo Regno Sabaudo (1713). L'edificio, che sorge in posizione dominante sulla collina di Superga presenta una pianta centrale derivata dalla combinazione di una rotonda sormontata da cupola e di un grande pronao rettangolare colonnato, secondo i modelli del *Pantheon* e della *Basilica di San Pietro* di Michelangelo.

36 Nell'ambito del rinnovamento urbanistico e architettonico della città promosso da Carlo III di Borbone a Napoli, il candidato si soffermi sull'opera dell'architetto Luigi Vanvitelli con particolare riferimento alla Reggia di Caserta

Punti chiave

- Napoli, capitale del Regno delle Due Sicilie.
- Luigi Vanvitelli.
- La Reggia di Caserta.

Svolgimento

Con la dinastia dei Borbone, che ha inizio nel 1734, Napoli torna ad essere la capitale di uno stato indipendente. Carlo III di Borbone promuove un profondo rinnovamento urbanistico e architettonico della città. Al sovrano si deve la costruzione di grandi opere, tra le quali il *Teatro San Carlo* (1737), i *Palazzi Reali di Portici e Capodimonte*, l'*Albergo dei Poveri* (Ferdinando Fuga, 1751) e la realizzazione della monumentale *Reggia di Caserta* (iniziata nel 1751) affidata all'architetto napoletano Luigi Vanvitelli (1700-1773).
Vanvitelli interpreta magistralmente la corrente classicista dell'architettura europea. Le sue opere, caratterizzate da monumentalità, equilibrio e rigore, s'ispirano all'antico e all'architettura del Rinascimento fondendosi armoniosamente con elementi dello stile Barocco e dell'arte del Settecento italiana ed europea.
All'artista viene dato il grandioso compito di realizzare una maestosa reggia con funzioni residenziali, amministrative e politiche, simbolo dell'assolutismo illuminato del sovrano, su modello di quella di Versailles. Oltre al palazzo, il progetto prevede la realiz-

zazione nella pianura sottostante il borgo medievale di Caserta di un parco, una città e un acquedotto.
Vanvitelli realizza un edificio simmetrico, sobrio e lineare, nel quale il rigore compositivo e l'equilibrio del linguaggio classicista si fondano mirabilmente con elementi di gusto barocco. Il regolare prospetto è caratterizzato dall'uso dell'ordine gigante impostato su un alto basamento bugnato. L'ingresso è costituito da un arco trionfale rivolto verso la città.
Il linguaggio tardobarocco si manifesta nella ricca decorazione degli interni e nello scenografico *Scalone d'Onore* a due rampe. Di gusto Rococò è la sontuosa cappella palatina absidata e con volta a botte cassettonata. Vero e proprio capolavoro è il parco: esteso alle spalle della reggia, è articolato intorno a un canale, lungo la direttrice longitudinale il cosiddetto cannocchiale prospettico che parte dal viale alberato proveniente da Napoli, attraversa la Reggia e termina nella spettacolare cascata ai piedi del monte Tifata. Fontane, grotte e giochi d'acqua, alimentati dall'*Acquedotto Carolino*, appositamente fatto costruire dal re dallo stesso Vanvitelli nel 1762, sono scenograficamente intermezzati da una serie di gruppi scultorei che illustrano le vicende di *Diana e Atteone*, *Venere e Adone*, *Cerere*, *Giunone ed Eolo*, con notevole effetto teatrale.
L'architetto realizza anche il *Foro Carolino*, la *Chiesa dell'Annunziata* e lavori di restauro nel *Palazzo Reale* (1753).

37 Il candidato delinei il significato, le premesse e i riferimenti storici e culturali del linguaggio artistico neoclassico che pone l'antico come modello di sobrietà, chiarezza e razionalità in arte

Punti chiave

- La Rivoluzione industriale e l'Illuminismo.
- Il Neoclassicismo e il recupero dei canoni dell'arte classica.
- Winckelmann, teorico del neoclassicismo.
- Le scoperte archeologiche a Ercolano e Pompei.

Svolgimento

Tra la fine del XVIII e gli inizi del XIX secolo la Rivoluzione industriale determina in Europa una profonda trasformazione in campo economico e sociale, che vede la nascita della nuova classe borghese e la costituzione di quella operaia.
Filo conduttore sul piano culturale e filosofico è l'Illuminismo che trova la sua espressione simbolica nella metafora della "luce" dell'intelletto. Caratteristica principale è la fiducia nella ragione che, trionfando sulle tenebre dell'ignoranza, progressivamente migliora le condizioni spirituali e materiali della civiltà umana, liberandola dai vincoli della tradizione, della superstizione e della tirannide.
L'espressione più alta della cultura artistica illuminista è il Neoclassicismo, movimento culturale sviluppatosi in Europa nella seconda metà del XVIII secolo, volto a recuperare la validità dei canoni classici dell'arte antica, ritenuta un modello di bellezza, sobrietà, chiarezza, razionalità, in antitesi agli eccessi e all'irregolarità del Barocco e del Rococò.

Il maggior teorico è il tedesco Johann Joachim Winckelmann (autore di *Considerazione sull'imitazione delle opere greche* del 1755 e *Storia dell'arte nell'antichità* del 1764), che propone l'imitazione degli antichi come "unica via per diventare grandi". Egli sostiene la supremazia dell'arte greca, modello di "nobile semplicità, serena grandezza". Solo i Greci, infatti, hanno raggiunto quella purezza di forme che la semplice imitazione della natura non può dare. Imitare gli antichi, però, non significa limitarsi a copiare le loro opere; è necessario recuperarne anche i valori spirituali e i contenuti etici ed estetici. Da questa concezione idealizzata dell'arte classica deriva la distinzione tra copia e imitazione: la prima riproduce l'aspetto esteriore dell'arte antica; la seconda esprime l'essenza e costituisce un'interpretazione originale.
A dare grande impulso allo sviluppo e alla diffusione delle idee neoclassiche, sono le scoperte archeologiche e gli scavi di Ercolano (1738) e Pompei (1748). Qui, oltre ai monumenti architettonici e ai cicli pittorici, vengono alla luce anche oggetti di uso quotidiano di grande eleganza (utensili, monete, medaglie, vasi, tripodi bronzei) che influenzano notevolmente la produzione artigianale e le arti minori. Le scoperte archeologiche danno un forte impulso anche alla moda del *Grand Tour* e favoriscono il mercato antiquario.

38 Il candidato illustri le poetiche del Sublime e del Pittoresco che caratterizzano la pittura di paesaggio inglese del XVIII secolo

Punti chiave

- Lo sviluppo della pittura di paesaggio in Inghilterra.
- Il Pittoresco e il Sublime: il rifiuto del bello regolare e l'inquietudine rispetto alla grandiosità della natura.
- I paesaggisti Constable e Turner.

Svolgimento

Importante filone dell'arte romantica è la pittura di paesaggio che si sviluppa soprattutto in Inghilterra nel XVIII secolo, caratterizzata per lo più dalle tematiche del Sublime e del Pittoresco che danno vita a nuovi valori estetici, come l'irregolarità, il disordine, l'inquietante grandiosità, in contrapposizione agli ideali di bello classico, equilibrio e "serena grandezza" del neoclassicismo.

In particolare, il Pittoresco rifiuta la precisione delle geometrie regolari e predilige il disordine spontaneo della natura ispirando in questo senso anche il giardinaggio: il rigore geometrico del giardino alla francese viene abbandonato a favore della nuova concezione di "giardino all'inglese" o pittoresco, in cui si afferma la libertà progettuale, l'adattamento al sito e la valorizzazione delle sue caratteristiche peculiari, in una suggestiva mescolanza di architetture ed elementi naturali, non formalmente ordinati. Nasce il nuovo concetto di bello irregolare e di "grazioso disordine" e si diffonde il gusto della rovina.

La categoria estetica del Sublime, invece, unisce un aspetto visionario alla contemplazione della natura: il mistero e la grandiosità di fenomeni naturali o eventi scatenati dall'uomo, che, per la loro

portata, determinano sentimenti di paura, solitudine, orrore, senso d'impotenza.
La natura, interpretata secondo i concetti romantici di Sublime e Pittoresco, è alla base dell'opera dei paesaggisti inglesi John Constable e Joseph Mallord William Turner.
Constable, sposando la teoria del Pittoresco rappresenta la natura, ambiente della vita umana, nei suoi aspetti più mutevoli, attraverso una restituzione non idealizzata del paesaggio. Ne *Il mulino di Flatford* (1817), la scena, resa in ogni particolare, rappresenta una giornata di vita quotidiana e di lavoro in campagna. Alla base del dipinto c'è l'osservazione diretta dal vero e lo studio attento dei dettagli, che sono così accuratamente riprodotti da far parlare di resa fotografica. Per la prima volta in una tela di grandi dimensioni, Constable usa il *colore locale*, ossia il colore proprio di un oggetto visto alla luce del sole. Il tema della celebrazione del paesaggio naturale incontaminato, luogo felice in cui l'uomo vive in armonia con l'ambiente, si ritrova nel dipinto *Il carro di fieno* (1821), in cui Constable utilizza una nuova tecnica pittorica, contrassegnata da tocchi distinti di colore che tendono a qualificare i diversi elementi del quadro.
Turner, vicino alla poetica del Sublime, rappresenta una natura in continuo movimento, in cui le forze cosmiche, sfuggendo al controllo razionale, evocano un moto universale e scatenano emozioni di sgomento o estasi. Nei suoi dipinti egli rompe con le regole compositive tradizionali, raffigurando paesaggi dall'impianto irregolare, in cui lo spazio si estende all'infinito, suscitando profonde emozioni. *L'incendio della Camera dei Lords e dei Comuni il 16 ottobre 1834* (1835) è un perfetto esempio della poetica del Sublime.

39 Il Romanticismo e la riscoperta del Medioevo. Il candidato illustri le principali tendenze in campo architettonico, dal *Gothic Revival* alle nuove istanze del restauro

Punti chiave

- Il Romanticismo.
- La riscoperta del Medioevo e delle cattedrali gotiche.
- L'architetto inglese Pugin e la ricostruzione del Palazzo di Westminster.
- Il dibattito tra restauro stilistico e restauro filologico.

Svolgimento

Tra la fine del Settecento e la prima metà dell'Ottocento si diffonde in Europa il vasto movimento culturale definito *Romanticismo.* Il quadro storico è caratterizzato dalla caduta di Napoleone e dal processo di nazionalizzazione avviatosi in seguito al Congresso di Vienna (1814-1815). L'idea di nazione si ricollega al concetto romantico di individualismo: si afferma da un lato la soggettiva esaltazione dell'interiorità dell'uomo, dall'altro il concetto di "popolo" e di un sentimento collettivo di patria e d'orgoglio nazionale che porta al recupero di origini e tradizioni locali.
In architettura la riscoperta del Medioevo, inteso come periodo di intensa spiritualità e di battaglie per l'affermazione dei popoli, porta alla rivalutazione della cattedrale gotica che diventa il nuovo modello da imitare. Essa esprime alla perfezione i valori spirituali ricercati dagli artisti romantici e rispecchia le diversità di lingua, tradizioni e cultura dei vari paesi europei, nel rispetto dei valori d'orgoglio nazionale affermati dal Romanticismo. Si svilup-

pa, così, un acceso interesse per le rovine delle cattedrali, in particolare nordeuropee, delle quali si studia la logica costruttiva.
In Inghilterra il *Neogotico* (o *Gothic Revival*) produce i suoi migliori esempi grazie anche all'opera di architetti come Augustus Welby Northmore Pugin cui si deve la ricostruzione del *Palazzo di Westminster* (1840-1870), sede del Parlamento inglese, realizzata in collaborazione con l'architetto Sir Charles Barry. Pugin redige repertori d'architettura e arredamento gotici, desunti dagli edifici medievali accuratamente studiati, che diventano modelli da riproporre, diversamente ricombinati, anche in scala industriale.
In seguito alla Rivoluzione francese si era fatto pressante il problema del recupero del patrimonio artistico danneggiato dando avvio al fenomeno del restauro moderno. Nell'ambito del vasto dibattito sul senso storico dell'architettura gotica, è importante ricordare il contributo teorico e pratico del francese Eugéne-Emmanuel Viollet-le-Duc, che intende il restauro come ripristino stilistico, ovvero ricostruzione o rifacimento di parti mancanti dell'edificio in stile gotico, secondo una sua personale interpretazione (restauro della *Cittadella di Carcassonne*, 1844-1879; *Castello di Pierrefonds*, 1857-84). A questa teoria del restauro si contrappone il pensiero dell'inglese John Ruskin che considera il ripristino come una vera e propria falsificazione, sostenendo piuttosto la necessità di curare assiduamente gli edifici del passato e, se necessario, di lasciarli anche allo stato di rovina.
In Italia Pietro Selvatico Estense e Camillo Boito sono i portavoce del dibattito sull'architettura gotica. Quest'ultimo, in particolare, fonda la disciplina autonoma del restauro e si fa portavoce della necessità di un restauro di tipo filologico che consenta la riconoscibilità dell'intervento e preveda il rispetto per le aggiunte che hanno valore artistico e che nel corso del tempo sono state apportate al manufatto, tutelando i segni del tempo (la cosiddetta *patina*).

40 Si illustrino i caratteri salienti dell'architettura europea nella seconda metà dell'Ottocento, facendo riferimento allo Stile eclettico e all'architettura dell'ingegneria

Punti chiave

- La crisi del Romanticismo nella seconda metà dell'Ottocento.
- Caratteristiche dello Stile eclettico: i revivals architettonici.
- L'architettura dell'ingegneria e l'uso di nuovi materiali e tecnologie innovative.

Svolgimento

La seconda metà dell'Ottocento è un'epoca di grandi trasformazioni politiche, sociali, economiche e culturali. Gli impulsi nazionalistici si legano alle rivendicazioni sociali della borghesia da un lato e della classe operaia dall'altro. L'industrialismo si è ormai affermato e nasce il pensiero socialista. In ambito culturale si assiste alla crisi del Romanticismo: l'arte si orienta verso la realtà.
In architettura si diffonde lo Stile eclettico, combinazione d'elementi artistici desunti da diversi stili del passato (arte classica, medievale, rinascimentale ecc.). Nel movimento eclettico, trovano espressione le caratteristiche più tipiche delle singole culture nazionali. In particolare, l'architettura del Rinascimento italiano continua ad essere il punto di riferimento e il massimo ideale estetico per tutta la cultura europea. Tuttavia, s'incorre sovente in esercizi di vuota reiterazione degli elementi architettonici.
Verso la fine del XIX secolo si assiste a un rifiuto dei vari revivals contemporanei. Ingegneri e architetti cominciano a interessarsi alla struttura dell'architettura più che all'elemento stilistico e decorativo e progettano edifici con strutture portanti in ferro o in

ghisa e con parti prefabbricate. L'architettura dell'ingegneria, con l'introduzione di questi nuovi materiali rappresenta una svolta fondamentale nella storia dell'architettura. Espressioni tipiche sono le coperture in ferro e vetro utilizzate in una grande varietà di tipologie edilizie inedite dal punto di vista architettonico: gallerie pubbliche cittadine, serre botaniche, stazioni ferroviarie, impianti per grandi esposizioni, mercati coperti, grandi magazzini. Ne sono esempi in Italia la *Galleria Vittorio Emanuele II* di Milano (1865-1878), la *Galleria Umberto I* di Napoli (1887-1892) e la *Mole* di Torino realizzata nel 1863 da Alessandro Antonelli.
Negli altri paesi europei importanti opere sono: il *Palazzo di Cristallo* realizzato da Joseph Paxton per l'Esposizione Universale di Londra del 1851, finalizzato all'esposizione di prodotti industriali, la cui novità principale consiste nelle pareti in vetro per le quali la luce è protagonista dello spazio espositivo, la *Biblioteca Nazionale* (1859-68) di Parigi progettata da Henri Labrouste, caratterizzata da grandi volte in ghisa, e la *Torre Eiffel* (1886-1889) simbolo della capitale francese.

41 Il candidato delinei le caratteristiche della corrente architettonica denominata Modernismo, con opportuni riferimenti al quadro storico, artistico e culturale e alle principali opere europee

Punti chiave

- Caratteristiche generali del Modernismo.
- Elementi stilistici.
- Il Modernismo in Europa.

Svolgimento

Tra il 1890 e il 1910 si afferma in architettura una corrente artistica, che in contrapposizione ai *revival* e all'eclettismo ottocenteschi, afferma nuovi valori stilistici legati al progresso tecnologico e alla civiltà industriale. Tale tendenza viene definita, in termini generali, Modernismo. Le sue caratteristiche principali sono: volontà di produrre un'arte conforme al proprio tempo basata sulle importanti innovazioni tecniche costituite dall'utilizzo di ferro, vetro e cemento armato; ricerca di funzionalità decorativa e alta qualità estetica nella produzione in serie di oggetti d'uso quotidiano; dimensione internazionale che tocca anche gli Stati Uniti dove nasce la Scuola di Chicago.

Il Modernismo è un fenomeno tipicamente urbano e si diffonde come una vera e propria moda attraverso riviste, mostre, conferenze ed esposizioni, rispecchiando il gusto della classe borghese attenta al progresso e alle novità tecnologiche. Lo stile si rifà agli elementi naturali, soprattutto vegetali, con una spiccata preferenza per le linee curve, a "colpo di frusta", gli arabeschi, la decorazione, l'astrazione e il rifiuto per la simmetria e le proporzioni. Sostanzialmente unitaria, tale tendenza architettonica assume un

nome diverso in ogni paese: *Art Nouveau* in Belgio e Francia, *Jugendstil* in Germania, *Modernismo* in Spagna, *Sezessionstil* in Austria, *Liberty* o *floreale* in Italia, *Modern Style* in Gran Bretagna.
A Bruxelles, nel 1892-93, il giovane architetto Victor Horta realizza le prime opere di stile modernista. Nella *Casa del Popolo* (1897), distrutta nel 1966, intuendo le possibilità estetico-decorative del ferro, egli progetta una facciata traforata che funge da diaframma luminoso in rapporto alla spazialità aperta della piazza.
Henry van de Velde è il teorico dell'*Art Nouveau.* Attraverso l'opera del Gruppo dei XX, egli trasferisce gli ideali formali del nuovo stile nelle arti applicate, disegnando tappezzerie, broccati, decorazioni per libri e mobili e diffondendolo in Francia e Germania.
In Francia, tra il 1889 e il 1904, Hector Guimard realizza gli accessi della metropolitana di Parigi decorandoli con elementi in ghisa e vetro in stile floreale, mentre le opere di maggiore originalità si hanno in Spagna con l'architetto Antoni Gaudì, autore della *Sagrada Familia* (1891-1926), moderna trasfigurazione di cattedrale gotica, tuttora in costruzione.
Seppure in ritardo rispetto agli altri paesi, la nuova tendenza stilistica arriva anche in Italia dopo l'Esposizione Internazione di arte decorativa moderna di Torino nel 1902. La città piemontese diventa il principale centro dell'architettura modernista nel nostro paese e torinese è l'architetto Pietro Fenoglio, considerato il principale interprete del liberty in Italia, che realizza *Casa Fenoglio-Lafleur* (1902).

42 Si descrivano i caratteri generali e i principali protagonisti del Cubismo soffermandosi sulle due fasi del movimento pittorico: analitica e sintetica

Punti chiave

- Le Avanguardie storiche.
- I protagonisti (Pablo Picasso e George Braque) e le caratteristiche stilistiche.
- Le due fasi del Cubismo.

Svolgimento

Nei primi decenni del Novecento alcuni movimenti artistici, definiti Avanguardie, puntano a rompere in maniera programmatica con il gusto dominante, proponendo un radicale rinnovamento della scena artistica. Si definiscono storiche le Avanguardie del primo Novecento per distinguerle dalle Seconde Avanguardie degli anni Cinquanta e Sessanta.

Le Avanguardie storiche hanno in comune tra loro la netta suddivisione in schieramenti e la frequente pubblicazione di un manifesto programmatico collettivo. Sono accomunate, inoltre, dalla volontà di superare la tradizionale distinzione tra le arti per raggiungere un'ideale unione di arte e vita.

In Francia si sviluppa il Cubismo. I fondatori del rivoluzionario movimento sono lo spagnolo Pablo Picasso e il francese Georges Braque. Essi, tra il 1907 e il 1910, partendo dall'opera di Cèzanne, portano avanti una ricerca analitica basata sulla scomposizione della forma. Il quadro che segna la rottura con l'arte tradizionale e dà inizio alla ricerca cubista è *Les demoiselles d'Avignon* (1907) di Picasso. Il termine Cubismo ha inizialmente una connotazione

negativa: il critico Vauxcelles lo usa nel 1908, in occasione di una mostra di Braque, per indicare l'abbandono della tradizionale costruzione della forma per la riduzione del quadro a una serie di schemi geometrici e "cubi".
Per i cubisti, l'oggetto deve essere raffigurato non solo come appare, ma come realmente è nella sua interezza, per poterlo effettivamente conoscere. Pertanto, nel quadro, si sovrappongono e giustappongono contemporaneamente più vedute da diversi punti di vista, per giungere a una rappresentazione completa dell'oggetto nelle tre dimensioni. Osservazione e astrazione mentale sono coniugate nel totale sovvertimento dello spazio prospettico e la visione policentrica si sostituisce al punto di vista unico.
La vivacità del colore espressionista cede il passo al monocromatismo e all'astrazione tipici della prima fase del Cubismo, definita analitica. Gli oggetti rappresentati sono elementi d'uso quotidiano: piatti, bicchieri, strumenti musicali, spesso identificabili solo attraverso il titolo dell'opera. L'interesse, infatti, non è incentrato sull'oggetto, che funge semplicemente da "segno", ma sulla sua visione globale, non falsata dalle convenzioni prospettiche.
Dal 1910 inizia la fase del Cubismo sintetico, con stesure più ampie di colore e l'adozione dell'innovativa tecnica del collage, con cui "pezzi" di realtà entrano a far parte dell'opera d'arte. Il quadro diventa un piano plastico, nel quale non esiste più distinzione tra pittura e scultura (Braque, *Natura morta con asso di fiori,* 1911; *Il Tavolo rotondo,* 1911; Picasso, *Il tavolo dell'architetto,* 1912; *Bicchiere, chitarra e bottiglia,* 1913). Una terza figura affianca in questa fase Picasso e Braque; si tratta di Juan Gris (1887-1927), la cui pittura si orienta verso una maggiore essenzialità e astrazione. In questi anni il Cubismo produce anche opere scultoree e si diffonde in Europa affermandosi come Avanguardia internazionale.

43 Il candidato illustri temi, forme e protagonisti della corrente pittorica del Novecento chiamata Astrattismo

Punti chiave

- *Il cavaliere azzurro.*
- Vasilij Kandinskij: *Impressioni, Improvvisazioni, Composizioni.*
- Paul Klee: la grammatica della pittura.

Svolgimento

Nel 1912 il russo Vasilij Kandinskij fonda in Germania, con Franz Marc, l'almanacco *Der blaue Reiter* (*Il cavaliere azzurro*). La pubblicazione raccoglie scritti teorici e riproduzioni di opere d'arte accomunate dalla volontà di abbandonare ogni riferimento al reale, per esprimere pienamente la propria interiorità. La tendenza che nasce da *Il cavaliere azzurro* non ha un programma preciso ed è aperta a tutti. L'intento comune è di combinare forme e colori, non per imitare la natura, ma per far emergere e suscitare emozioni, come fa la musica. Ne deriva una pittura tendente all'astrazione, d'orientamento spiritualistico con funzione di stimolo psicologico.

Nella serie delle *Impressioni* (1907-1911) la pittura non-figurativa di Kandinskij conserva ancora un legame con la realtà. Dallo studio della natura nasce la rappresentazione di un "paesaggio interiore". Le *Improvvisazioni* (1909-11) nascono, invece, da un impulso interiore dell'artista e sembrano rifarsi allo stadio del grafismo infantile per la spontaneità del segno non mediato dalla coscienza. Successivamente nella serie delle *Composizioni* il suo linguaggio evolve dalla tabula rasa dello stadio infantile verso un codice fatto di linee, circoli, triangoli, spirali, corrispondente a una fase più

adulta dell'uomo, nella cui coscienza cominciano a formarsi dei simboli (*Composizione VIII*, 1923; *Punte nell'arco*, 1927).
Lo svizzero Paul Klee, grande amico di Kandinskij, ricorre al linguaggio grafico dell'infanzia, addentrandosi maggiormente nella sfera dell'inconscio e inserendo nei suoi quadri elementi della realtà. Pratica tutte le tecniche, scegliendo di volta in volta quella che meglio si presta alla materializzazione dell'immagine psichica.
Klee insegna alla Bauhaus di Weimar dal 1921 per undici anni, periodo nel quale perfeziona il proprio linguaggio artistico fondato sulla grammatica della pittura: punto, linea, superficie e colore. Nell'opera *Strada principale e strade secondarie* (1929) il tema centrale è la prospettiva, ma la logica geometrica, esatta per definizione, delimita lo spazio in modo non univoco. La griglia prospettica si perde e si confonde, sino a diventare un labirinto in cui l'incertezza dei percorsi lascia allo spettatore la risoluzione del problema. A causa della persecuzione nazista, Klee torna in Svizzera, dove nel 1935, si ammala gravemente. Alcune caratteristiche della sua pittura cambiano: il formato delle opere s'ingrandisce e il segno, dapprima minuto e calligrafico, si fa pesante ed essenziale, come un linguaggio fatto di ideogrammi all'interno di uno spazio bidimensionale (*Porto fiorente*, 1938).

44 **Il candidato delinei le caratteristiche principali del Futurismo soffermandosi sugli aspetti innovativi presenti in ambito pittorico. La trattazione dovrà essere orientata e finalizzata a un intervento didattico da condurre efficacemente in una classe a scelta del candidato**

Punti chiave

- Obiettivi della lezione.
- L'Europa agli inizi del Novecento.
- Caratteristiche generali del Futurismo.
- Il Manifesto dei pittori futuristi.

Svolgimento

La lezione si rivolge a una classe del quinto anno del liceo scientifico. Dopo aver introdotto l'argomento facendo riferimento anche al contesto storico, si illustra sinteticamente il programma del movimento delineando i caratteri essenziali della produzione artistica futurista.

Il Futurismo nasce in Italia agli inizi del Novecento, periodo storico caratterizzato da grandi cambiamenti. L'intenso sviluppo industriale e l'invenzione di nuovi strumenti quali il telegrafo, la radio, l'automobile, l'aereo contribuiscono a modificare la percezione dello spazio e del tempo. Dal punto di vista politico si rafforzano le mire espansionistiche delle potenze europee e l'idea di supremazia del più forte si traduce in sentimenti sempre più diffusi di nazionalismo e imperialismo. Contemporaneamente la formazione di grandi agglomerati urbani in seguito all'intensificarsi del

processo di industrializzazione rappresenta lo sfondo sul quale nasce e si muove il movimento socialista.
L'atto di nascita del futurismo è la pubblicazione a Parigi e a Milano nel 1909 de *Il Manifesto del Futurismo* redatto da Filippo Tommaso Marinetti, in cui si promuove una nuova estetica della velocità, contrapposta all'immobilità della tradizione. Se un tempo alla base del concetto di bellezza vi erano la staticità, l'equilibrio, l'armonia, ora tale concetto si basa sulla velocità, il dinamismo, la dissonanza, la disarmonia.
Nel 1910 Umberto Boccioni, Giacomo Balla, Carlo Carrà, Luigi Russolo e Gino Severini firmano a Milano il *Manifesto dei pittori futuristi.* Gli artisti futuristi rifiutano con forza la tradizione e, attraverso una sintesi tra esperienza sensoriale e ricerca analitica, mirano a creare una pittura moderna, espressione della civiltà industriale in continua trasformazione. I temi ricorrenti sono legati al dinamismo e all'energia dei tempi moderni: tram elettrici, ferrovie, rappresentazioni della città che si espande, movimento di macchine, velocità. Basandosi sulla scomposizione dell'immagine di derivazione cubista, i futuristi puntano a rappresentare sulla tela l'idea del movimento, la "sensazione dinamica": una sequenza d'immagini in cui la figura frammentata si espande nello spazio e nel tempo, dispiegandosi senza distinzione tra passato e presente. Alcuni esempi paradigmatici in tal senso sono: *Officine a Porta Romana* (1909); *La città sale* (1910-11) di Umberto Boccioni; *I funerali dell'anarchico Galli* (1911) di Carlo Carrà; *Nudo che scende le scale* (1911 e 1912) di Marcel Duchamp; *Dinamismo di un cane al guinzaglio* (1912); *Automobile in corsa* (1913) di Giacomo Balla.

45 Il candidato delinei le caratteristiche principali dell'architettura futurista. La trattazione dovrà essere orientata e finalizzata a un intervento didattico da condurre efficacemente in una classe a scelta del candidato

Punti chiave

- Obiettivi della lezione.
- Aspetti generali del movimento futurista.
- Antonio Sant'Elia e il Manifesto dell'Architettura Futurista.

Svolgimento

La lezione si rivolge a una classe del quinto anno del liceo scientifico. Dopo aver introdotto i temi generali del Futurismo, andranno evidenziati i valori provocatori di un movimento che in campo architettonico rimane per lo più legato alle teorie, non riuscendo a produrre realizzazioni emblematiche.

Il Futurismo è il primo movimento d'avanguardia nato in Italia il cui manifesto, scritto da Filippo Tommaso Marinetti e pubblicato nel 1909, segna una netta cesura rispetto alla tradizione ottocentesca, come già si evince dal nome, che si accompagna all'esaltazione incondizionata della vita moderna, della velocità e delle conquiste della scienza e della tecnica. Le modalità artistiche e gli obiettivi polemici del Futurismo vengono successivamente chiariti in una serie di ulteriori manifesti che costituiscono il genere d'elezione del movimento; musica, pittura, drammaturgia, letteratura, scultura e architettura, a ciascuna arte il Futurismo assegna il proprio manifesto tecnico, che a seconda del contesto trova bersa-

gli nella melodia, nel «formalismo accademico», nel valore figurativo, nell'intreccio o nella sintassi della lingua.
Le idee radicali di una nuova architettura vengono espresse da Antonio Sant'Elia e da Mario Chiattone in un'esibizione di disegni per "La Città nuova" tenutasi a Milano nel 1914. In quello stesso anno Sant'Elia aveva pubblicato uno scritto noto come il *Messaggio* che, con alcune aggiunte elaborate da Marinetti e Cinti, costituì la struttura portante del Manifesto dell'Architettura Futurista pubblicato l'11 luglio del 1914. Nel Manifesto egli immagina la città come un "immenso cantiere tumultuante" e la casa come una gigantesca e magnifica macchina, auspicando la distruzione delle città storiche e dei musei.
I suoi disegni rappresentano immagini suggestive e altamente scenografiche della metropoli contemporanea dove imponenti edifici si sviluppano con forte espressività lungo monumentali assi di comunicazione veicolare interrati, dotati di frequenti sovrappassi pedonali e privi di vegetazione.
All'espansione delle città italiane di inizio Novecento, Antonio Sant'Elia risponde progettando edifici innovativi, proiettati in altezza e a più livelli, un primo passo verso la metropoli futurista, un cantiere dinamico e moderno, la "città che sale" immaginata da Boccioni e da Marinetti.

46 Il candidato delinei le principali caratteristiche dell'opera di Alexander Calder mettendo in evidenza gli aspetti innovativi presenti nelle sue sculture e inquadrandola rispetto alle contemporanee vicende storiche ed artistiche e ai riferimenti culturali dell'arte tra le due guerre

Punti chiave

- Aspetti generali della scultura di Calder.
- I *Mobiles*.
- Principali riferimenti.

Svolgimento

L'opera dell'americano Alexander Calder (1898-1977), tra i maggiori scultori del Novecento, è caratterizzata da un intento fortemente innovativo rispetto al linguaggio tradizionale della scultura. Nel 1931 aderisce al movimento Abstraction-création ed esegue le prime sculture astratte definite da Hans Arp "Stabiles". In quegli anni stupisce il mondo con le prime sculture cinetiche, i *Mobiles,* come le definisce Marcel Duchamp: costruzioni colorate e leggere messe in moto da correnti d'aria o meccanicamente, composizioni di elementi astratti, liberi di oscillare se sostenuti da un supporto, se attaccati al muro o se agganciati al soffitto (*Trappola per aragosta e coda di pesce,* 1939; *La stella,* 1960; *Iguana,* 1967). I Mobiles sono sagome metalliche ripiegate o ritagliate, collegate tra loro da fili e vivacemente colorate. Si tratta di sculture cinetiche estremamente instabili, tanto che basta un alito di vento o il tocco di una mano perché l'intera struttura, talvolta assai grande, si metta in movimento con effetti imprevedibili.

La scultura di Alexander Calder, che può essere definita organica, muove da alcuni referenti: il mondo del teatro e delle marionette, il mondo delle forme naturali, delle piante, degli alberi e degli animali. Il congegno meccanico si muove, inoltre, in modo naturale, come le foglie di un albero al vento. Altro referente è il surrealismo di Mirò, in particolare l'aspetto ludico presente nella sua opera. Le sculture di Calder, infatti, sembrano avere il principale scopo di divertire, traducendo in fili di ferro e in sagome colorate i sottili grafismi e i piani colorati di Mirò.
Eteree e leggere, come "trespoli su cui far riposare i nostri sogni", le creazioni di Alexander Calder sembrano sfidare qualsiasi legge di gravità, in un funambolico equilibrio, sospeso tra fantasia e realtà. "Né completamente animati, né completamente meccanici", così come li definì il filosofo Jean-Paul Sartre, i suoi *Mobiles* gli valsero l'appellativo di "Mozart dello spazio". Pur essendo nate da una mente ingegneristica, queste opere, audaci e colorate, instabili e accidentali, sembrano appartenere al mondo della pura poesia.

47 Il candidato delinei le caratteristiche principali del Dadaismo, sottolineando gli aspetti innovativi del movimento e facendo riferimento ai maggiori protagonisti in ambito internazionale

Punti chiave

- L'arte tra le due guerre.
- Caratteristiche innovative del Movimento Dada: intento dissacratorio, ironia, perfomance.
- Gli artisti principali: Marchel Duchamp, Francis Picabia, Man Ray.

Svolgimento

Lo scoppio della prima guerra mondiale sconvolge il destino di popoli e nazioni e segna in maniera irreversibile la scena politica, sociale ed economica dell'Europa, causando una profonda battuta d'arresto in campo culturale. Gli artisti sono costretti a rivedere il proprio ruolo all'interno della società, prendendo coscienza di problemi e tematiche che non è più possibile ignorare. Da un lato, i totalitarismi riducono la libertà d'espressione e dall'altro si pone la necessità di fronteggiare attivamente i problemi sociali scaturiti dalla guerra. La Svizzera, paese neutrale, offre la possibilità ad artisti e letterati di esprimere liberamente il proprio pensiero.
Nel 1916 viene fondato a Zurigo da Tristan Tzara il più provocatorio ed eversivo dei movimenti d'Avanguardia: il Dada. La volontà di dissacrazione dell'arte traspare già dalla scelta del nome dato al movimento che non ha alcun significato. Ad essere contestata non è solo l'arte di tipo tradizionale, ma anche quella delle prime Avanguardie, considerate ancora troppo legate alla società e alla cultura borghese. Tutti i valori e i canoni estetici tradizionali sono

negati, a partire dal concetto di bellezza, sovvertito a favore di un gioco ironico e irrazionale, libero da ogni schema, che mette in discussione e sconvolge le antiche gerarchie dell'arte. Le produzioni artistiche del movimento Dada perdono i tradizionali connotati dell'opera d'arte. I valori si capovolgono e il mondo della vita si mescola a quello dell'arte in una serie di perfomance, fotomontaggi, collage, produzioni di vario tipo che hanno lo scopo di spiazzare l'osservatore e generare scandalo.

Il fenomeno si diffonde a New York, dove operano i suoi massimi esponenti: il francese Marcel Duchamp, il cubano Francis Picabia e l'americano Man Ray. Dada si conclude a Parigi intorno al 1923. Duchamp è l'inventore del *ready-made*, letteralmente "pronto-fatto". Si tratta di oggetti d'uso quotidiano che in maniera provocatoria l'artista trae dal mondo reale per collocarli in un contesto artistico innescando una sensazione di smarrimento nelle persone. Il più celebre *ready-made* è *Fontana* (1917), un orinatoio capovolto firmato *Mutt*, che Duchamp presentò per partecipare a una mostra della Società degli artisti indipendenti di New York ma fu rifiutato.

Man Ray lavora in prevalenza sulla tecnica fotografica e dà vita ai *rayographs*, immagini astratte in bianco e nero (*Senza titolo*, 1923 e 1927) ottenute poggiando degli oggetti direttamente sulla carta sensibile.

Francis Picabia fonda la rivista dada "391" e produce opere ispirate al mondo meccanico, operando una sfrontata contestazione del progresso tecnologico (*Udnie*, 1913).

48 Il candidato delinei le caratteristiche principali dell'opera di Victor Vasarely facendo riferimento alle ricerche sperimentali sui processi della percezione visiva, alla base del contesto artistico post-informale degli anni Sessanta

Punti chiave

- Le sperimentazioni sul cinetismo e sulla percezione visiva negli anni Sessanta.
- L'Optical Art.
- Victor Vasarely: riferimenti artistico-culturali e ricerca scientifica.

Svolgimento

Le ricerche sperimentali sui processi della percezione visiva costituiscono uno degli aspetti più rilevanti della produzione artistica post-informale degli anni Sessanta. A partire dalle ricerche sulla luce e sul movimento dell'ungherese Laszló Moholy-Nagy, in Europa e in America si sviluppa una nuova tendenza artistica legata al cinetismo e alla percezione visiva: l'*Optical Art* (*Op Art*). L'artista esplora i limiti della visione umana e gioca con l'osservatore creando immagini che sembrano vibrare e pulsare. L'opera d'arte in sé è statica, ma forme e colori suscitano un'illusione ottica di movimento. Tale illusione può essere ricreata nella sequenza stessa di immagini data, per cui guardando un insieme coordinato d'immagini, si ha l'impressione che si muovano, generandosi l'una dall'altra; oppure può essere affidata al fruitore, portato a compiere dei movimenti tali da organizzare nella propria mente la lettura della sequenza. O, ancora, può essere esterna, in tal caso, la successione e la combinazione delle immagini è determinata da

congegni meccanici o da emittenti di luce mobili. L'*Op Art*, si muove, dunque, su un piano in cui convergono la componente percettiva, la ricerca scientifico-sperimentale e la tecnologia avanzata.
La *Gestaltpsychologie* e la legge ottica dei contrasti simultanei sono alla base dell'opera dell'ungherese Victor Vasarely (1908-1997), massimo esponente dell'*Op Art*. Vasarely, sfruttando la modularità, la composizione geometrica, la tridimensionalità e nuovi materiali, pone lo spettatore di fronte allo spettacolo della percezione soggettiva dell'opera d'arte caratterizzata da una "scientifica" composizione delle parti, ma che riesce spesso a suscitare emozioni quasi psichedeliche. La sua ricerca visuale, quindi, è portata avanti in modo scientifico: le serie di forme geometriche colorate vengono disposte secondo un ordine che implica determinate possibilità di variazione. In genere sono possibili più letture della serie: secondo la verticale, l'orizzontale, le diagonali, oppure invertendo il rapporto di positivo-negativo tra le forme e gli intervalli. L'eccezione, a quella che il contesto stesso dell'immagine suggerisce come regola, genera movimenti illusori, come se il piano del dipinto non fosse statico, ma sottoposto a tensioni e sforzi. Lo scopo è quello di abolire la distinzione tra sensazioni reali e sensazioni illusorie, permettendo alla coscienza di utilizzare tutte le informazioni visive a parità di valore.

49 Il candidato delinei le caratteristiche principali del movimento espressionista, mettendo a confronto l'Espressionismo francese con quello tedesco, con adeguati riferimenti al contesto storico-artistico e ai principali protagonisti della corrente

Punti chiave

- Caratteri generali dell'Espressionismo.
- L'esperienza francese dei *Fauves.*
- L'esperienza tedesca del *Die Brücke.*

Svolgimento

Tra la fine dell'Ottocento e gli inizi del Novecento si sviluppa in Europa l'Espressionismo, corrente artistica basata sull'espressione dei sentimenti individuali. Dal 1903 il *Salon d'Automne,* l'Esposizione annuale parigina, è il maggior veicolo di diffusione della nuova corrente pittorica. La centralità della componente emozionale, l'intento di esprimere tensioni, stati d'animo, sentimenti e il rifiuto delle tradizioni accademiche si traducono in una pittura essenziale, tendente alla deformazione e dai colori accesi e innaturali. In Francia e in Germania si distinguono due correnti, quella dei *Fauves* e quella del *Die Brücke.*
Dal 1892 un gruppo d'artisti di diversa formazione si raccoglie a Parigi attorno a Henri Matisse. Il critico d'arte Louis Vauxcelles, in una recensione al *Salon d'Automne* del 1905, li definisce *fauves,* ovvero "belve", per sottolineare, in maniera sarcastica, la semplificazione delle forme e la brutalità dei contrasti cromatici presenti nelle loro opere.
Matisse, profondamente influenzato dal Neo-impressionismo e dall'opera di Gauguin e Van Gogh, decide, col gruppo dei *Fauves,*

di avviare una ricerca artistica basata sulla funzione costruttiva del colore, attraverso cui esprimere il proprio slancio emotivo. Sviluppa una pittura libera, in cui affluiscono diversi elementi: gusto per la decorazione, primitivismo, orientalismo, linearismo, stesura dei colori in campiture piatte e con precisi contrasti cromatici. Nel dipinto *La gioia di vivere* (1906), Matisse rappresenta l'immagine mitica di un mondo ideale in cui a regnare è l'armonia universale. Il tema riprende quello delle *Grandi bagnanti* (1898-1906) di Cézanne, combinato con il primitivismo mitologico di Gauguin. In assenza di profondità e plasticità dei corpi, protagonista è il colore, definito da una linea morbida e sinuosa. Il dipinto è l'emblema della ricerca artistica dei Fauves: l'espressione di un sentimento legato a una "mediterranea" gioia di vivere, lontana dall'esasperata drammaticità del coevo espressionismo tedesco.
Nel 1905 nasce a Dresda, con un programma ben definito e un intento di polemica sociale, il gruppo artistico *Die Brücke* (*Il ponte*), il cui capofila è Ernst Ludwig Kirchner. Gli artisti del gruppo aspirano a recuperare la carica espressiva dell'arte primitiva, attraverso una drastica semplificazione delle forme definite da tratti spigolosi e marcati e dalla violenza dei contrasti cromatici. Si tratta di una pittura palesemente anticlassica, connotata da atmosfere cupe, espressione di un dramma esistenziale di cui il norvegese Edvard Munch è il maggior referente. Alla libertà antinaturalistica del colore dei *Fauves*, l'espressionismo tedesco unisce la rielaborazione di elementi derivanti dalla scultura "negra" e dall'arte gotica, che essi ripropongono cimentandosi nella xilografia e nella scultura lignea. Peculiare è la deformazione espressionista della realtà; una realtà che non è più necessariamente "bella", secondo i canoni classici, ma è interpretazione di valori soggettivi.

50 La rivoluzione naturalistica di Caravaggio. Il candidato delinei le caratteristiche innovative dell'opera caravaggesca, soffermandosi, in particolare, sui dipinti di soggetto religioso che portarono alla piena affermazione dell'artista

Punti chiave

- Il ritorno alla realtà promosso dalla Chiesa controriformata.
- Il naturalismo di Caravaggio nei dipinti di soggetto religioso.
- Alcuni esempi della pittura caravaggesca.

Svolgimento

Sul finire del Cinquecento il Manierismo comincia a ripetersi in forme stereotipate e vuote. Nello stesso tempo il Concilio di Trento (1545-1563) rilancia l'arte sacra, proponendo un messaggio religioso basato sulla semplicità e sul rigore morale alla portata di tutti i fedeli. La chiesa promuove un ritorno alla "natura" e alla realtà come espressione più autentica della morale umana. Grandi protagonisti di questo rinnovamento artistico sono il bolognese Annibale Carracci e il lombardo Michelangelo Merisi detto Caravaggio dal presunto luogo di nascita. Essi operano a Roma tra la fine del Cinquecento e l'inizio del Seicento, durante il pontificato di Clemente VIII e Paolo V. I due artisti, partendo dalla comune ricerca sull'osservazione della realtà, giungono a risultati espressivi opposti: il classicismo di Carracci e il naturalismo di Caravaggio. Dopo un difficile esordio nella Roma tardomanierista, Caravaggio viene chiamato a collaborare presso la bottega del Cavalier d'Arpino, dove rinnova con successo il genere della "natura morta". La piena affermazione dell'artista avviene con i dipinti di soggetto

religioso, nei quali il tema sacro è trattato in maniera completamente nuova, caratterizzato da un vivo naturalismo e dall'espressione autentica dei sentimenti dell'uomo. Un primo esempio del rivoluzionario linguaggio artistico di Caravaggio è il *Riposo nella fuga in Egitto* (1596-1597), opera che segna il passaggio dalla produzione giovanile a quella matura di carattere sacro. Da questo momento in poi la tavolozza di Caravaggio si scurisce, i netti contrasti chiaroscurali sono utilizzati in maniera drammatica e la luce colpisce le figure, plasmate su un fondo scuro, con valore simbolico. Il soggetto religioso è interpretato in chiave profondamente umana ed espressiva, "vera" sino all'estremo. La sconvolgente "verità" delle figure e degli umili ambienti rappresentati da Caravaggio suscita reazioni contrastanti negli spettatori e nella committenza religiosa. Anche la sua tecnica è innovativa: dipinge direttamente sulla tela senza l'ausilio del disegno preparatorio.
La prima importante commissione pubblica è la decorazione della Cappella Contarelli nella Chiesa di San Luigi dei Francesi con *Storie di San Matteo* (1600-1602). Negli episodi della *Vocazione di Matteo* e del *Martirio di san Matteo,* Caravaggio sceglie di rappresentare il tema sacro in un ambiente di vita quotidiana. Nella *Vocazione,* in particolare, la scena si svolge in uno squallido ambiente da osteria, dove il peccatore Matteo, esattore delle tasse, viene improvvisamente colto dalla chiamata di Cristo, cui, incredulo, risponde all'istante. Un raggio di luce invade la scena squarciando l'oscurità dell'ambiente e illuminando il volto perplesso di Matteo in maniera teatrale, ma allo stesso tempo simbolica, come segno della grazia di Dio che salva gli uomini senza alcuna distinzione.

Parte Seconda
Lettura di un'opera d'arte

Premessa

Un'opera d'arte è un testo complesso che va decifrato tenendo conto dei diversi elementi che lo caratterizzano, pertanto la sua lettura non è una semplice operazione di fruizione visiva ma piuttosto richiede un'analisi attenta sia degli aspetti specifici dell'oggetto artistico (i materiali, la tecnica, lo stile, i temi, il significato ecc.) sia degli aspetti extratestuali riguardanti la sua realizzazione (l'autore e il contesto) che si riflettono sui contenuti espressivi e simbolici presenti nell'opera stessa.

Sintetizzando, il processo di lettura di un'opera prevede l'analisi dei seguenti elementi:

- l'artista (note sulla vita e sulle opere principali);
- l'opera in sé (descrizione degli aspetti formali e stilistici del soggetto e individuazione del significato);
- il contesto storico (note sull'ambiente in cui l'artista è vissuto, sul momento storico con le sue condizioni socio-economico-politiche, sulla committenza);
- il contesto artistico (descrizione della situazione artistica e culturale, indicazione dell'appartenenza a una scuola, un movimento o una corrente).

1

Il Partenone, Acropoli di Atene (447-438 a.C.)

Ictino, *Partenone*, 447-438 a.C., Acropoli di Atene.

Fidia e aiuti, *Hestia, Dione e Afrodite*, dal frontone orientale del Partenone, 438-432 a.C., Londra British Museum.

Percorso di lettura

1) L'Arte greca classica: VI-IV secolo a.C.
2) La ricostruzione dell'acropoli di Atene.
3) Il Partenone: commistione di stile dorico e ionico.
4) Le decorazioni scultoree del Partenone.

1) Nel 490 a.C. la Grecia subisce l'invasione dei Persiani guidati dal re Dario, ma l'esercito ellenico riesce a sconfiggere gli invasori nello stesso anno a Maratona. Nel 480 a.C. una seconda invasione persiana, guidata da Serse, si abbatte sulla penisola greca, distruggendo Atene. Le *poleis* greche, unite di fronte al pericolo, riescono a sconfiggere nuovamente il nemico a Salamina e a Platea. Sparta e Atene, tra le maggiori protagoniste della vittoria sui Persiani, conquistano una posizione di predominio sulle altre città.
Si assiste in questi anni a una straordinaria fioritura culturale ed artistica che non ha avuto precedenti nelle altre civiltà del passato. Nasce il pensiero filosofico, si sviluppa il teatro e si afferma la *polis,* luogo di sviluppo intellettuale in continuo fermento.
La produzione artistica esce dai rigidi schemi e dalla convenzionalità dell'arte arcaica. Dall'osservazione della natura nasce, per la prima volta, la volontà di imitare la realtà nella sua molteplicità per produrre un modello di bellezza ideale. La figura maschile rappresenta il principale campo di sperimentazione nella rappresentazione volumetrica del vero e del movimento.

2) In seguito alla pace di Callia (449 a.C.), che sancisce definitivamente la fine delle guerre persiane, Atene, città egemone nel mondo ellenico, conosce un periodo di sviluppo politico, economico e culturale tale da non aver eguali nella storia dell'Occidente.
In campo artistico le opere realizzate in questo periodo sono da sempre considerate come esempi irripetibili di equilibrio e perfezione, le più alte di tutti i tempi.
Sotto la guida del grande statista Pericle (464-429 a.C.), capo del partito democratico, comincia la ricostruzione degli edifici sacri dell'acropoli (parte alta e rappresentativa della città), distrutti tra il 480 e il 479 a.C. dai Persiani. La nuova acropoli è il simbolo del-

la potenza e del prestigio della città. Pericle affida la carica di "sovrintendente" dei lavori a Fidia (nato intorno al 500 a.C.), il quale coordina il lavoro di architetti, scultori e pittori e si occupa del piano generale dell'opera. Gli edifici da realizzare, concepiti in maniera unitaria, sono quattro: il *Partenone*, simbolo della città, i *Propilei* (ingresso solenne di ordine dorico, 437-432 a.C.), l'*Eretteo* (421/409-406 a.C.), piccolo tempio metà dorico e metà ionico nel quale eleganti figure femminili, dette *cariatidi* ("donne della città di Carie in Laconia"), il cui uso è di origine ionica, sostituiscono le colonne nella loggetta a sud e il *Tempietto di Atena Nike* (425-420 a.C.) di Callicrate, in stile ionico, ubicato sullo sperone occidentale dell'acropoli e dedicato ad "Atena portatrice di Vittoria".

3) Il primo edificio ad essere ricostruito è il *Partenone* (447-438 a.C.), tempio dedicato ad *Athena Parthènos* (Atena vergine), dea protettrice della città. Il nome del tempio trae origine dalla sala retrostante la cella, detta appunto *partenone*, in cui durante le feste *Panatenee* sostavano le vergini ateniesi servitrici della dea. I lavori sono affidati all'architetto Ictino, che interpreta liberamente il canone dorico, inserendo colonne ioniche nella sala interna, in base a un ideale di architettura universale. Nel *Partenone*, unico esempio di commistione di stile dorico e ionico, si realizza la sintesi delle esperienze architettoniche dell'epoca, ottenendo un effetto d'insieme al contempo solenne e armonioso che conferisce maggiore eleganza e leggerezza alla struttura rispetto al tradizionale ordine dorico.

4) La decorazione scultorea (metope, fregio e frontoni), affidata a Fidia, è caratterizzata da monumentalità e aderenza al vero, ma la celebrità dello scultore è legata soprattutto alla creazione delle enormi e preziosissime statue crisoelefantine (d'oro e avorio) di Atena e Zeus, destinate rispettivamente alla cella del Partenone e al tempio di Olimpia (una delle sette meraviglie del mondo antico), oggi purtroppo perdute.
Le decorazioni concorrevano a sottolineare il fine celebrativo dell'opera generale. Il programma era colossale, ma allo stesso tempo unitario sia dal punto narrativo che plastico, grazie alla continua supervisione dello scultore che ne seguiva la realizzazio-

ne da parte di artisti di provenienza diversa. La decorazione è composta da 92 metope doriche lungo la peristasi, più di 160 metri di bassorilievo sul fregio ionico delle pareti esterne del *naos* e più di 50 statue di dimensioni maggiori del vero sui frontoni.
Le metope doriche costituiscono la parte più antica e tradizionale dell'opera e sono, purtroppo le più danneggiate. Ogni lato era dedicato a un mito: *Gigantomachia* (lotta dei Giganti) ad est, *Centauromachia* (lotta dei Centauri) a sud, *Amazzonomachia* (lotta delle Amazzoni) a ovest e *Guerra di Troia* a nord. Il tema comune era quello del trionfo della civiltà sulla barbarie. Il fregio ionico continuo, realizzato per la prima volta in un tempio dorico è l'elemento più rivoluzionario dell'intera decorazione; una vera e propria sfida al rigore del canone classico che originò un modello di tempio poi molto usato. Il fregio è dedicato alla solenne processione delle feste *Panatenee*. Tutte le figure rappresentate sono poste in relazione tra loro senza perdere mai di vista l'unità generale dell'opera. Le statue dei frontoni, infine, furono realizzate per ultime, dopo il 438 a.C. e rappresentano la *Nascita di Atena dal corpo di Zeus* nel frontone orientale e la *Contesa tra Atena e Poseidone per il possesso dell'Attica* nel frontone occidentale, dove sono evidenti maggiore consapevolezza dello spazio, maggiore leggerezza e una più libera composizione generale che segnano un'evoluzione dello stile che farà scuola nella generazione successiva di artisti.

2 *Piazza dei Miracoli* di Pisa (1064 - XIV secolo)

Piazza dei Miracoli di Pisa, 1064-XIV secolo.

Percorso di lettura

1) Affermazione dei Comuni e arte romanica.
2) Caratteristiche dell'architettura romanica.
3) Il Romanico in Italia centrale: la Toscana.
4) Il complesso monumentale dal 1064 al XIV secolo.

1) Intorno alla metà del X secolo una nuova fase di sviluppo economico e demografico interessa l'Europa. Si afferma il sistema feudale, una forma di ordinamento sociale, politico ed economico nata dalla frammentazione dell'impero di Carlo Magno. Il nuovo sistema favorisce lo sviluppo dell'agricoltura che, a sua vol-

ta, si accompagna a una serie di innovazioni in campo tecnico e agronomico che ne aumentano la produttività.
Le condizioni di maggiore sicurezza e stabilità favoriscono gli scambi commerciali e contribuiscono alla rinascita di una civiltà urbana incentrata sull'agricoltura e sul ceto mercantile emergente. Le città, una volta accresciuto il proprio potere economico e politico, attraverso un tormentato periodo di guerre per l'affermazione del potere, si affermano come nuove entità autonome: i Comuni. La cattedrale e il palazzo comunale diventano i nuovi simboli della rinascita culturale e artistica delle città.
Allo stesso tempo, le lotte tra papato e impero si fanno più accese e la Chiesa, punto di riferimento costante per la società cristiana dell'XI e XII secolo, avvia un processo di moralizzazione sostenuto dal papa e dall'ordine monastico dei benedettini di Cluny, in Borgogna.
Il termine *Romanico* si afferma nell'Ottocento per indicare l'arte che si sviluppa tra l'XI e il XII secolo in Europa, in parallelo con le lingue *romanze* o *neolatine*: come il latino si è trasformato, dando origine al "volgare", così l'arte classica si è evoluta fino a creare un "volgare" figurativo. In comune vi è la medesima origine dal mondo romano.

2) Il fervore edilizio dovuto all'affermazione dei Comuni porta alla realizzazione di strutture architettoniche sempre più complesse. Le soluzioni costruttive, legate alle differenti tradizioni locali e all'uso di materiali diversi, variano da luogo in luogo.
Campo di sperimentazione dell'architettura romanica è la chiesa, dove elementi appartenenti a tradizioni artistiche diverse si armonizzano per creare un organismo unitario e spettacolare.
L'uso tipicamente romanico di archi a tutto sesto, volte in murature e cupole, rimanda all'architettura di età romana, mentre altri elementi, come l'impianto basilicale, il tetto a capriate e il matroneo, sono di origine paleocristiana. La grandiosità degli edifici sacri, l'utilizzo del pilastro, il transetto e la cripta dimostrano, infine, il persistere dei legami con l'architettura d'età carolingia e ottoniana. L'architettura romanica si caratterizza, però, per una concezione dello spazio più articolata e, allo stesso tempo, unitaria e per lo sviluppo di strutture sempre più grandiose e imponenti. Il peso delle volte e degli archi in muratura richiede poderosi

sostegni e determina l'aumento dello spessore delle mura e la diminuzione delle aperture. L'aspetto degli edifici romanici è massiccio e solenne.
Ma la vera novità dell'architettura romanica consiste nel subordinare ogni singola parte dell'edificio al tutto, in modo da coordinare in maniera proporzionale tutti gli elementi e creare un insieme organico e funzionale. In sintesi, gli elementi distintivi della chiesa romanica sono: sequenza ritmica di *campate*; corrispondenza tra esterno e interno; arco a tutto sesto; uso delle volte in muratura, a botte o a crociera; pianta a croce latina.

3) In Italia il Romanico viene rielaborato in base alle tradizioni artistiche e culturali locali. A Pisa e a Firenze si riscontra la volontà di recuperare programmaticamente modelli paleocristiani e ravennati. A Firenze il linguaggio dell'arte romanica assume caratteristiche proprie. L'opera simbolo del *Romanico fiorentino* è il *Battistero di San Giovanni*, realizzato probabilmente nel V secolo e riedificato nell'XI nella forma attuale.
Tra l'XI e il XII secolo, la Repubblica marinara di Pisa si afferma come potenza egemone sui traffici marittimi con il Vicino Oriente. Grazie ai rapporti commerciali e agli scambi culturali, la città, aperta alla cultura bizantina e orientale, raggiunge in questa fase il momento di massimo splendore. Uno dei più grandi capolavori dell'architettura e dell'urbanistica romanica e gotica in Italia è a Pisa, la *Piazza del Duomo*, detta anche *Piazza dei Miracoli*.

4) La costruzione del complesso monumentale inizia nel 1604 a partire dal *Duomo*, opera voluta dal vescovo Guido, sostenitore della riforma gregoriana, e dall'intera comunità che decide di dedicarlo alla Vergine Assunta come ringraziamento per la vittoria ottenuta dalla flotta pisana sugli arabi a Palermo. Attraverso la fusione di elementi classici, paleocristiani, arabi e romanici, l'architetto Buscheto riesce a esprimere nel Duomo la commistione di componenti ideologiche, civili e religiose, all'origine dell'opera e realizza un edificio originale e grandioso, capolavoro dell'architettura romanica in Toscana. La pianta è a croce latina con tre aule basilicali e cupola ellittica impostata all'incrocio dei bracci. Aspetti innovativi e caratteristici dell'arte romanica sono, in particolare, le membrature (colonne, capitelli e cornici marcapiano)

caratterizzate da un forte risalto plastico; le volte a crociera sulle navate minori e l'accentuato slancio verticale della navata centrale. Gli stretti rapporti con la cultura islamica sono evidenti nella particolare forma della cupola e nel grande arco a sesto acuto con cui termina la navata maggiore sul presbiterio. La leggiadra facciata a salienti si deve a Rainaldo.
Nel 1153 l'architetto Diotisalvi inizia la costruzione del *Battistero*, a pianta circolare con cupola conica. Entro la fine del XII secolo si giunge al completamento del primo ordine dell'edificio, ultimato tra il XIII e il XIV secolo da Nicola Pisano che sovraintendeva i lavori e al quale si deve il progetto del rivestimento gotico della loggia, cui lavorò anche il figlio Giovanni. Tra il 1358 e il 1394 viene completata la cupola sotto la guida di Cellino di Nese. Le porte bronzee sono opera di Bonanno Pisano, cui è tradizionalmente attribuito anche il progetto dell'originale torre campanaria.
La *Torre* (il campanile della cattedrale, 1173-1350 secolo), sita in posizione isolata, ha una forma cilindrica caratterizzata da un giro di arcate cieche e sei ordini di loggette sovrastanti che rendono leggera la struttura conferendole un moto rotatorio continuo. In seguito a un cedimento del terreno, avvenuto nel 1185, la torre ha subito un'inclinazione che da allora la caratterizza, rendendola famosa in tutto il mondo. Sei degli otto piani sono circondati da una loggetta con archi a tutto sesto, che riprendono il motivo della facciata della cattedrale. In seguito ai restauri della fine del Novecento, che ne hanno assestato la pendenza, la Torre è stata riaperta al pubblico con accesso limitato e controllato. Sia il Battistero che la Torre riprendono le soluzioni formali realizzate nella facciata del Duomo. La costruzione della Torre continuò fino al completamento nel 1350, quando fu ultimata la cella campanaria e vi furono poste le sette campane.
Il complesso si completa con la realizzazione del *Camposanto* monumentale, iniziato nel 1278 da Giovanni di Simone. Il Camposanto conservava uno straordinario ciclo di affreschi del XIV e XV secolo (Taddeo Gaddi, Andrea Bonaiuti, il Maestro del Trionfo della morte, Benozzo Gozzoli), gravemente danneggiati durante l'ultima guerra mondiale e oggi in fase di restauro e ricollocazione. Nel Camposanto sono inoltre conservati 84 sarcofagi antichi e molti monumenti funebri medievali.

3 Le Stanze Vaticane (1508-1520), Raffaello

Raffaello, *Scuola di Atene*, Stanza della Segnatura, 1508-1511, Città del Vaticano, Palazzi Vaticani.

Raffaello, *Liberazione di San Pietro dal carcere*, Stanza di Eliodoro, 1511-1514, Città del Vaticano, Palazzi Vaticani.

Percorso di lettura

1) Raffaello: note sulla vita, formazione, stile e opere principali.
2) La committenza di Giulio II.
3) Le *Stanze Vaticane*: descrizione generale dell'opera.
4) Analisi della Stanza della Segnatura e della Stanza di Eliodoro.

1) Raffaello Sanzio nasce nel 1483 a Urbino e si forma presso la bottega del padre, modesto artista della corte locale, dal quale eredita giovanissimo l'avviata bottega. Primi modelli di riferimento, in area umbro-marchigiana, sono Pietro Perugino e il Pinturicchio con il quale lavora nella *Libreria Piccolomini* a Siena (1502-1509) dimostrando notevoli quanto precoci doti artistiche. In una delle sue prime opere autonome, lo *Sposalizio della Vergine* (1504), ispirato all'omonimo dipinto del Perugino, Raffaello dimostra di aver superato l'esempio del maestro, realizzando una composizione monumentale e moderna, in cui il tempio ottagonale funge da fulcro in una costruzione prospettica perfetta. A Firenze (dal 1504 al 1508) il giovane Raffaello entra in contatto con Leonardo e Michelangelo, artisti dai quali trae importanti spunti per la sua opera. Il suo stile si evolve in senso classico, acquistando grazia, naturalezza e plasticità. Ne sono un esempio alcune opere del 1507, come la *Madonna del cardellino*, *La bella giardiniera*, la *Deposizione Baglioni* o la *Sacra Famiglia Canigiani*. Il tema della Madonna col Bambino ritorna più volte, impostato in maniera diversa. In particolare, per il tema dell'incontro tra la Vergine, Gesù e san Giovannino, trae spunto da alcune opere di Leonardo. Nella *Madonna col Bambino e San Giovannino* (*La bella giardiniera*, 1507) i tre personaggi sono immersi in un armonioso paesaggio classico, secondo una composizione piramidale. Le figure, monumentali e moderne, risentono dell'influsso dell'opera di Michelangelo ed esprimono umanità e naturalezza, lasciando trasparire i rapporti psicologici che le legano. Raffaello realizza una pittura naturale, classica e monumentale che, insieme alle opere di Leonardo e Michelangelo, influenza profondamente la pittura dell'epoca e quella delle generazioni successive

2) Nel 1508, Giulio II, nell'ambito di un grandioso programma di *renovatio urbis*, affida a Raffaello la decorazione dei suoi appartamenti in Vaticano. Contemporaneamente, Michelangelo è impegnato nella decorazione della volta della *Cappella Sistina*, opera paradigmatica del moderno linguaggio artistico cinquecentesco. Nel cantiere delle *Stanze Vaticane* che impegna Raffaello fino al 1520, anno della sua morte, l'artista è affiancato inizialmente dal Perugino e da un gruppo di pittori settentrionali: Giovanni Antonio Bazzi detto il Sodoma (1477-1549), Bartolomeo Suardi detto il Bramantino (1465-1530) e Lorenzo Lotto (1480-1556/57). Nella decorazione della prima Stanza, detta *Stanza della Segnatura*, Raffaello mostra capacità tali da spingere Giulio II ad affidargli l'intera impresa. Il programma iconografico è fissato inizialmente da Giulio II e poi da Leone X, sapientemente consigliati da letterati di spicco, come Baldassarre Castiglione.

3) Le Stanze di Raffaello sono quattro e hanno convenzionalmente i seguenti nomi: *Stanza della Segnatura*, *Stanza di Eliodoro*, *Stanza dell'Incendio di Borgo*, *Stanza di Costantino*. Nella *Stanza dell'Incendio di Borgo* (1514-1517) interviene in modo massiccio la schiera di collaboratori di Raffello. Il maestro si dedica solo ad alcune parti dell'affresco che dà il nome alla stanza, realizzando un dipinto di carattere celebrativo, dal tono tragico ed eroico, enfatico e teatrale. Per la *Stanza di Costantino*, infine, portata a termine dall'allievo di Raffaello Giulio Romano (1499-1546 c.) dopo la sua morte, il maestro fornisce solo il disegno generale dell'opera. Raffaello scompare prematuramente, ma a diffondere la sua opera a livello internazionale saranno i suoi validi collaboratori tra cui lo stesso Giulio Romano, Giovanni da Udine (1487-1564), Perin del Vaga (1501-1547) e Polidoro da Caravaggio (1495-1543 c.)

4) La prima stanza in cui opera Raffaello è la *Stanza della Segnatura* (1508-1511), camera destinata a ospitare la biblioteca umanistica di Giulio II. La decorazione dell'ambiente si basa su un tema dottrinale e riflette l'ideale conciliazione tra cultura classica e cultura cristiana, auspicata dall'Umanesimo. In base alla distinzione in settori della biblioteca, i dipinti, di tipo allegorico, raffigurano: la *Scuola di Atene*, simbolo della Filosofia, la *Disputa del Sacramento*,

simbolo della Teologia, il *Parnaso* rappresentazione del Bello e della Poesia e le *Virtù*, simbolo del Bene. Raffaello imposta le monumentali scene nelle lunette, sfruttando l'andamento curvilineo delle pareti per conferire agli affreschi un effetto avvolgente che coinvolge lo spettatore, dilatando lo spazio reale. La *Disputa del Sacramento* rappresenta il trionfo della Chiesa: il fulcro della composizione, simbolico e prospettico, è costituito dall'altare con l'ostia consacrata, esposta al centro di un ambiente gremito di figure, caratterizzate e studiate dal vero (spesso sono ritratti di personaggi contemporanei) e scandite secondo una precisa disposizione ritmica. Tre cerchi concentrici definiscono i diversi piani della rappresentazione: il piano terrestre in basso, il piano celeste intermedio, col Cristo circondato da Maria e San Giovanni Battista e alle spalle i santi, e il piano celeste sovrastante, nel quale compare Dio, circondato da una luce dorata e da due gruppi di angeli. In verticale, in asse con l'ostia, è posta la Trinità: Dio padre, Cristo e la colomba dello Spirito Santo.
Nella *Scuola di Atene*, il monumentale impianto architettonico d'impostazione classica, rivela l'influsso delle opere di Bramante. La Filosofia è rappresentata nelle sue varie fasi, dall'antichità al presente, all'interno di un grandioso tempio del Sapere. Al centro, le figure di Platone e Aristotele, poli del pensiero rinascimentale, avanzano discutendo: Platone indica il cielo (il mondo delle idee) e Aristotele la terra (mondo dell'esperienza). Essi sono circondati da una moltitudine di filosofi nell'atto di scrivere, studiare, dialogare, secondo un'impostazione teatrale ben precisa. La figura di Eraclito in primo piano è un omaggio a Michelangelo.
La *Stanza di Eliodoro* (1511-1514), caratterizzata da maggiore energia e tensione drammatica, è l'espressione del difficile periodo storico attraversato dalla Chiesa. Il tema degli affreschi è politico-religioso e le scene rappresentano eventi miracolosi con funzione propagandistica. Gli episodi principali sono la *Cacciata di Eliodoro dal tempio* e la *Liberazione di San Pietro dal carcere*. La *Cacciata di Eliodoro*, affresco da cui la Stanza prende il nome, illustra l'episodio biblico di Eliodoro inviato dal re di Siria Seleuco a impossessarsi del tesoro conservato nel tempio di Gerusalemme. Il gran sacerdote Onia (sullo sfondo) invoca l'intervento di Dio che invia un cavaliere con due giovani che percuotono e cacciano Eliodoro. La

volta del tempio, decorata in oro e rappresentata in prospettiva per dare profondità al dipinto, è sormontata da colonne con capitelli corinzi. A destra è raffigurata la cattura di Eliodoro. La scena è drammatica e al contempo dinamica. Eliodoro è disteso sul pavimento: con il braccio destro sorregge il corpo mentre con la mano sinistra impugna una lancia; accanto al corpo il vaso con le monete d'oro. Il committente Giulio II assiste alla scena (in primo piano a sinistra) seduto sulla sedia gestatoria, portata a spalle dai sediari che raffigurano Marcantonio Raimondi, incisore e amico di Raffaello, e Giulio Romano o Raffaello stesso.

Nella *Liberazione di San Pietro dal carcere* la ricerca luministica raggiunge il massimo sviluppo qualitativo, dimostrando l'interesse di Raffaello per la pittura fiamminga e veneta. La scena in notturno è scandita in tre fasi senza soluzione di continuità: al centro, la prigione di San Pietro, illuminata dalla luce soprannaturale dell'angelo giunto a salvarlo; a destra il santo e l'angelo mentre escono dalla prigione e, a sinistra, il risveglio delle guardie sbigottite. Cinque fonti di luce illuminano la notte con effetti originali e sorprendenti: l'argenteo bagliore della luna tra le nubi, l'aurora che in lontananza comincia a rischiarare la notte, la fiaccola in primo piano e la luce splendente e dorata degli angeli, che squarcia le tenebre.

4 *Giudizio universale* (1536-1541), Michelangelo

Michelangelo, *Giudizio universale*, 1536-1541. Cappella Sistina, Città del Vaticano.

Percorso di lettura

1) Michelangelo: note sulla vita e sulla sua formazione.
2) La Maniera Moderna: opere romane e fiorentine.
3) Il *Giudizio Universale*: descrizione dell'opera.

1) Michelangelo Buonarroti (1475-1564), scultore, pittore e architetto, si forma a Firenze presso la bottega di Domenico Ghirlandaio. Nella capitale toscana ha la possibilità di studiare la raccolta di statuaria classica di Lorenzo de' Medici, conservata nel *Giardino di San Marco*, dove lo scultore Bertoldo di Giovanni, seguace di Donatello, lo introduce alla scultura e al culto delle antichità. Entra in contatto con artisti e letterati della cerchia del Magnifico, come l'umanista Angelo Poliziano, ispiratore del tema della *Battaglia dei Centauri* (1492 c.), altorilievo, non finito, nel quale si concentra il senso di tutta la futura e lunghissima opera di Michelangelo: l'emulazione dell'antico, il dialogo con i letterati e il motivo del non-finito. Alle prime opere fiorentine appartengono anche il *Crocifisso* ligneo di Santo Spirito (1492-1493 c.), opera raffinatissima e d'impressionante precisione anatomica e il piccolo *Cristo* ligneo (1492-1496 c., il *Cristo ritrovato*), recentemente attribuito a Michelangelo, capolavoro dalle proporzioni perfette, intensamente espressivo e, allo stesso tempo, nobile e monumentale, nonostante le piccole dimensioni. A Firenze Michelangelo assimila la cultura neoplatonica, componente fondamentale della sua opera e matura la convinzione che nella materia sia già insita una forma e spetti allo scultore liberarla portandola alla luce. In questi anni, inoltre, subisce l'influenza delle prediche apocalittiche del frate domenicano Gerolamo Savonarola e sviluppa la profonda religiosità che lo accompagna per tutta la vita.

2) Nel 1496 Michelangelo si reca a Roma dove, a diretto contatto con i modelli dell'antichità, matura il proprio stile classico e monumentale e si afferma come uno dei più grandi artisti del suo tempo, aprendosi al linguaggio della *Maniera moderna*. Nei primi anni romani realizza la *Pietà* di San Pietro (1498-1500), in marmo di Carrara, monumentale composizione in cui Michelangelo ri-

elabora in chiave moderna un'iconografia gotica del nord Europa: la Vergine che tiene in grembo il Cristo morto. Tornato a Firenze nel 1501, Michelangelo realizza il monumentale *David* in marmo (1501-1504) e il *Tondo Doni* (1504-1507 c.), dipinto raffigurante la Sacra Famiglia con San Giovannino. Nel 1505 Michelangelo è chiamato a Roma da Giulio II della Rovere che gli commissiona il proprio monumento funebre, ma nel 1506 il pontefice sospende l'opera per affidargli la decorazione della volta della *Cappella Sistina*, monumentale impresa che egli realizza, dopo molte esitazioni, tra il 1508 e il 1512.
Conclusa la volta della *Cappella Sistina*, Michelangelo torna sul progetto della *Tomba di Giulio II*, ma ancora una volta non può portarlo a termine perché chiamato a Firenze nel 1516 dal nuovo papa Leone X. Tra il 1513 e il 1516 realizza per il monumento funebre le statue dello *Schiavo morente*, dello *Schiavo ribelle* e la statua del *Mosè* (1513-1515), opere caratterizzate dalla stessa grandiosità e contenuta energia degli *Ignudi* e dei *Profeti* affrescati nella *Cappella Sistina*. Altri quattro *Schiavi*, noti con il nome di *Prigioni*, sono stati realizzati da Michelangelo tra il 1530 e il 1534. Essi esprimono in maniera drammatica e con grande efficacia il senso dell'oppressione e della lotta attraverso il motivo del non-finito. Solo nel 1545 Michelangelo porta finalmente a termine il mausoleo della Rovere in San Pietro in Vincoli a Roma, ma nettamente ridimensionato rispetto al primo progetto per Giulio II e incentrato sulla figura di *Mosè*, del quale aveva eseguito la statua trent'anni prima.

3) Nel 1533 il papa Clemente VII affida a Michelangelo l'esecuzione dell'affresco del *Giudizio universale* nella *Cappella Sistina* (1536-1541), simbolo del clima politico e religioso mutato dopo il sacco di Roma del 1527 e della frattura determinata dalla Riforma protestante. Il tema del *Giudizio Universale*, diffuso in epoca medievale, è scelto dal papa come forma di espiazione e, al tempo stesso, di commemorazione simbolica del catastrofico sacco subito da Roma. Michelangelo rivoluziona clamorosamente la tradizionale iconografia a fasce orizzontali, realizzando una composizione vorticosa, priva di elementi strutturali e prospettici. Il nucleo della scena è il Cristo giudice, circonfuso di luce, che, con il movimento vigoroso delle braccia, imprime un moto rotatorio alle figure che lo circondano. Esse sono liberamente sospese in un cielo azzurro oltremarino, uno spazio sconfinato e senza punti di riferimento: a sinistra i risorti, in ascesa verso il cielo, e a destra i dannati, in discesa verso l'inferno, dove ad attenderli è Caronte. La Vergine si affianca al Cristo, tentando l'intercessione, mentre santi e apostoli assistono sgomenti, attendendo ansiosi il giudizio di Dio. L'opera esprime la profonda spiritualità di Michelangelo e la sua visione trascendentale del mondo. Vi sono rappresentate oltre quattrocento figure tutte diverse, realizzate in cinque anni di lavoro solitario. Ma l'esaltazione del corpo umano, protagonista assoluto dell'opera, non fu compresa come forma di valore spirituale e i suoi eroici e possenti nudi vennero rivestiti e censurati. Non fu solo la nudità ad essere ritenuta oscena, ma anche l'impianto stesso dell'opera, priva di qualsiasi gerarchia religiosa e lontana dalla tradizionale iconografia cattolica (sono raffigurati, infatti, angeli senza ali, santi privi di aureole e sono presenti figure come Minosse e Caronte completamente estranei alle Sacre Scritture). Suscitarono perplessità presso i contemporanei anche la sconcertante modernità e la drammaticità della sua opera, che fu superficialmente ritenuta priva di equilibrio ed eccessivamente complessa.

5 *Santa Maria della Salute* (1631-1687), Venezia, Baldassarre Longhena

Baldassarre Longhena, *Santa Maria della Salute*, 1631-1687, Venezia.

Percorso di lettura

1) Baldassarre Longhena: note sulla vita, formazione, stile e opere principali.
2) Contesto storico: la peste a Venezia.
3) Connotazione scenografica della chiesa di *Santa Maria della Salute.*
4) Innovazione e tradizione nell'opera.

1) L'architettura del Seicento veneziano è dominata dalla figura di Baldassarre Longhena (1598-1682), allievo di Scamozzi, e dal suo cantiere per la chiesa di *Santa Maria della Salute* (1631-1687), una delle più significative opere del Barocco europeo, punto di avvio di una produzione artistica che ha visto nascere le maggiori opere di questa corrente e che, alla luce dei più recenti studi storiografici, dialoga alla pari con il più noto e decodificato Barocco romano. Longhena offre un'originale alternativa al classicismo barocco romano progettando opere innovative nel rispetto della tradizione lagunare. All'architetto si deve anche la costruzione dei palazzi *Ca' Pesaro* (1652 ss.) e *Ca' Rezzonico* (1667 ss.) sul Canal Grande e lo scalone e la biblioteca di San Giorgio Maggiore. Nel 1654, esattamente a metà della sua carriera, Baldassarre Longhena progettò in maniera del tutto inedita, per Venezia e per l'Italia, l'interno della Chiesa di *Santa Maria di Nazareth* per i Carmelitani Scalzi con sontuosi marmi policromi. Lo straordinario disegno della volta creava un asse visivo longitudinale. Rinunciando deliberatamente alla cupola, Longhena progettò un interno innovativo, senza precedenti in Italia sino a quel momento. Il progetto, elaborato e discusso con i committenti, mostra quanto Longhena e gli stessi Carmelitani Scalzi di Venezia fossero aggiornati sui più recenti sviluppi dell'architettura religiosa. Basti pensare alle affinità con la chiesa di *San Giuseppe delle Scalze* (1643) a salita Ponte Corvo a Napoli di Cosimo Fanzago, in cui l'asse principale punta direttamente all'altare maggiore, secondo un andamento analogo a quello che ritroviamo nella planimetria del Longhena. Le innovazioni introdotte dall'architetto veneziano anticipano alcuni temi di altri edifici del periodo, come la chiesa di *Santa Maria in Campitelli* realizzata a Roma da Carlo Rainaldi alla metà del Seicento.

2) Le particolari condizioni storiche di Venezia nel Seicento, flagellata dalla peste (1630), fecero sì che la chiesa di *Santa Maria della Salute*, la cui realizzazione richiese quasi mezzo secolo prosciugando le casse dello Stato, fosse l'unica opera architettonica di un certo rilievo commissionata sino alla fine degli anni Quaranta, nel ventennio in cui nasceva, invece, il barocco romano.
Al 22 ottobre 1630 risale la formulazione del voto di dedicare alla Vergine una nuova chiesa nella speranza che intercedesse per salvare la città dalla peste. Il Senato fece voto di recarsi in processione alla Chiesa ogni anno e considerazioni relative a questo cerimoniale influenzarono i progetti originari dell'architetto e le successive modifiche richieste dai committenti.
La decisione di porre la prima pietra il 25 marzo successivo, festa dell'Annunciazione alla Vergine, fu presa considerando che tale data coincideva con quella della mitica fondazione di Venezia nel 421. La Salute doveva rappresentare il simbolo visivo della rinascita della città e un simbolo di speranza tra le rovine dell'economia veneziana. Di qui la richiesta esplicita di magnificenza, esattamente opposta a quella formulata per la *Chiesa del Redentore* eretta in occasione della pestilenza del 1576, che aveva prescritto unicamente la sobrietà e la solidità convenienti ad una chiesa votiva. I lavori cominciarono il 1° aprile 1631.

3) La nuova chiesa veniva collocata in una zona altamente panoramica, alle spalle della Punta della Dogana, zona di confluenza del Canal Grande e del Canale della Giudecca, prospiciente il bacino di San Marco. La collocazione della Salute fissò un altro dei punti chiave del Barocco maturo urbano, "ossia la concezione dell'architettura come punto di riferimento nel paesaggio e costruzione della scena urbana". La Salute fu ubicata in modo che potesse essere vista da lontano dai partecipanti alla processione votiva annuale ed ebbe subito l'effetto di potenziare la teatralizzazione del bacino, perché il sito scelto, offriva la possibilità di creare un edificio spettacolare, di grande visibilità e, allo stesso tempo, in grado di interagire con la veduta della cappella ducale di San Marco e delle tre chiese dislocate nel bacino: *San Giorgio Maggiore*, la chiesa votiva del *Redentore*, anch'esse meta di processioni annuali, e le *Zitelle* (Santa Maria della Presentazione) le cui facciate in pietra bianca avevano già creato un effetto scenografico nel bacino.

La mole grandiosa e tuttavia aerea della Salute è diventata l'immagine più emblematica della città. Ha modificato il paesaggio urbano, entrando da subito nell'immaginario collettivo, stimolando la fantasia di artisti, scrittori, poeti, come attestano i numerosi quadri di vedutisti o famosi dipinti o le numerose pellicole cinematografiche ambientate nella città lagunare, a cui la Salute ha fatto da sfondo.

4) Il progetto prevede una chiesa monumentale a pianta centrale con una rotonda sormontata da un'enorme cupola che domina la città. Molto complesse sono le allusioni simboliche del progetto longheniano. Nella forma di rotonda scelta da Longhena vi è un'importante similitudine con la forma di corona, collegata al culto della Vergine, ed anche simbolo cristiano di vittoria, promessa di vita eterna, correlata all'idea di rinascita e rifondazione. La pianta ottagonale del corpo centrale della chiesa, come un antico fonte battesimale, evoca l'"ottavo giorno" della creazione. Glorificazione della Vergine e rinascita di Venezia, sono, pertanto, rappresentate insieme nella geometria delle forme architettoniche.
Per creare una struttura in grado di sorreggere un tamburo ottagonale e una cupola di 60 piedi di diametro sul suolo veneziano, Longhena concepisce uno scheletro con masse murarie esigue e una struttura ridotta al minimo sulle fondamenta. Questa struttura a scheletro ha molto in comune con gli edifici veneziani gotici. L'architetto, quindi, crea un progetto in cui si unisce la pianta delle chiese paleocristiane con una struttura a scheletro gotica rivestita secondo i dettami cinquecenteschi ripresi direttamente da Palladio per soddisfare le precise richieste del senato e i gusti dell'epoca.
All'esterno, in corrispondenza del lato dell'ottagono rivolto verso il canale, si alza la facciata principale, preceduta da un'imponente scalinata. Ai lati, due nicchie sovrapposte con statue inquadrano la porta maggiore di accesso cerimoniale. La facciata trionfale si afferma come elemento architettonico autonomo, nella tradizione dell'arco di trionfo isolato
Straordinaria e originalissima invenzione sono le esuberanti sedici volute che circondano il tamburo della *Salute*. Esse sono disposte in modo da fondersi e separarsi incessantemente al mutare del punto di vista dello spettatore che attraversa la città.

La cupola di *Santa Maria della Salute*, che domina maestosamente l'orizzonte ha segnato definitivamente il profilo urbano di Venezia imponendosi sulla veduta del bacino. Questo effetto è perfettamente in sintonia con l'idea tipicamente barocca del mondo come "grande teatro".

6 *Guernica* (1937), Pablo Picasso

Pablo Picasso, *Guernica*, 1937, Madrid, Centro de arte Reina Sofia.

Percorso di lettura

1) Pablo Picasso: note sulla vita, periodo espressionista.
2) Il Cubismo.
3) *Guernica*: descrizione dell'opera.

1) Lo spagnolo Pablo Picasso (1871-1958) è uno tra i protagonisti assoluti dell'arte del Novecento. Il padre, insegnante nella scuola d'arte, lo avviò precocemente all'apprendistato artistico. A soli quattordici anni venne ammesso all'Accademia di Belle Arti di Barcellona. Due anni dopo si trasferì all'Accademia di Madrid. Dopo un ritorno a Barcellona, effettuò il suo primo viaggio a Parigi nel 1900 dove poi si stabilì definitivamente. Riconducibili all'Espressionismo sono le opere del *periodo blu* e del *periodo rosa* realizzate tra il 1901 e il 1905. Il periodo blu è caratterizzato dall'uso monocromatico del colore, nei toni freddi del blu e del turchese, con un effetto di grande impatto emotivo. Le figure rappresentate, appartenenti a un mondo senza speranza, di emarginati e sfruttati, sono immerse in un'atmosfera cupa e malinconica che simboleggia il senso della vita e della morte ed è il riflesso di una reazione morale da parte dell'artista. Sono del 1903 i dipinti *Poveri in riva al mare, La vita.* Il periodo rosa, incentrato sui toni del rosa e dell'arancio e sulla figura dell'arlecchino, esprime una visione meno cupa e più nostalgica della vita, ma ancora pervasa da una grande malinconia. I soggetti sono legati al mondo del circo, i cui personaggi simboleggiano la condizione di tragico isolamento dell'artista nella società borghese (*I Saltimbanchi,* 1905).

2) Il 1907 è un anno fondamentale per l'evoluzione pittorica di Picasso, perché, in seguito all'interesse per la scultura africana e l'opera di Paul Cèzanne, diede inizio alla grande composizione di *Les demoiselles d'Avignon,* rivoluzionando la tradizionale impostazione prospettica dell'immagine dipinta e dando vita al Cubismo. Il movimento si divide in due fasi: la prima, detta analitica caratterizzata dall'uso di colori neutri; la seconda, detta sintetica caratterizzata da colori vivi e brillanti e dalla pratica del collage, che permette di inserire nel quadro materiali eterogenei, come ritagli di giornale, carte da gioco, bustine di fiammiferi, frammenti di carta da parati e altro, dando origine a un processo di progressivo abbandono del concetto tradizionale di pittura e, nello stesso tempo, dell'idea stessa di arte come rappresentazione della realtà.

3) Negli anni successivi al primo conflitto mondiale, non alieno da suggestioni surrealiste, Picasso produce opere dai tratti snaturati e violenti, che culmineranno in una delle sue opere più famose, *Guernica,* realizzata nel 1937 durante la guerra civile che insanguina la Spagna. Il governo repubblicano aveva, infatti, commissionato a Picasso un'opera da collocare nel padiglione spagnolo dell'Esposizione internazionale di Parigi, in programma per il luglio dello stesso anno. Lo scopo era quello d'invocare la solidarietà del mondo democratico, portando alla luce le atrocità della tragedia spagnola. L'ispirazione arriva a Picasso dalla notizia del bombardamento terroristico condotto da Francisco Franco sulla cittadina basca di Guernica, che viene rasa al suolo, provocando centinaia di morti tra la popolazione civile. L'artista decide di rispondere al massacro intervenendo attivamente nella lotta politica con un'opera di forte impegno civile che mira a rendere vivo nella coscienza del mondo civile il misfatto avvenuto a Guernica. La tela, di enormi dimensioni (349x776 cm), è il frutto di una lunga elaborazione. Un groviglio di figure dal grosso impatto emotivo si agita in un luogo indefinito e caotico, secondo la sintesi tipica dello stile cubista. Non c'è colore, solo nero, bianco e grigio. Il colore, infatti, avrebbe rappresentato la vita. Nel quadro, invece, c'è solo morte e disperazione. L'opera di Picasso non rappresenta, in particolare, le vittime di Guernica, ma ha un significato più ampio che rievoca la tragedia generata da qualsiasi folle violenza. Le figure strazianti disegnate da contorni netti, con campiture di colore piatto, frammentano uno spazio che sembra esplodere, facendo perdere ogni distinzione tra chiuso e aperto. Il valore universale dell'opera è sottolineato dalle figure simboliche del toro, che rappresenta la brutalità, e del cavallo stravolto dal dolore, emblema del popolo spagnolo. La composizione, inoltre, impostata in maniera classica, risponde a un preciso schema formale basato sul triangolo isoscele centrale, il cui vertice coincide con la lampada sul soffitto. Per volere di Picasso il dipinto non fu esposto in Spagna: l'artista, infatti, dichiarò che l'opera avrebbe potuto fare ritorno in patria solo dopo la caduta del regime franchista. *Guernica* fu dunque esposto al *Museum of Modern Art* di New York fino al 1981 per essere riportato in Spagna a sei anni dalla fine del franchismo.

Parte Terza
Disegno tecnico

1 Si descriva un procedimento per disegnare, adoperando riga e compasso, un pentagono regolare inscritto in una circonferenza

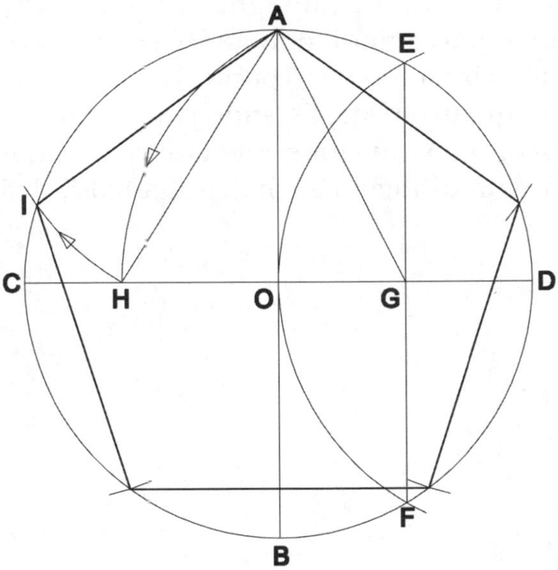

Il pentagono è una figura geometrica costituita da 5 lati uguali e 5 angoli uguali. La sua costruzione si può effettuare sia conoscendone il lato sia inscrivendo il pentagono in una circonferenza di cui si conosca il diametro. Si illustra come procedere in questo secondo caso.

Si disegna una linea orizzontale CD (pari a $2r$) che rappresenterà il diametro della circonferenza di raggio r in cui si inscrive il pentagono da costruire. Su CD si individua il punto medio *O*, centro della circonferenza, e rispetto ad esso si costruisce la perpendicolare AB al diametro CD: si centra il compasso in C e, con apertura

a piacere ma maggiore della metà del segmento CD, si descrive un arco. Con lo stesso raggio, si centra il compasso in D e si descrive un altro arco che incontra il primo nei punti 1 e 2. Si traccia, dunque la retta che passa per i punti 1 e 2 e che è perpendicolare, nel punto O, a CD e lo divide a metà.
Centrando in O si traccia, con raggio OC (pari ad *r*) la circonferenza circoscritta.
Si centra il compasso in D e, con raggio uguale a DO, si descrive un arco che interseca la circonferenza nei punti E e F. Unendo il punto E con F, si fissa sul diametro il punto G. Quindi si centra il compasso in G e, con raggio GA, si descrive un arco che incontra il diametro CD nel punto H. Il segmento AH corrisponde al lato del pentagono; si può quindi, puntando il compasso in A, ruotare il punto H sulla circonferenza (punto I) e riportare la stessa distanza per altre quattro volte, fissando cinque punti che uniti due a due costruiscono il pentagono regolare richiesto inscritto nella circonferenza data di raggio *r*, che risulta, così, divisa in cinque parti.

2 Si descriva il procedimento per la costruzione di un ettagono regolare, dato il lato

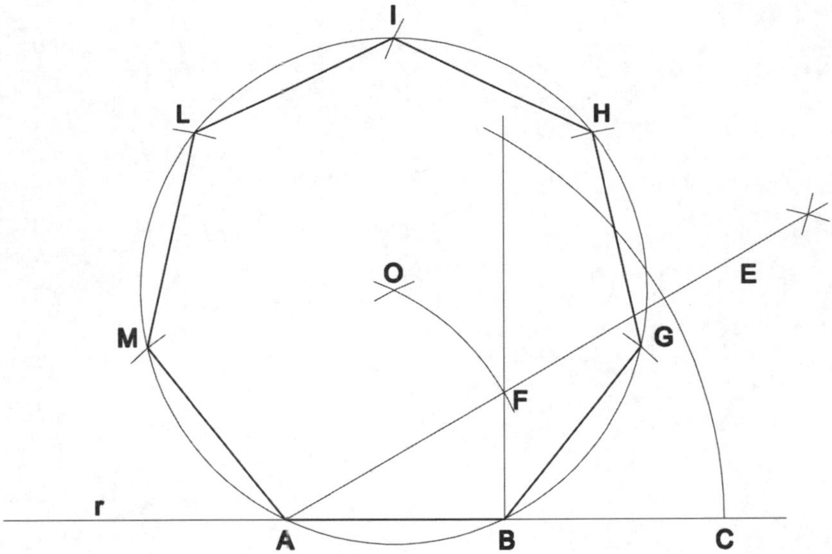

Su una retta orizzontale *r* si traccia il segmento AB uguale al lato dell'ettagono che si vuole costruire. Quindi, sempre sulla stessa retta, si traccia BC uguale ad AB.

Si innalza, poi, da B la perpendicolare ad AC (con l'utilizzo delle due squadre). Puntando il compasso in A, con raggio uguale ad AC, si traccia un arco che incontra la perpendicolare nel punto D. Puntando il compasso prima in D, con apertura a piacere, e poi in C, con la stessa apertura, si descrivono due archi che fissano il punto E.

Unendo A con E si trova il punto F. Centrando il compasso prima in A e poi in B, con raggio uguale ad AF, si descrivono due archi di cerchio il cui punto di intersezione è O, centro della circonferenza circoscritta all'ettagono da costruire. Quindi, centrando il compasso in O, con raggio uguale a OA, si descrive una circonferenza sulla quale, riportando consecutivamente il lato AB, si fissano i punti G, H, I, L, M, vertici dell'ettagono che uniti fra loro costruiscono la figura richiesta.

3 Si descriva la regola generale per costruire approssimativamente un poligono regolare, dato il lato e il numero dei lati

Si traccia il segmento AB uguale al lato del poligono che si vuole costruire. Si centra il compasso in A, con raggio uguale al segmento AB, e si descrive un arco; ripetere la stessa operazione centrando in B: i due archi si intersecano nel punto O. Si innalzi la perpendicolare al segmento AB, passante per O (con l'utilizzo delle due squadre). Si centra il compasso in A, con apertura a piacere, successivamente in B, con la stessa apertura, e si tracciano due archi che fissano il punto *d*. Si divide il segmento AB in sei parti uguali. Partendo da O, si portano sulla perpendicolare *d*, verso l'alto, alcune parti uguali ad una di quelle trovate sul segmento AB, numerandole, successivamente, 7, 8, 9, 10, etc.
Si sono così trovati i centri delle circonferenze che circoscrivono diversi poligoni.
Se si deve costruire un esagono, si centra il compasso in O, con raggio uguale ad OA si descrive una circonferenza sulla quale si riporta, successivamente, il lato AB.
Dovendo costruire un ottagono, si centra il compasso in 8 e si descrive una circonferenza di raggio 8A, sulla quale si riportano, successivamente lati uguali al segmento AB.
Per un ennagono si centra in 9, per un ettagono in 7, etc.

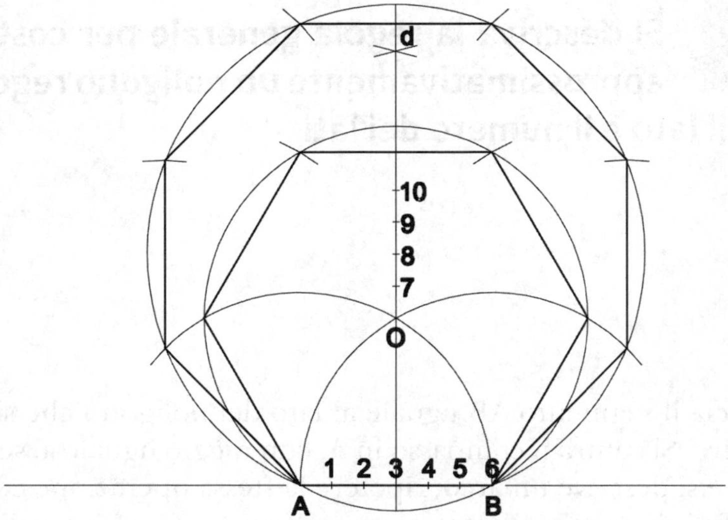
d
10
9
8
7
O
1 2 3 4 5 6
A
B

4 Si descriva il procedimento per eseguire la proiezione ortogonale del punto A giacente nel I diedro, essendo note le distanze dai semipiani π_1^+ e π_2^+

Secondo la teoria di Monge fra tutti i piani dello spazio ne esistono due fondamentali per le proiezioni: uno orizzontale (π_1 o P.O.) ed uno verticale (π_2 o P.V.) che si intersecano perpendicolarmente formando quattro diedri retti, numerati in senso antiorario (I, II, III, IV diedro), definiti dai due piani π_1 e π_2. Per qualificare meglio i piani si indicano gli stessi una volta con segno positivo ed una volta con segno negativo:
π_1^+ semipiano orizzontale anteriore; π_1^- semipiano orizzontale posteriore; π_2^+ semipiano verticale superiore; π_2^- semipiano verticale inferiore.
In questo modo i 4 diedri sono così distinti: il I diedro da π_1^+ e da π_2^+; il II diedro da π_1^- e da π_2^+; il III diedro da π_1^- e da π_2^-; il IV diedro da π_1^+ e da π_2^-.
La retta di intersecazione dei due piani viene chiamata Linea di Terra (L.T.).
Eseguire le proiezioni ortogonali di una figura significa tracciare sui piani fondamentali di proiezione l'immagine della figura stessa. Si illustra il procedimento esemplificato dalla veduta spaziale nella figura riportata a pagina seguente.

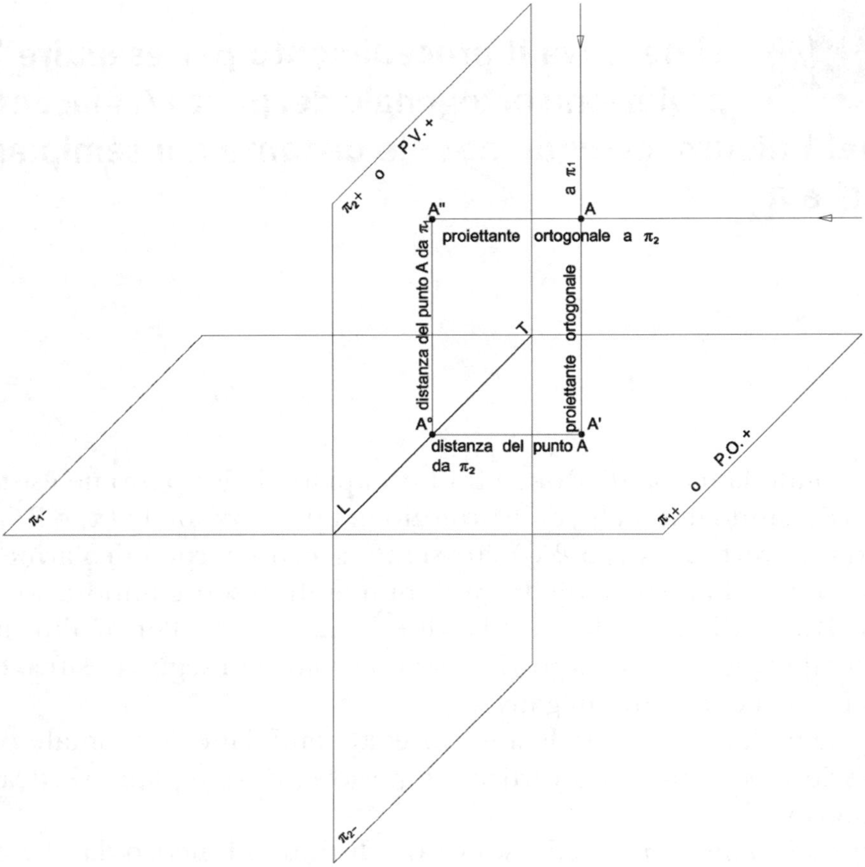

1. Il punto A dello spazio si trova, in questo caso, nel I diedro a 3 cm da π_1^+ e da 2 cm da π_2^+. Scegliendo fra le innumerevoli proiettanti dello spazio quella ortogonale a π_1^+ e passante per il punto A, si fissa su π_1^+ la prima immagine di A, chiamata A', perché giace su π_1, o primo piano di proiezione.
2. Scegliendo un'altra proiettante ortogonale a π_2 e passante per A, si fissa su π_2^+ la seconda immagine di A, chiamata A", perché giacente sul secondo piano di proiezione, π_2.
3. Si osserva che la proiezione sui piani delle proiettanti (indicata con le frecce) corrisponde alle dimensioni delle proiettanti stesse. In particolare si nota che la proiettante da A reale ad A', si proietta sul P.V. o π_2^+ . Chiamando A° l'incontro della proiezione della proiettante con la Linea di Terra, L.T., si può con-

cludere che il segmento A'' A° corrisponde alla distanza di A dal π_1^+ o P.O.$^+$. Per lo stesso motivo la distanza di A dal π_2^+ o P.V.$^+$, corrisponde alla distanza di A' da A°.

È importante tener presente che sul P.V. si proietta la distanza del punto A dal P.O., mentre la distanza del punto A dal P.V. si proietta sul P.O.
Precisato il procedimento di proiezione si passa alla soluzione ortogonale richiesta, come indicato nella figura che segue.

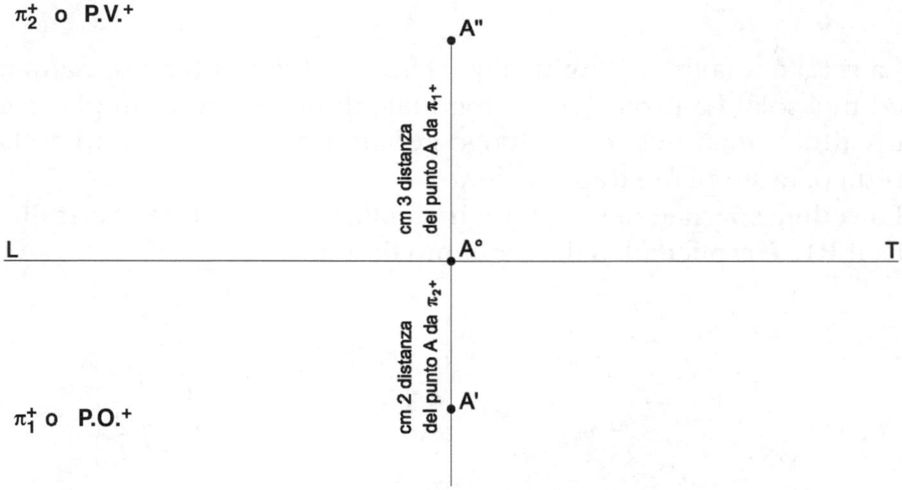

1. Si traccia la L.T., unica retta di intersezione.
2. Si fissano le proiezioni dei piani caratterizzanti il diedro nel quale si opera: in questo caso sotto la L.T. giace π_1^+ e sopra π_2^+.
3. Dalla L.T., ortogonalmente, si riporta A' con una proiettante da A° lunga quanto stabilisce il problema (2 cm, pari alla distanza di A da π_2^+, perché le misure si invertono).
4. Sempre dalla L.T., ortogonalmente e partendo da A°, si riporta A'' alla distanza stabilita (3 cm, pari cioè alla distanza reale di A da π_1^+, perché le misure si invertono).

5 Si descriva il procedimento per eseguire la proiezione ortogonale di una retta *r* inclinata al P.O. e al P.V e parallela al P.L.

La retta è una linea illimitata tale che per due punti ne passa una ed una sola. La proiezione ortogonale di una retta su un piano è un'altra retta, intesa come luogo geometrico di tutti i punti della retta data sul piano di proiezione.
La veduta spaziale della retta *r*, inclinata al P.O. e al P.V. e parallela al P.L. è esplicitata dalla seguente figura.

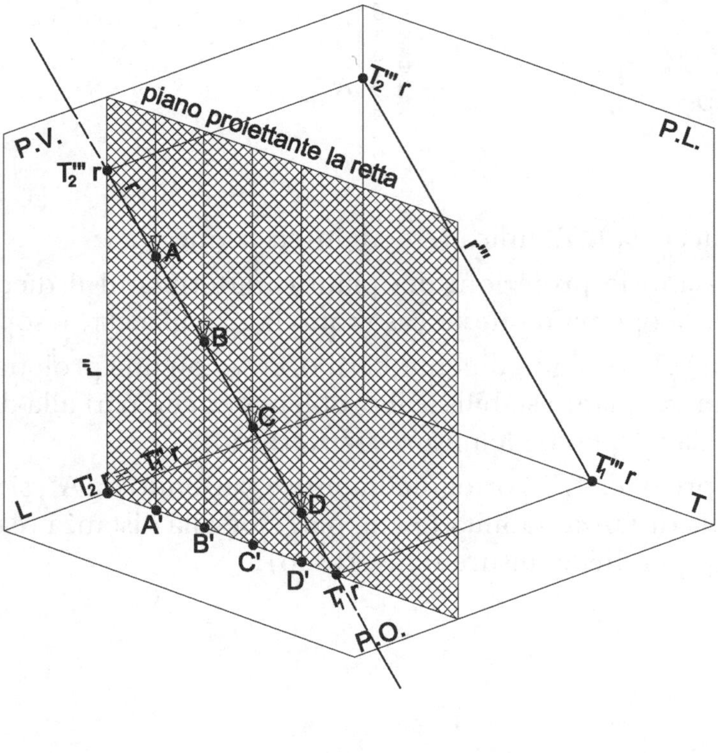

Per eseguire la proiezione è necessario immaginare di far passare per gli infiniti punti che definiscono la retta data infinite proiettanti al piano (in questo caso il P.O.) sul quale si fissano gli infiniti punti della retta stessa.
Il piano formato dalle proiettanti degli infiniti punti della retta si definisce piano proiettante la retta (che passa per tre punti non allineati ad esempio A, D e B').
Sugli altri piani le proiezioni si comportano in maniera analoga.
Il punto di intersezione di una retta con un piano di proiezione si chiama *traccia* e, trattandosi di un punto, viene definito con la lettera maiuscola T, a differenza delle rette che si indicano con lettere minuscole per distinguerle dai piani.
Per precisare a quale piano appartiene si indica la traccia con il numero del piano stesso. Nel caso in esame, la traccia T_2^r definisce il punto dove la retta r interseca il P.V. (secondo piano di proiezione). Proiettando la traccia reale sugli altri piani di proiezione si assegna alla stessa l'esponente corrispondente al piano: la T_2^r proiettata sul P.O. (primo piano) viene indicata con $T_2^{'r}$.
Se cioè nella traccia compare l'esponente si tratta non di un punto di intersecazione reale, ma della sua proiezione.
Per cui la proiezione ortogonale richiesta è la seguente:

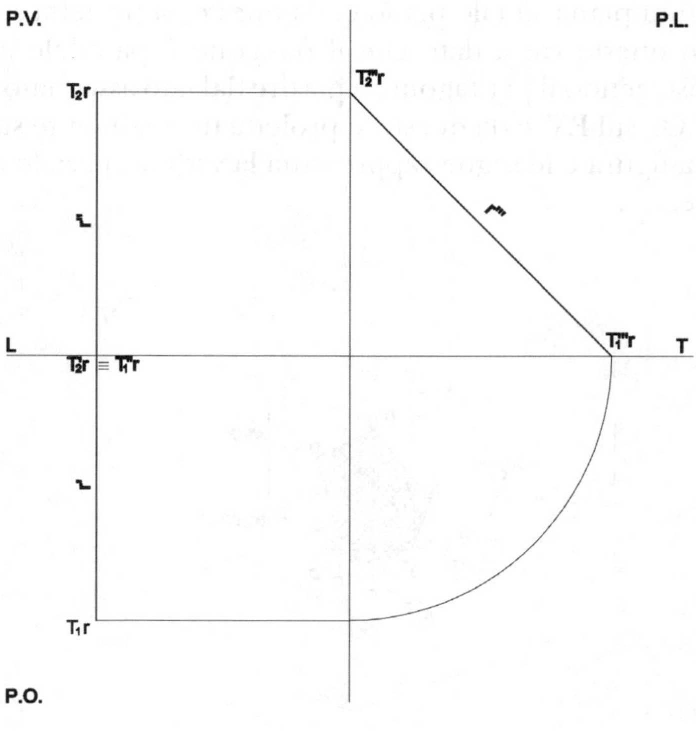

6 Si descriva il procedimento per eseguire la proiezione ortogonale di un poligono pentagonale parallelo al P.V., avente un lato assegnato e parallelo al P.O.

Il poligono è la parte limitata del piano che ha per contorno più segmenti consecutivi, ma tali che due successivi non siano adiacenti. Si chiamano lati, dunque, i diversi segmenti che compongono il poligono.
Per eseguire le proiezioni ortogonali di un poligono è necessario proiettare sui tre piani i lati che lo definiscono. Essendo tali lati dei segmenti è sufficiente proiettare i punti (A, B, C, ...) estremi dei segmenti stessi ed unirli tra loro. Quando un poligono è parallelo ad uno dei piani fondamentali di proiezione si inizia costruendo la figura piana su tale piano e, da questo, si proietta sugli altri piani. In questo caso, dato che il poligono è parallelo al P.V. si inizia costruendo il pentagono, a partire dal lato assegnato e parallelo al P.O., sul P.V. e da questo si proietta normalmente sugli altri piani. La figura che segue rappresenta la veduta spaziale del caso in esame.

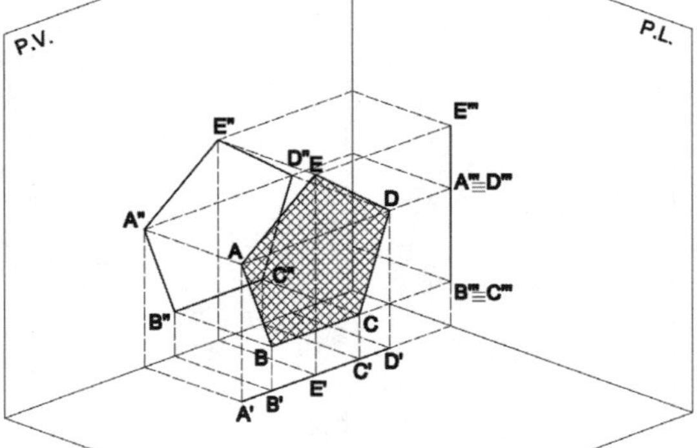

Per cui la proiezione ortogonale di un poligono pentagonale parallelo al P.V., avente un lato assegnato e parallelo al P.O. è la seguente:

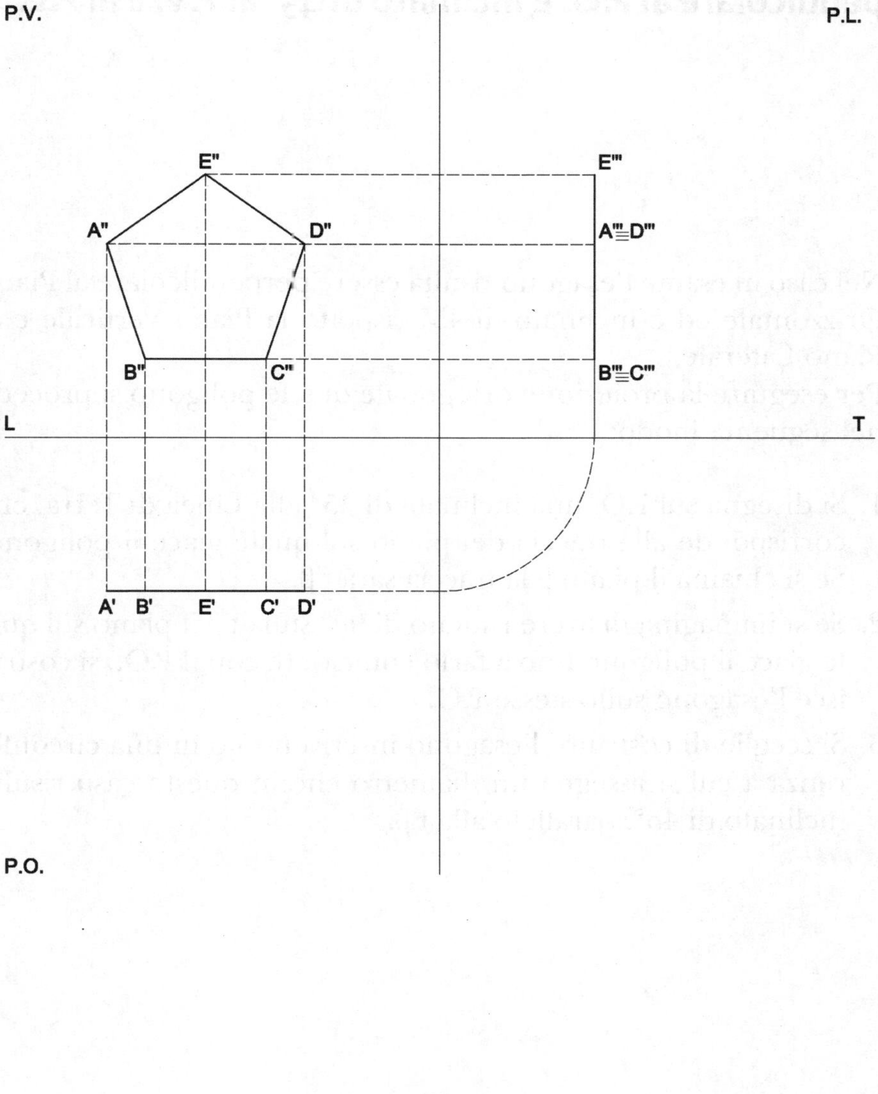

7 Si descriva il procedimento per eseguire la proiezione ortogonale di un esagono perpendicolare al P.O. e inclinato di 45° al P.V. e al P.L.

Nel caso in esame l'esagono risulta essere perpendicolare al Piano Orizzontale ed è inclinato di 45° rispetto la Piano Verticale e al Piano Laterale.
Per eseguire la proiezione ortogonale di tale poligono si procede nel seguente modo:

1. Si disegna sul P.O. una inclinata di 45° alla Linea di Terra, che corrisponde alla traccia del piano sul quale giace il poligono. Se si chiama il piano β la traccia sarà t'β.
2. Se si immagina di avere ruotato di 90° sulla t'β il piano sul quale giace il poligono fino a farlo coincidere con il P.O., si costruisce l'esagono sullo stesso P.O.
3. Si sceglie di costruire l'esagono inscrivendolo in una circonferenza a cui si assegna un diametro che in questo caso risulta inclinato di 45°, parallelo alla t'β.

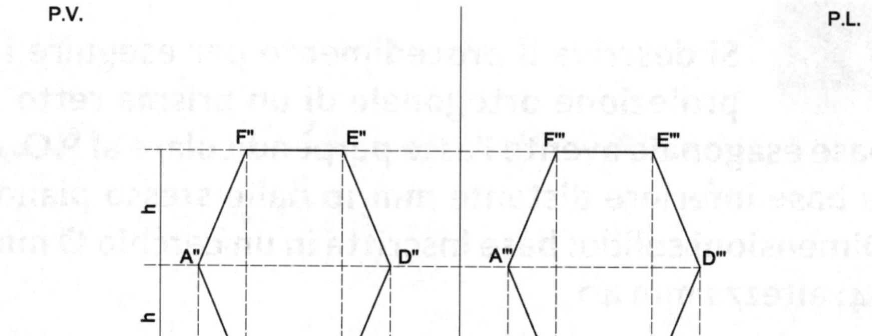

Si riportano, poi, sulla t'β con proiettanti ortogonali alla stessa i vertici del poligono costruito, definendo la prima proiezione dell'esagono.
Dal P.O. si proietta sul P.V., fissando ad una certa distanza dalla L.T. un lato oltre il quale si dovrà riportare due volte l'apotema h (che corrisponde al raggio della circonferenza inscritta nel poligono) dell'esagono, in modo da fissare, in maniera univoca, i vertici del poligono.
Si procede, infine, ad eseguire la terza proiezione procedendo nel modo normale.

8 Si descriva il procedimento per eseguire la proiezione ortogonale di un prisma retto a base esagonale avente l'asse perpendicolare al P.O. e la base inferiore distante mm 10 dallo stesso piano. Dimensioni solido: base inscritta in un cerchio Ø mm 34; altezza mm 40

Un solido tutto limitato da poligoni piani si definisce *poliedro*. Tali poligoni si nominano *facce* del poliedro. I lati dei poligoni si chiamano *spigoli* mentre i vertici si definiscono *vertici* del poliedro. Ogni spigolo è sempre comune a due facce così come ogni vertice è sempre comune ad almeno tre facce.
La proiezione ortogonale dei solidi si comporta in maniera simile a quella dei poligoni. È sufficiente proiettare sui tre piani i punti che definiscono gli spigoli e i vertici del solido e unirli a due a due.
Un solido è limitato da diverse facce: alcune sono visibili nella proiezione ortogonale, altre nascoste. Sono visibili le facce opposte al piano sul quale si proietta, mentre quelle più vicine al piano non si possono vedere perché nascoste dalle facce anteriori del solido.
La proiezione ortogonale riduce la forma da tridimensionale a bidimensionale. Nelle proiezioni ortogonali, per rendere l'idea della forma tridimensionale, è opportuno disegnare anche le facce nascoste del solido (con una linea tratteggiata). L'altezza o asse dei solidi si disegna con una linea a punto e tratto di spessore sottile.
Nel caso in esame si costruisce sul P.O. la base esagonale del prisma. Essendo quest'ultimo retto e con asse perpendicolare al P.O.

la proiezione delle due basi risulta coincidente sullo stesso piano, ragione per cui, coincidenti saranno anche i loro vertici.
Se si chiamano A, B, C, D, E. F i sei vertici reali della base superiore sul P.O. si ha la loro proiezione A', B', C', D', E'. F'. Chiamando G, H, I, L, M, N i sei vertici reali della base inferiore sul P.O. si ha la loro proiezione G', H', I', L', M', N'.
Per quanto prima descritto, al punto A' coinciderà il punto G', al punto B' coinciderà il punto H' e così via.
Per indicare la coincidenza si scrive il relativo simbolo corrispondente a tre trattini orizzontali, per cui: A'≡G', B'≡H', …
Si passa, poi, ad eseguire la proiezione sul P.V.: a mm 10 dalla L.T. si traccia un retta ad essa parallela sulla quale si proiettano dal P.O. i vertici della base inferiore G", H"≡N", I"≡M" e L". A mm 40 dalla base inferiore (altezza del prisma) si traccia la base superiore sulla quale si proiettano dal P.O. i relativi vertici: A", B"F", C"≡E", D" che uniti a quelli della base inferiore già trovati definiscono la proiezione ortogonale del prisma sul P.V.
Si proietta, poi, punto per punto dal P.O. al P.L. e dal P.V. al P.L. si definiscono all'incontro delle due proiettanti tutti i punti dei vertici del prisma retto esagonale che, uniti fra loro, costruiscono sul P.L. la terza proiezione del solido.

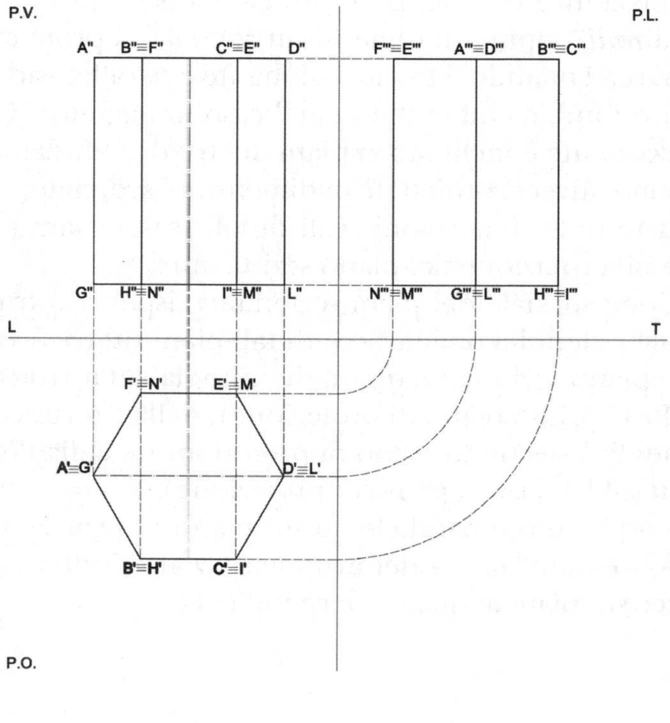

9 Si descriva il procedimento per eseguire la proiezione ortogonale di una piramide retta a base esagonale, appoggiata sul P.O., sezionata con un piano α parallelo al P.O.

Per proiettare dei solidi sezionati è opportuno pensare la sezione come prodotta da un piano che, intersecando i piani del triedro di proiezione, seziona il solido nel punto stabilito. Tra gli infiniti dello spazio, il piano producente la sezione può essere parallelo ad un piano di proiezione e perpendicolare agli altri due (come nel caso in esame), o perpendicolare ad un piano di proiezione ed inclinato agli altri due; o, ancora, inclinato a tutti e tre i piani di proiezione. Le sezioni prodotte da tali piani acquistano caratteristiche proiettive diverse; possono, cioè, essere proiettate in dimensioni *reali*, oppure in dimensioni *scorciate*. Si proiettano in dimensioni reali quando il piano sezionante è parallelo ad un piano del triedro fondamentale (come nel caso in oggetto). Quando il piano sezionante è inclinato ai piani del triedro fondamentale, le sezioni sono, invece, proiettate in dimensioni scorciate, cioè ridotte: per trovare le dimensioni reali di tali sezioni sarà necessario ricorrere alla rotazione del piano sezionante.
La posizione spaziale dei piani sezionanti rispetto al triedro fondamentale è definita dalle tracce di tali piani sul triedro stesso: il generico piano sezionante α sarà definito dalla t'α (traccia prima di α sul P.O., primo piano di proiezione), dalla t"α (traccia seconda di α sul P.V., secondo piano di proiezione) e dalla t'"α (traccia terza di α sul P.L., terzo piano di proiezione).
Quando il piano α è parallelo ad un piano di proiezione (come nel caso in esame) la sua definizione spaziale risulterà solo dalle due tracce sui piani ai quali è perpendicolare.

Si descrive, ora, il sistema di ritrovamento di una sezione prodotta su una piramide retta a base esagonale dal piano α parallelo al P.O.
Si proietta sui tre piani fondamentali la piramide con le dimensioni e la posizione spaziale stabilita dal problema. Si dispone il piano α, sezionante, parallelo al P.O. alla distanza stabilita. Tale piano, data la sua posizione, è definito dalla t''α (traccia seconda di α sul P.V., secondo piano di proiezione) e dalla t'''α (traccia terza di α sul P.L., terzo piano di proiezione).
Si nota che il piano α incontra sul P.V. i punti più significativi della sezione cercata, in quanto la sua traccia, t''α, seca in tale piano gli spigoli della piramide.
I punti individuati si proiettano uno ad uno sugli altri piani. Lo spigolo A''V'', giacente sul P.V., è secato dal piano sezionante nel punto 1. Si proietta tale punto sul P.O. sino ad incontrare la proiezione del relativo spigolo A'V', determinando in tal modo il punto 1'.
Procedendo in modo analogo per gli altri punti individuati, si definiscono sul P.O. tutti i punti della sezione cercata che viene costruita unendoli tra loro.
Come detto, la sezione della piramide è proiettata in dimensioni reali sul P.O. perché il piano sezionante α, è parallelo allo stesso piano.
In figura è rappresentata la proiezione ortogonale di una piramide retta a base esagonale, appoggiata sul P.O., sezionata dal piano α parallelo al P.O.

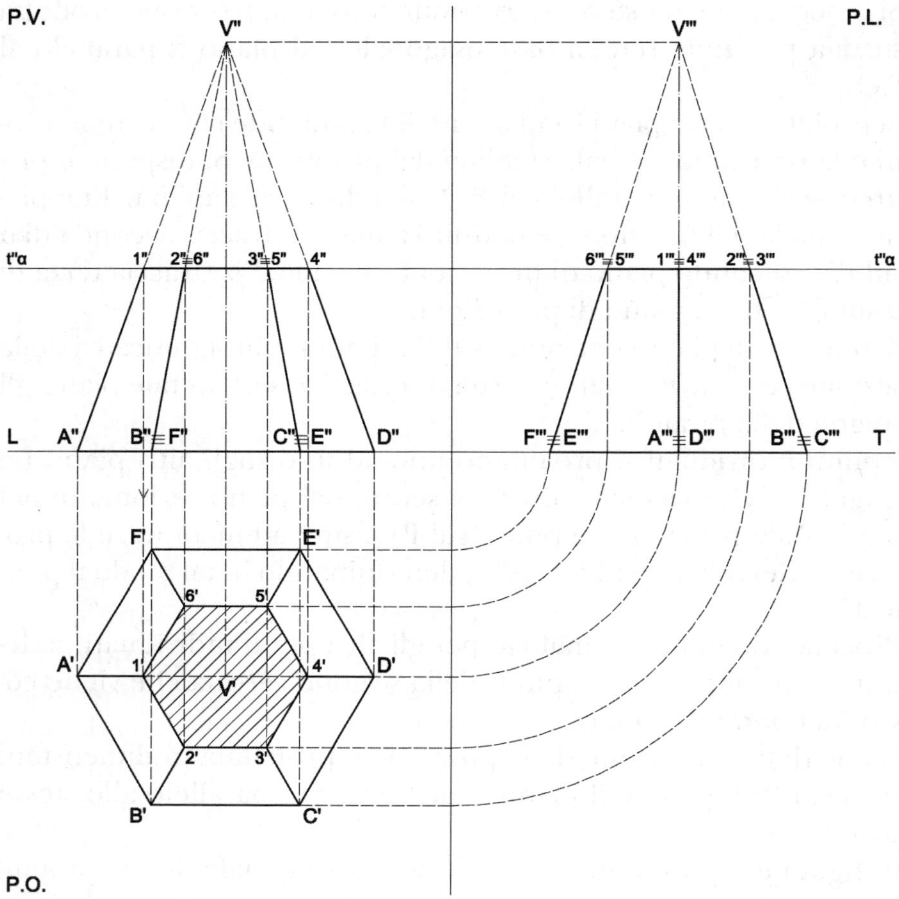

P.V.
P.L.
V''
V'''
t''α
1''
2''≡6''
3''≡5''
4''
6'''≡5'''
1'''≡4'''
2'''≡3'''
t''α
L
A''
B''≡F''
C''≡E''
D''
F'''≡E'''
A'''≡D'''
B'''≡C'''
T
F'
E'
6'
5'
A'
1'
4'
D'
V'
2'
3'
B'
C'
P.O.

10 Si illustri il procedimento delle proiezioni assonometriche descrivendone le caratteristiche dei principali sistemi utilizzati

Il sistema delle proiezioni ortogonali, o sistema di rappresentazione di Monge, descrive le figure nelle reali dimensioni e in tutti i particolari, ma le visioni sono staccate (P.O., P.V., P.L.). Per ottenere una visione di insieme dell'oggetto da rappresentare, è necessario usare il sistema chiamato delle prospettive: prospettive *centrali* e prospettive assonometriche. Necessitano di tre elementi fondamentali: un *oggetto*, un piano trasparente (*quadro prospettico*) su cui si forma la sua immagine e un centro (*punto di proiezione*) dal quale si dipartono le proiettanti tangenti ai punti più significativi dell'oggetto stesso. Sul quadro prospettico si fissa l'immagine di tali punti, che uniti tra loro formano l'immagine bidimensionale della figura. Il punto di proiezione, rispetto allo schermo, può essere a distanza finita o infinita: nel primo caso, le proiettanti sono divergenti, la proiezione subisce una riduzione rispetto all'immagine reale e si parla di prospettiva centrale; nel secondo caso, le proiettanti risultano parallele, la proiezione avviene da un punto improprio a distanza infinita, la figura descritta conserva i rapporti metrici della figura reale e si parla di prospettive parallele o *proiezioni assonometriche*.
Le assonometrie parallele sono raggruppabili in due sistemi fondamentali: *assonometria ortogonale* (le proiettanti incidono ortogonalmente il piano assonometrico) e *assonometria obliqua* (le proiettanti incidono ortogonalmente il piano assonometrico). Nella prima, a differenza della seconda (più libera), esistono precisi rapporti tra le unità di misura reali e quelle da riportare sugli assi cartesiani assonometrici.

Per eseguire un'*assonometria parallela ortogonale* è necessario partire dal presupposto che la figura da rappresentare è posta sul triedro delle proiezioni mongiane. Il piano assonometrico (che interseca i piani del triedro formando tre tracce) si deve considerare coincidente con il foglio sul quale si deve eseguire la prospettiva e, nel caso di assonometria ortogonale, le proiettanti ortogonali al piano stesso. Gli assi cartesiani proiettati sul piano assonometrico subiscono una riduzione (quindi ogni figura giacente sugli stessi si ridurrà, una volta proiettata): per questo nell'assonometria ortogonale è necessario trovare il rapporto di riduzione esistente tra gli assi cartesiani reali e la loro proiezione scorciata sul piano assonometrico. Si hanno i seguenti sistemi di *assonometria parallela ortogonale* (che richiedono l'applicazione della scala di riduzione):

assonometria ortogonale isometrica, tre angoli uguali di 120°, misure uguali su tutti e tre gli assi, stesso coefficiente di riduzione per tutti e tre gli assi;

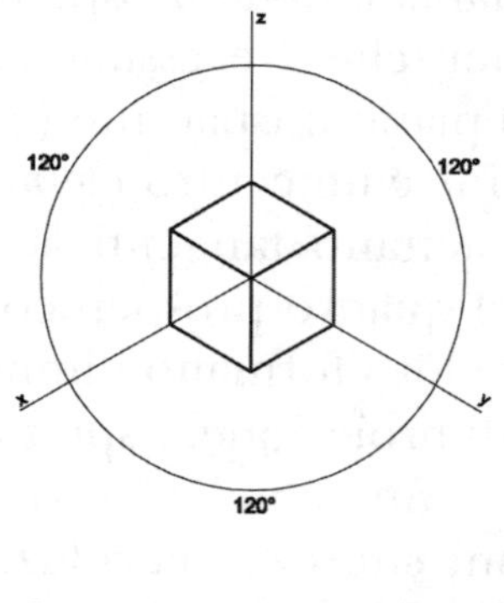

assonometria ortogonale dimetrica (omonodimetrica), gli angoli possono avere valori diversi purché due siano uguali, misure uguali su due assi e non sull'altro, il coefficiente di riduzione sarà uguale su due assi e diverso sull'altro.

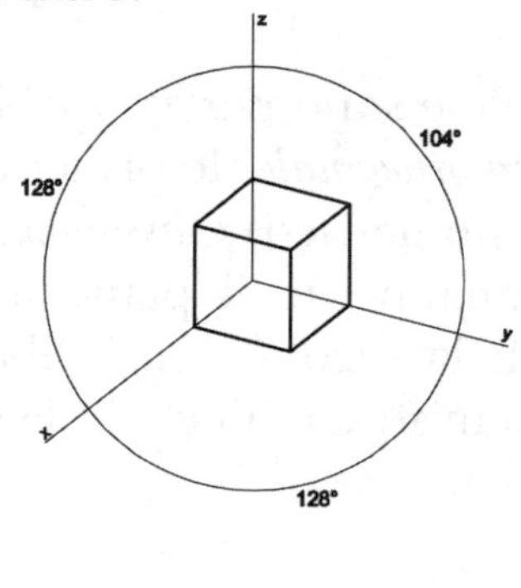

assonometria ortogonale trimetrica (*anisometrica*), tre angoli diversi e misure diverse sugli assi, il coefficiente di riduzione è diverso su ogni asse.

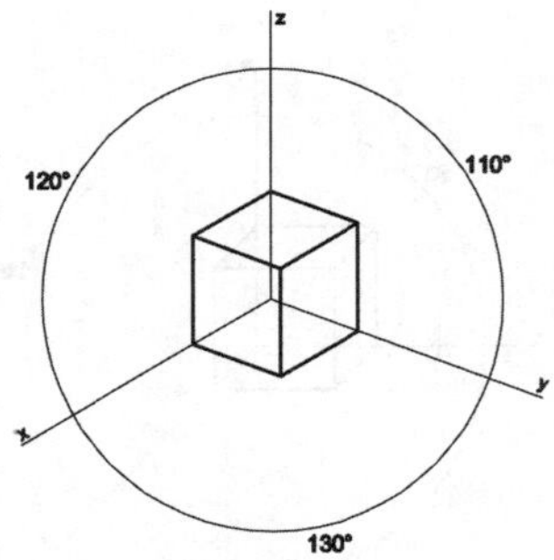

Le *assonometrie parallele oblique* (proiezione parallela da distanza infinita con proiettanti oblique al piano assonometrico) sono eseguibili senza rapporto di riduzione, con le misure reali dell'oggetto, poiché l'inclinazione delle proiettanti rispetto al piano assonometrico è scelta, di volta in volta, arbitrariamente.
Fra le proiezioni *oblique* sono di particolare interesse:

assonometria cavaliera generica, un angolo di 90° (piano assonometrico) e due diversi: si può applicare il sistema isometrico (misure uguali su tutti e tre gli assi) o trimetrico (tre assi diversi);

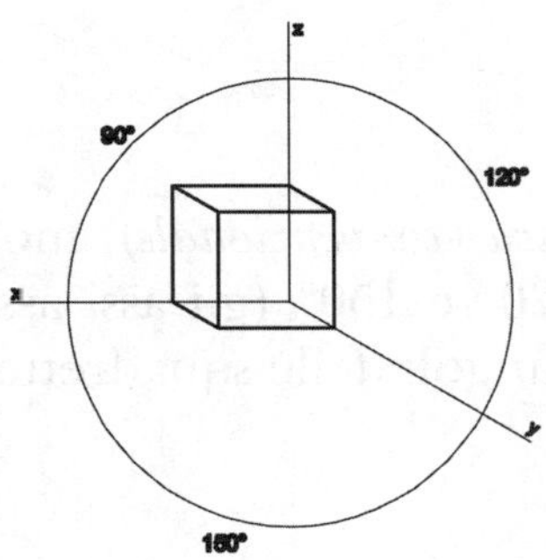

assonometria cavaliera rapida, un angolo di 90° (piano assonometrico) e due di 135°: isometrica (misure uguali sui tre assi) o dimetrica (misure uguali su due assi, dimezzate sul terzo);

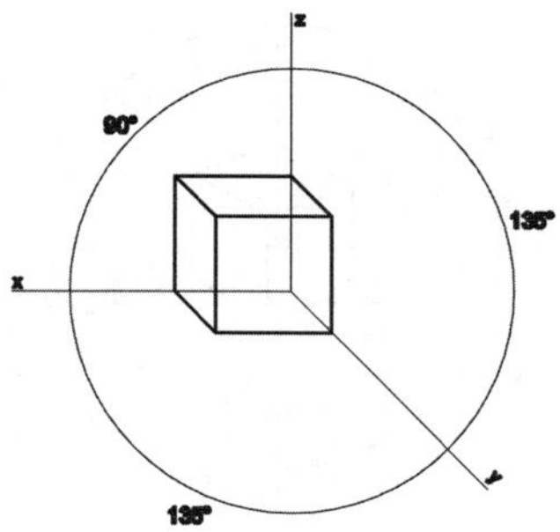

assonometria cavaliera militare (*o aerea*), un angolo di 90° e due di 135°: la pianta si dispone sul quadrante definito dagli assi a 90°. Può essere isometrica o dimetrica;

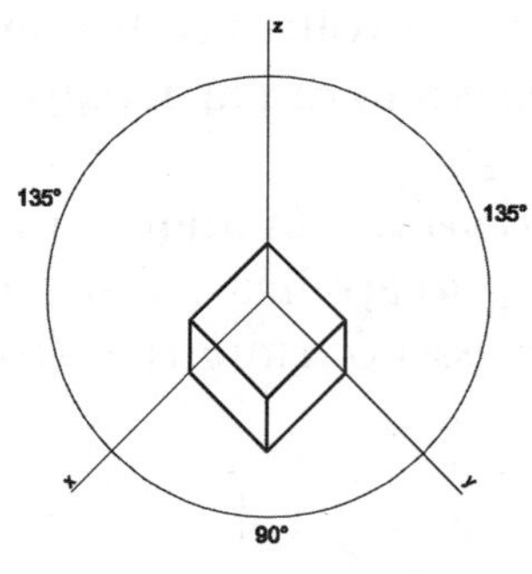

assonometria monometrica (*convenzionale*), molto usata, con misure reali, angoli di 90°,120° e 150° (gli assi assonometrici hanno le inclinazioni pari agli angoli delle squadrette da disegno.

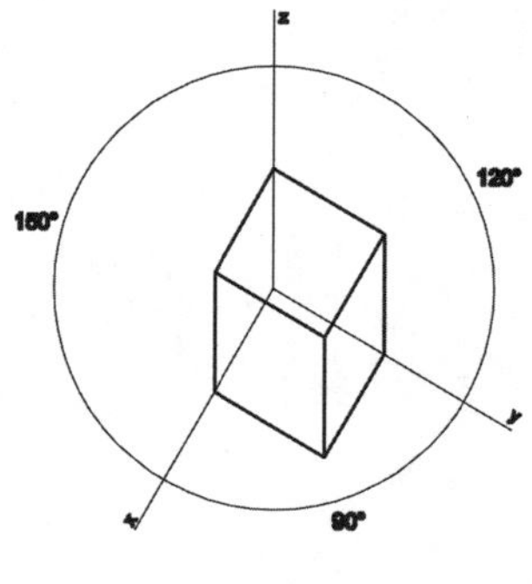

Parte Quarta
Circuiti

1 Calcolare la potenza assorbita da ciascuno degli elementi del seguente circuito

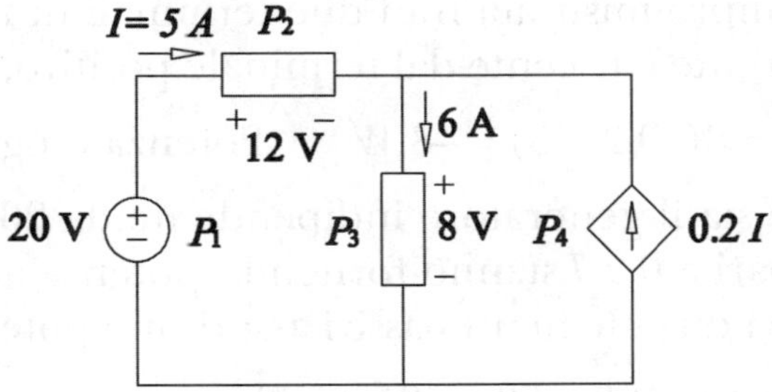

Tensione e corrente sono le due variabili fondamentali di un circuito elettrico. La potenza è la rapidità di assorbimento o di emissione di energia elettrica nel tempo e si misura in Watt (W). Dunque, $p = vi$, dove p (potenza istantanea) è una quantità variabile nel tempo: la potenza assorbita o erogata da un elemento è il prodotto della tensione (v) sull'elemento per la sua corrente.
La direzione di riferimento della corrente e la polarità della tensione sono quelle che determinano il segno della potenza.
Si ricordano la *convenzione dell'utilizzatore* (corrente entrante nel morsetto positivo), e quella *del generatore* (corrente uscente dal morsetto positivo).
Nel caso in esame, si applica la convenzione di segno per la potenza p_1 (la convenzione degli utilizzatori è soddisfatta se la direzione di riferimento della corrente entra nell'elemento dal terminale associato al segno + della convenzione della tensione: in tale condizione la potenza assorbita $p = vi$ o, anche, che $vi > 0$, cioè l'elemento sta assorbendo potenza).
Infatti, per p_1 la corrente di 5A esce dal terminale positivo (o entra in quello negativo) e quindi:

$p_1 = 20(-5) = -100\ W$ Potenza erogata

Sia per p_2 che per p_3 la corrente entra dal terminale positivo dell'elemento,

$p_2 = 12(5) = 60\ W$ Potenza assorbita

$p_3 = 8(6) = 48\ W$ Potenza assorbita

Per p_4 si noti che la tensione è di 8 V (positiva verso l'alto), la stessa tensione che per p_3, poiché l'elemento passivo e il generatore dipendenti sono connessi agli stessi terminali (si ricordi che la tensione è sempre misurata fra i due terminali di un elemento). Poiché la corrente è uscente dal terminale positivo,

$p_4 = 8(-0.2\ I) = 8(-0.2 \times 5) = -8\ W$ Potenza erogata

Si osservi che sia il generatore indipendente da 20 V che quello dipendente pari a 0.2 I stanno fornendo potenza al resto del circuito, mentre i due elementi passivi assorbono potenza. Inoltre

$p_1 + p_2 + p_3 + p_4 = -100 + 60 + 48 - 8 = 0$

In base al principio di conservazione dell'energia, che deve soddisfatto per tutti i circuiti elettrici, secondo il quale la somma algebrica delle potenze di un circuito, in ogni istante di tempo deve essere zero, se tutte le potenze sono espresse con la convenzione degli utilizzatori si deve avere:

$\Sigma p = 0$

Nel caso in esame, infatti, proprio in accordo con il richiamato principio di conservazione dell'energia la potenza totale erogata è uguale alla potenza totale assorbita.

2 Dato il seguente circuito, calcolare la corrente nel resistore da 8 ohm (cioè $i_{8\Omega}$)

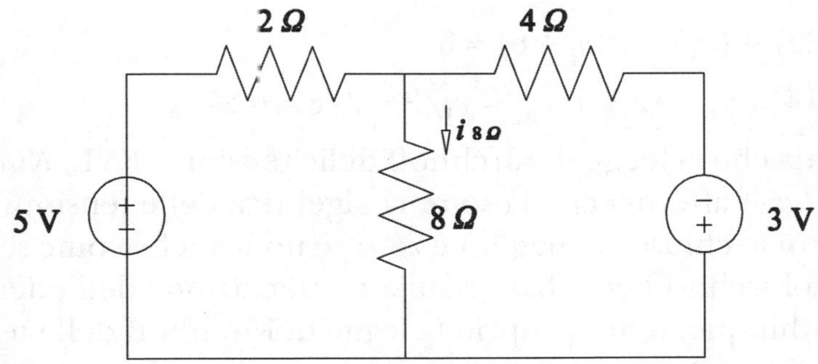

La soluzione di questo problema può essere ottenuta usando tre metodi generali: il metodo completo (scrittura esplicita delle leggi di Kirchhoff e delle leggi di Ohm), l'analisi ai nodi e l'analisi delle maglie.
Il calcolo di $i_{8\Omega}$ usando il metodo completo porterà alla soluzione, ma richiederà probabilmente un numero di operazioni maggiore rispetto all'impiego dell'analisi ai nodi o dell'analisi delle maglie. L'applicazione di quest'ultima richiede la scrittura di due equazioni simultanee aventi come incognite le due correnti di maglia indicate nella figura seguente.

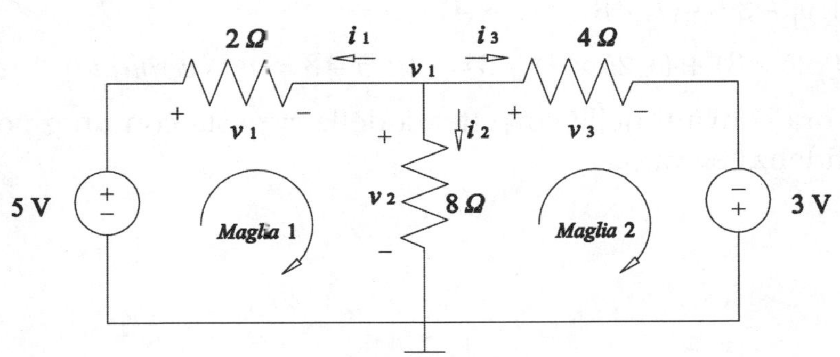

L'applicazione dell'analisi ai nodi presenta invece una sola incognita e costituisce, quindi, la strada più facile.
Si scrivono prima tutte le equazioni necessarie per calcolare $i_{8\Omega}$

$i_{8\Omega} = i_2, \quad i_2 = v_1/8, \quad i_{8\Omega} = v_1/8$

$1/2(v_1 - 5) + 1/8\,(v_1 - 0) + 1/4\,(v_1 + 3) = 0$

È ora possibile risolvere rispetto a v_1

$8\,[1/2(v_1 - 5) + 1/8\,(v_1 - 0) + 1/4\,(v_1 + 3)] = 0$

da cui:

$(4v_1 - 20) + (v_1) + (2v_1 + 6) = 0$

$7v_1 = +14, \quad v_1 = +2\text{ V}, \quad i_{8\Omega} = v_1/8 = 2/8 = 0.25\text{ A}$

Si ricorda che la legge di Kirchhoff delle tensioni (KVL, *Kirchhoff's Voltage Law*) afferma che la somma algebrica delle tensioni lungo un percorso chiuso (o maglia) è zero (è nota anche come seconda legge di Kirchhoff ed è basata sulla conservazione dell'energia). Si può, dunque, usare proprio la legge di Kirchhoff delle tensioni per verificare il risultato ottenuto:

$i_1 = 1/2\,(v_1 - 5) = 1/2\,(2 - 5) = -3/2 = -1.5\text{ A}$

$i_2 = i_{8\Omega} = 0.25\text{ A}$

$i_3 = 1/4\,(v_1 + 3) = 1/4\,(2 + 3) = 5/4 = 1.25\text{ A}$

$i_1 + i_2 + i_3 = -1.5\text{ A} + 0.25\text{ A} + 1.25\text{ A} = 0$ (*verificata*)

Applicando la KVL alla maglia 1, si ottiene:

$-5 + v_1 + v_2 = -5 + (-i_1 \times 2) + (i_2 \times 8) =$

$= -5 + (-(-1.5) \times 2) + (0.25 \times 8) = -5 + 3 + 2 = 0$ (*verificata*)

Applicando la KVL alla maglia 2, si ottiene:

$-v_2 + v_1 - 3 = -(i_2 \times 8) + (i_3 \times 4) - 3 =$

$= -(0.25 \times 8) + (1.25 \times 4) - 3 = -2 + 5 - 3 = 0$ (*verificata*)

Si è ora convinti della correttezza della risposta con un grado di confidenza elevato.

3 Dato il seguente circuito, calcolare la corrente *i*, la conduttanza *G* e la potenza *p*

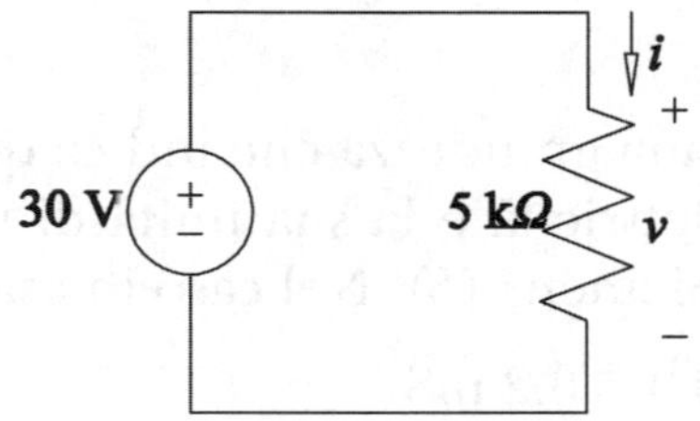

Tutti i materiali manifestano la proprietà di opporsi al flusso di cariche elettriche: tale proprietà nota come *resistenza* è rappresentata dal simbolo *R*.
L'elemento circuitale usato per rappresentare il fenomeno della *resistenza* al passaggio di corrente in un materiale è il *resistore* che rappresenta il più semplice elemento passivo (nella realtà sono spesso costituiti da leghe metalliche o composti di carbonio).
La legge di Ohm (che scopre la relazione tra la tensione e la corrente in un resistore) afferma che la tensione v su un resistore è direttamente proporzionale alla corrente i che scorre nel resistore. Ohm definì la resistenza R, la costante di proporzionalità, come una proprietà legata al materiale, che può variare se vengono alterate le condizioni interne ed esterne dell'elemento, come la temperatura:

$$v = i\,R$$

che è l'espressione matematica della legge di Ohm, con R espressa nell'unità di misura ohm (Ω)

Nel caso in esame, la tensione sul resistore è la stessa di quella del generatore (30 V) essendo entrambi gli elementi collegati alla stessa coppia di terminali. Dalla legge di Ohm, la corrente è quindi:

$i = V/R = 30/(5 \times 10^3) = 6$ mA

Una grandezza utile nell'analisi dei circuiti è anche l'inverso della resistenza R, detta *conduttanza* e indicata con G

$G = 1/R = i/V$

da cui:

$(i = G\,V)$

La *conduttanza* G è una grandezza che indica quanto bene un elemento conduce l'elettricità e la sua unità di misura nel Sistema Internazionale è il Siemens (S). Nel caso in esame vale:

$G = 1/R = 1/(5 \times 10^3) = 0.2$ mS

La potenza dissipata da un resistore può essere espressa in termini di R, come prodotto della tensione dell'elemento per la sua corrente, ($p = v\,i$) che con la legge di Ohm ($v = i\,R$) diventa:

$p = v\,i = i^2\,R = v^2/R$

La potenza può anche essere espressa in termini di G:

$p = v\,i = v^2\,G = i^2/G$

Si nota che la potenza dissipata da un resistore è una funzione non lineare della corrente o della tensione e che, poiché R e G sono quantità positive, la potenza dissipata da un resistore è sempre positiva: un resistore assorbe, quindi, sempre potenza dal circuito e ciò conferma l'idea del resistore come elemento passivo, incapace di erogare energia.
La *potenza p*, dunque, può essere calcolata in vari modi:

$p = v\,i = 30(6 \times 10^{-3}) = 180$ mW

oppure

$p = i^2\,R = (6 \times 10^{-3})^2\,5 \times 10^3 = 180$ mW

oppure

$p = v^2\,G = (30)^2\,0.2 \times 10^{-3} = 180$ mW

4 Calcolare tensioni e correnti del seguente circuito

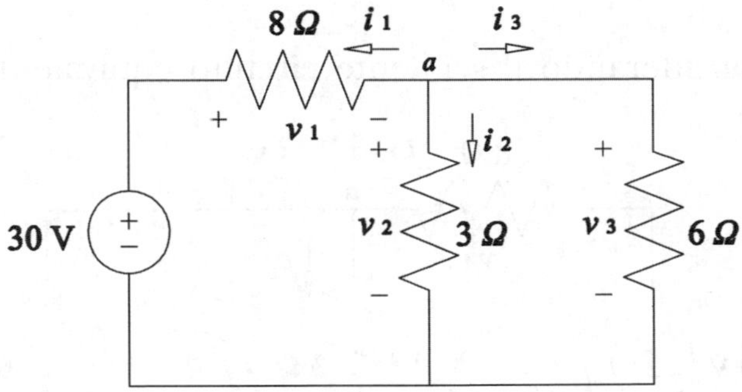

(a)

Per risolvere il problema assegnato si applicano la legge di Ohm e quelle di Kirchhof. Si ricorda che per la legge di Ohm la tensione v su un resistore è direttamente proporzionale alla corrente i che scorre nel resistore, dove R è definita resistenza e denota la proprietà di un elemento di opporsi al passaggio di corrente elettrica e si misura in ohm (Ω).

Per la legge di Ohm, dunque:

$$v_1 = 8i_1, \qquad v_2 = 3i_2, \qquad v_3 = 6i_3 \tag{1}$$

Essendo la tensione e la corrente di ciascun resistore legate tra loro dalla legge di Ohm, in realtà è sufficiente determinare tre sole incognite: (v_1,v_2,v_3) oppure (i_1,i_2,i_3).

Si ricorda che le leggi di Kirchhoff, introdotte per la prima volta nel 1847 dal fisico tedesco Gustav Kirchhoff, sono la legge delle correnti e la legge delle tensioni. La prima, che si basa sulla legge di conservazione della carica, afferma che la somma algebrica del-

le cariche di un sistema isolato non può variare, ovvero la prima legge di Kirchhoff o delle correnti (KCL) stabilisce che la somma algebrica delle correnti che entrano in un nodo (o in una superficie chiusa) è zero.
Al nodo (a) applicando la KCL si ha dunque:

$$i_1 - i_2 - i_3 = 0 \qquad (2)$$

La seconda legge di Kirchhoff o delle tensioni (KVL) è, invece, basata sul principio di conservazione dell'energia e afferma che la somma algebrica delle tensioni lungo un percorso chiuso (o maglia) è zero.
Per cui, considerando il seguente circuito equivalente a quello dato

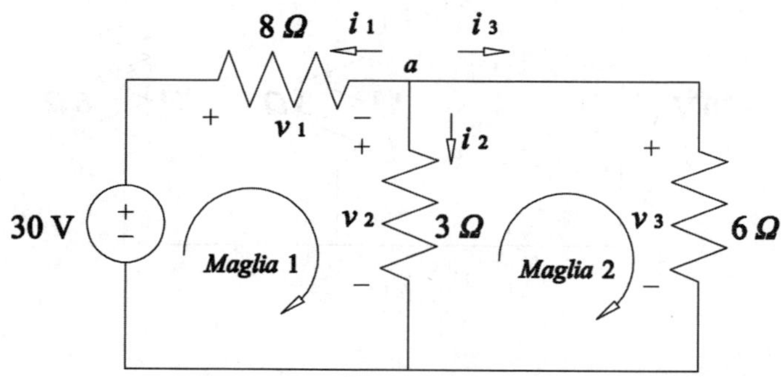

(b)

e applicando la KVL alla maglia 1 si ha dunque:

$$-30 + v_1 + v_2 = 0$$

Esprimendo la stessa equazione in termini di i_1 e i_2, usando la (1):

$$-30 + 8i_1 + 3i_2 = 0$$

da cui:

$$i_1 = (30 - 3i_2)/8 \qquad (3)$$

Applicando la KVL alla maglia 2 si ha pertanto:

$$-v_2 + v_3 = 0 \quad \rightarrow \quad v_3 = v_2 \qquad (4)$$

poiché i due resistori sono collegati in parallelo. Esprimendo anche qui v_1 e v_2 in termini di i_1 e i_2 secondo la (1), la (4) diventa:

$$6i_3 = 3i_2 \quad \rightarrow \quad i_3 = i_2/2 \qquad (5)$$

Sostituendo la (3) e la (5) nella (2) si ha:

$(30 - 3i_2)/8 - i_2 - i_2/2 = 0$

da cui si ricava che $i_2 = 2$ A. Noto il valore di i_2, usando la (1) e la (5) si ottiene:

$i_1 = 3$ A $\quad i_3 = 1$ A $\quad v_1 = 24$ V $\quad v_2 = 6$ V $\quad v_3 = 6$ V

5 Determinare i_a e v_a nel seguente circuito (a). Calcolare, inoltre, la potenza dissipata nel resistore da 3 Ω

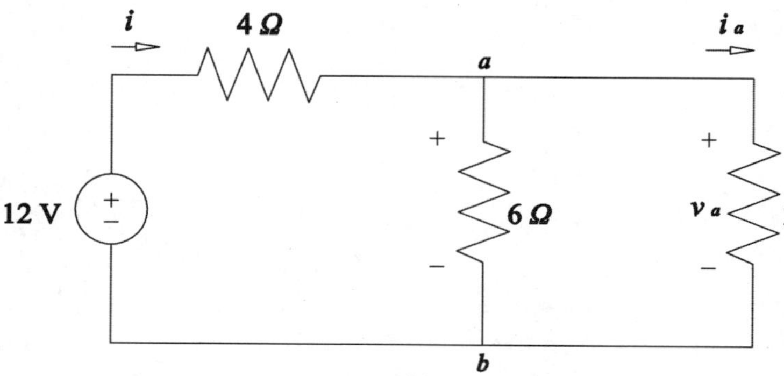

(a)

Due resistori R_1 ed R_2 collegati in parallelo hanno la stessa tensione. La resistenza equivalente R_{eq} dei due resistori in parallelo è pari al prodotto delle resistenze diviso per la loro somma. Si applica, cioè, prima la legge di Ohm, $v = i_1R_1 = i_2R_2$, in funzione della corrente $i_1 = v/R_1$ e $i_2 = v/R_2$(*), quindi si sostituisce la i ottenuta, alla KCL al nodo, $i = i_1 + i_2$, ottenendo $i = v/R_1 + v/R_2 = v/R_{eq}$, ovvero $R_{eq} = R_1R_2/R_1 + R_2$.
I resistori da 6 Ω e da 3 Ω sono in parallelo. La loro resistenza equivalente R_{eq} è:

$6\ \Omega \parallel 3\ \Omega = (6 \times 3)/(6 + 3)$

Il circuito si riduce, dunque, a quello seguente (b).

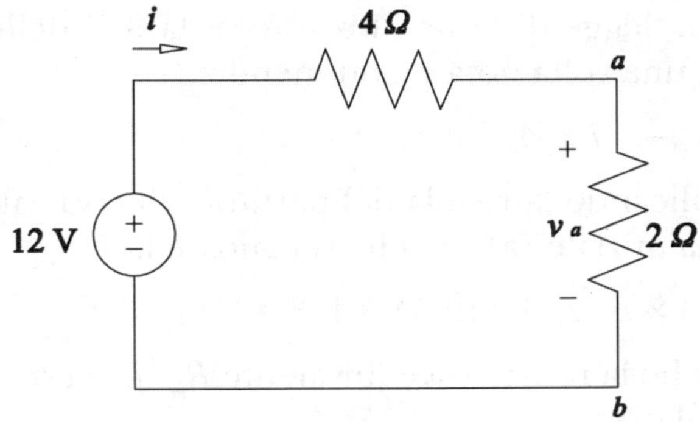

(b)

Da notare che v_a è la stessa tensione in entrambi i circuiti perché, come detto, i resistori in parallelo hanno la stessa tensione. Dallo schema equivalente di circuito (b) è possibile ottenere v_a in due modi. Nel primo, si fa riferimento alla legge di Ohm che pone in relazione la tensione e la corrente in un resistore, affermando che la tensione v su un resistore è direttamente proporzionale alla corrente i che scorre nel resistore stesso.

Ohm definì la resistenza R, la costante di proporzionalità, come una proprietà legata al materiale, che può variare se vengono alterate le condizioni interne ed esterne dell'elemento, come la temperatura:

$$v = i\,R$$

che è l'espressione matematica della legge di Ohm, con R espressa in ohm (Ω).

Nel caso in esame, schema (b), dalla legge di Ohm, la corrente è, quindi:

$$i = V/R = 12/(4 + 2) = 2\ \text{A}$$

da cui:

$$v_a = 2i = 2 \times 2 = 4\ \text{V}$$

In alternativa, si può calcolare v_a usando la regola del partitore di tensione, poiché la tensione di 12 V, nello schema di circuito equivalente (b), si ripartisce sui resistori da 4 Ω e da 2 Ω:

$$v_a = (12\ \text{V}) \times 2/(2 + 4) = 4\ \text{V}$$

Allo stesso modo i_a può essere calcolato in due modi:

applicando la legge di Ohm al resistore da 3 Ω dello schema di circuito (a), una volta nota v_a, ottenendo:

$v_a = 3i_a = 4 \quad \rightarrow \quad i_a = 4/3$ A

oppure, applicando la regola del partitore di corrente al circuito dello schema iniziale (a) ora che si conosce la *i*:

$i_a = 6/(6 + 3) \times i = 2/3 \times (2 \text{ A}) = 4/3$ A (**)

Infatti, si sa che la resistenza equivalente R_{eq}, ha la stessa tensione, per cui nota la *i*,

$v = i\,R_{eq} = iR_1R_2/R_1 + R_2$

sostituendo tale espressione di *v* alle (*) si ottiene:

$i_1 = R_2 i/R_1 + R_2 \quad$ e $\quad i_2 = R_1 i/R_1 + R_2$

che mostra come la corrente totale *i* in un circuito in parallelo si ripartisce tra i due resistori in proporzione inversa al valore della loro resistenza (*regola del partitore di corrente* applicata nella (**): la corrente più grande si ha in corrispondenza della resistenza più piccola).

La *potenza dissipata* nel resistore da 3 Ω vale:

$p_a = v_a\,i_a = 4\,(4/3) = 5.333$ W

6

Dato il circuito proposto, calcolare: 1) la tensione v_a; 2) la potenza erogata dal generatore di corrente; 3) la potenza assorbita da ciascun resistore

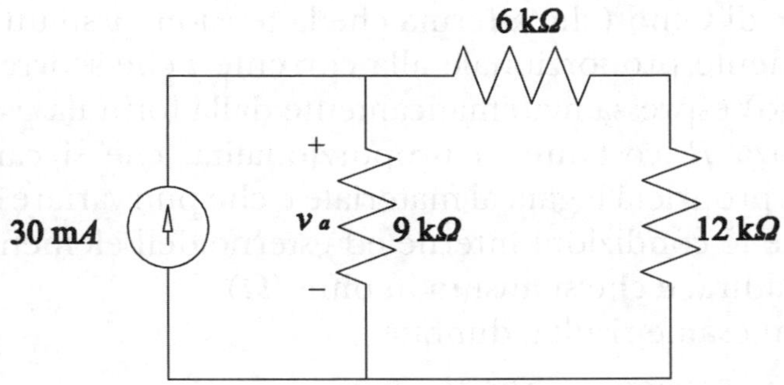

(a)

I resistori da 6 $k\Omega$ e da 12 $k\Omega$ sono in serie e il loro valore complessivo è 6 + 12 = 18 $k\Omega$. Il circuito si riduce, dunque, a quello dello schema (b) riportato di seguito, al quale si può applicare la regola del partitore di corrente per trovare i_1 e i_2.

i_1 = (30 mA) × 18000/(9000 + 18000) = 20 mA

i_2 = (30 mA) × 9000/(9000 + 18000) = 10 mA

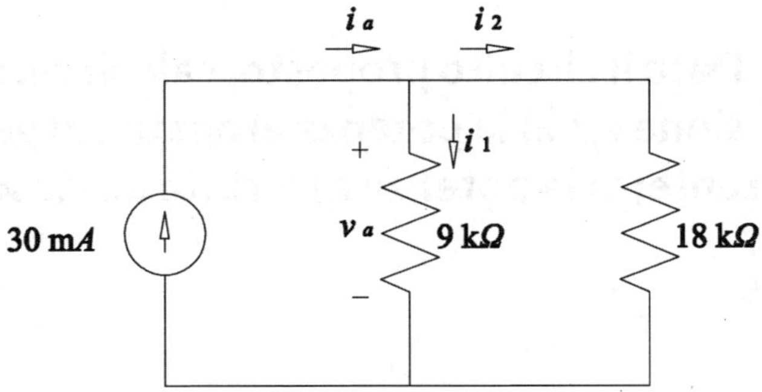

(b)

1) La tensione sui resistori da 9 $k\Omega$ e da 18 $k\Omega$ è la stessa. Si applica la legge di Ohm (che afferma che la tensione v su un resistore è direttamente proporzionale alla corrente i che scorre nel resistore stesso) espressa matematicamente dalla formula $v = i\,R$, con la resistenza R, costante di proporzionalità, che si caratterizza come una proprietà legata al materiale e che può variare se vengono alterate le condizioni interne ed esterne dell'elemento, come la temperatura, e che si misura in ohm (Ω).
Nel caso in esame risulta, dunque:

$$v_a = 9000\ i_1 = 18000\ i_2 = 180\ \text{V}$$

Si ricorda che la potenza è la quantità di assorbimento o di emissione di energia nel tempo e che si misura in W. Per cui la relazione $p = vi$, esprime la *potenza istantanea* come una quantità variabile nel tempo, come prodotto della tensione sull'elemento per la sua corrente.

2) Nel caso in questione, dunque, la potenza fornita dal generatore vale:

$$p_a = v_a\, i_a = 180\ (30)\ \text{mW} = 5.4\ \text{W}$$

3) La potenza assorbita dal resistore da 12 $k\Omega$ è:

$$p = i\,v = i_2(i_2R) = i_2^2R = (10 \times 10^{-3})^2(12000) = 1.2\ \text{W}$$

La potenza assorbita dal resistore da 6 $k\Omega$ vale:

$$p = i_2^2R = (10 \times 10^{-3})^2(6000) = 0.6\ \text{W}$$

Quella assorbita dal resistore da 9 $k\Omega$ vale:

$p = v_a^2/R = (180)^2/9000 = 3.6$ W

o anche

$p = v_a i_1 = 180(20)$ mW = 3.6 W

Si può notare come la potenza erogata (5.4 W) uguaglia la potenza assorbita (1.2 + 0.6 + 3.6 = 5.4 W). Ciò dimostra la correttezza del risultato ottenuto.
In generale, infatti, si ha che

potenza assorbita = potenza erogata

Il principio di conservazione dell'energia deve essere soddisfatto da tutti i circuiti elettrici. Per questo la somma algebrica delle potenze in un circuito, in ogni istante di tempo, deve essere zero, se tutte le potenze sono espresse con la convenzione degli utilizzatori, richiamata in precedenti esempi:

$\Sigma p = 0$

7

Tre lampadine di 15 W, 10 W e 20 W sono collegate ad una batteria da 9 V, come mostrato nello schema di illuminazione (a). Calcolare: 1) la corrente fornita dalla batteria; 2) la corrente che passa in ciascuna lampadina; 3) la resistenza di ciascuna lampadina

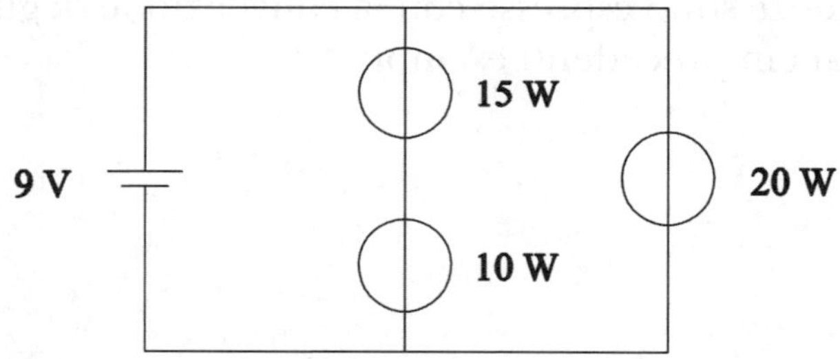

(a)

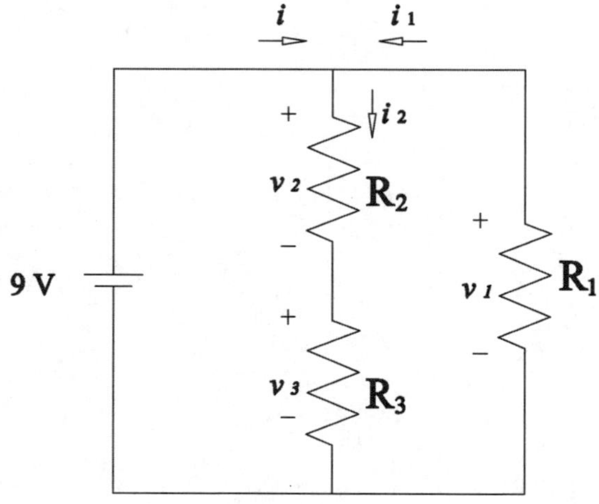

(b)

Lo schema (a) rappresenta il sistema di illuminazione con tre lampadine; lo schema (b) è il circuito equivalente con resistenze. Si può affermare che la potenza erogata dalla batteria è uguale alla potenza totale assorbita dalle tre lampadine, che vale:

$p = 15 + 10 + 20 = 45$ W

È nota la relazione che esprime la *potenza istantanea*, quantità (variabile nel tempo) di assorbimento o di emissione di energia nel tempo, come prodotto della tensione sull'elemento per la sua corrente:

$p = VI$

1) Nel caso in esame, dunque, la corrente fornita dalla batteria è:

$I = p/V = 45/9 = 5$ A

2) Le lampadine possono essere rappresentate con dei resistori, come indicato dallo schema (b) di circuito equivalente a quello dato. La resistenza R_1 (ovvero la lampadina da 20 V) è in parallelo alla batteria, così come lo è la serie delle altre due resistenze R_2 ed R_3, quindi:

$V_1 = V_2 + V_3 = 9$ V

La corrente in R_1 vale:

$I_1 = p_1/V_1 = 20/9 = 2.222$ A

Applicando la *KCL*, ovvero la prima legge di Kirchhoff o delle correnti, la quale stabilisce che la somma algebrica delle correnti che entrano in un nodo (o in una superficie chiusa) è zero, la corrente nelle serie delle resistenze R_2 ed R_3, è:

$I_2 = I - I_1 = 5 - 2.222 = 2.778$ A

3) La legge di Ohm lega, com'è noto, in un rapporto di proporzionalità diretta la tensione v su un resistore e la corrente i che scorre nel resistore stesso:

$v = i R$

che posta nella relazione che fornisce la potenza $p = VI = I^2 R$, consente di definire le singole resistenze di ciascun resistore dello schema (b):

$R_1 = p_1/I_1^2 = 20/2.222^2 = 4.05\ \Omega$

$R_2 = p_2/I_2^2 = 15/2.777^2 = 1.945\ \Omega$

$R_3 = p_3/I_3^2 = 10/2.777^2 = 1.297\ \Omega$

8 Calcolare tutte le tensioni e tutte le correnti del circuito seguente. Sono dati:

$E = 12$ V
$R_1 = 1$ W
$R_2 = 1.000$ W
$R_3 = 1.000$ W

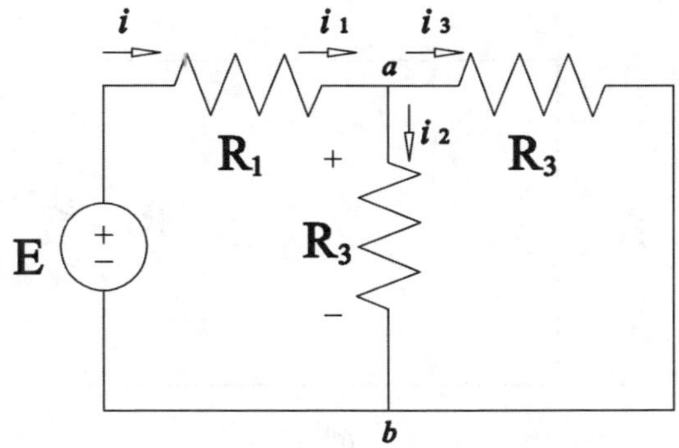

(a)

I resistori R_2 ed R_3 sono collegati in parallelo, in quanto tutti e due hanno i rispettivi terminali l'uno collegato al punto *a* e l'altro al punto *b* del circuito.
La resistenza equivalente R_{eq} di R_2 ed R_3, collegati in parallelo, vale:

$R_{eq} = R_2R_3/R_2 + R_3 = 500\ \Omega$
Sostituendo ai due resistori R_1 ed R_2 il loro parallelo R_{eq}, il circuito diventa: ***

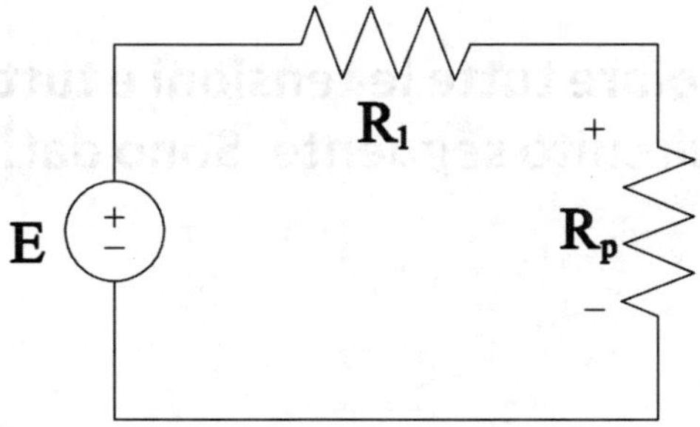

(b)

Essendo il resistore R_1 e quello equivalente R_{eq} in serie, la loro resistenza vale:

$R = R_1 + R_{eq} = 1 + 500 = 501$ W

Il circuito ora è il seguente:

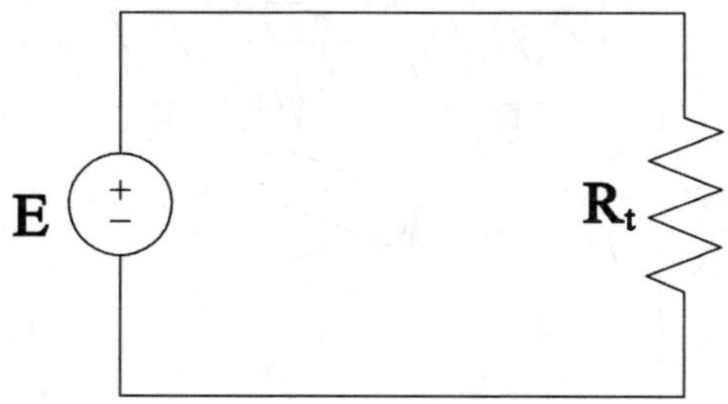

(c)

Applicando la legge di Ohm

$V_t = R_t \times I_t$

Si può ricavare la corrente totale del circuito che vale:

$I_t = V_t / R_t = 12/501 = 0{,}023952$ A

La corrente totale che circola nella resistenza totale R_t.
Se si considera lo schema di circuito *** (b) equivalente a quello dato, la corrente sarà uguale in tutti i componenti del circuito e in particolare in R_1 e in R_p. Quindi si ha:

$I_1 = I_p = I_t = 0{,}023952$ A

A questo punto è possibile calcolare le due tensioni esistenti ai capi di R_1 e ai capi del parallelo R_p utilizzando la legge di Ohm. Si ottiene, allora:

$V_1 = R_1 \times I_1 = 1 \times 0{,}023952 = 0{,}023952$ V

mentre per V_p si ha:

$V_p = R_p \times I_p = 500 \times 0{,}023952 = 11{,}976$ V

Poiché R_p rappresenta il parallelo dei due resistori R_2 ed R_3, e sapendo che i resistori in parallelo hanno la stessa tensione, si può scrivere:

$V_2 = V_3 = V_p = 11{,}976$ V

Applicando ora la formula inversa della legge di Ohm si possono calcolare le due correnti:

$I_2 = V_2/R_2 = 11{,}976/1000 = 0{,}011976$ A

Analogamente per I_3 si ottiene:

$I_3 = V_3/R_3 = 11{,}976/1000 = 0{,}011976$ A

9 Considerato il circuito seguente, determinare *i* e *v*. Sono dati:

$E = 18$ V
$R_1 = 2\ \Omega$
$R_2 = 4\ \Omega$
$I = 2$ A

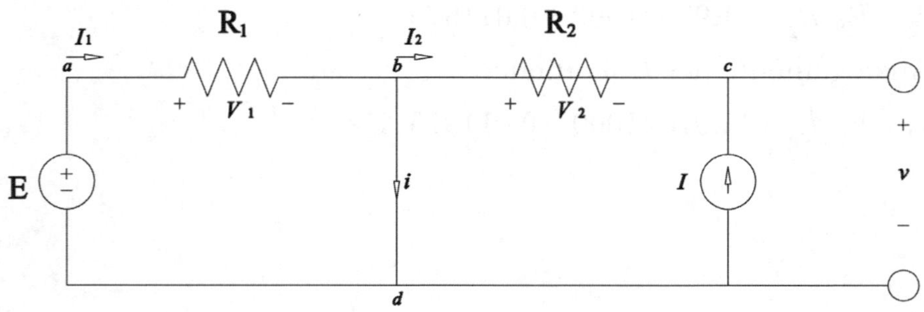

Si ricorda che la prima legge di Kirchhoff o delle correnti (KCL), che si basa sulla legge di conservazione della carica, afferma che la somma algebrica delle cariche di un sistema isolato non può variare, ovvero stabilisce che la somma algebrica delle correnti che entrano in un nodo (o in una superficie chiusa) è zero.
Applicando la KCL al nodo b si ha dunque:

$$I_1 = i + I_2 \quad \rightarrow \quad i = I_1 - I_2 \tag{1}$$

La seconda legge di Kirchhoff o delle tensioni (KVL) è, invece, basata sul principio di conservazione dell'energia e afferma che la somma algebrica delle tensioni lungo un percorso chiuso (o maglia) è zero.

Per determinare la corrente I_1 si applica, allora, proprio la KVL alla prima maglia:

$V_1 - E = 0 \qquad V_1 = E = R_1 I_1 \qquad I_1 = E/R_1$

Per determinare la corrente I_2 applichiamo la KCL al nodo c:

$I + I_2 = 0 \qquad I_2 = -I$

Sostituendo le espressioni delle correnti I_1 e I_2 nella (1):

$i = I_1 - I_2 = E/R_1 + I = (18/2) + 2 = 11$ A

La tensione v è la tensione ai capi del generatore di corrente che può essere determinata applicando la KVL alla seconda maglia del circuito:

$V_2 + v = 0 \quad \rightarrow \quad v = -V_2 = -R_2 I_2 = R_2 I = 4 \times 2 = 8$ V

10 **Si connetta una pila a una lampada e si schematizzi il fenomeno con il circuito mostrato in figura, in cui si assume $E = 1.5$ V, $R_0 = 0.05\ \Omega$, $R = 1.45\ \Omega$. Si determini la corrente I del circuito e la potenza assorbita dalla lampada. Infine, assumendo R variabile, si specifichi in quale condizione di funzionamento la potenza assorbita dalla lampada è massima**

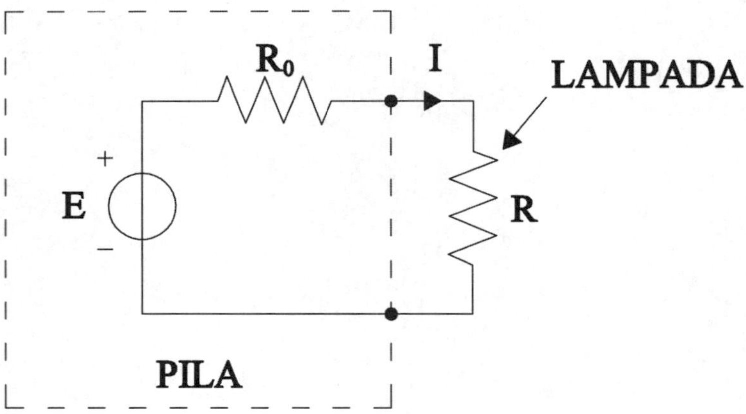

Essendo R_0 e R in serie, la resistenza totale vale:

$R_t = R_0 + R \quad \rightarrow \quad R_t = 0.05 + 1.45 = 1.5\ \Omega$

Dunque, applicando la legge di Ohm

$$V = R_t I \quad \rightarrow \quad I = V/R_t \qquad (1)$$

Essendo

$V = E = 1.5$ V

la relazione (1) diventa

$$I = V/R_t = E/R_t = 1.5/1.5 = 1 \text{ A}$$

fornendo il valore richiesto della corrente del circuito.
Risultando, come detto

$$I = E/R + R_0$$

La potenza dissipata da un resistore può essere espressa in termini di R, come prodotto della tensione dell'elemento per la sua corrente, ($P = VI$) che con la legge di Ohm ($V = IR$) diventa:

$$P = VI = I^2R = V^2/R$$

Si nota che la potenza dissipata da un resistore è una funzione non lineare della corrente o della tensione e che, poiché R è una quantità positiva, la potenza dissipata da un resistore è sempre positiva: un resistore assorbe, quindi, sempre potenza dal circuito e ciò conferma l'idea del resistore come elemento passivo, incapace di erogare energia.
La *potenza P*, dunque, nel caso in esame, risulta:

$$P = R \times I^2 = E^2 \times R/(R + R_0)^2$$

La potenza $P = P(R)$ è una funzione di R del quale si deve ricercare il massimo.
Si ha, dunque:

$$P'(R) = dP/dR = E^2[(R + R_0)^2 - 2R(R + R_0)/(R + R_0)^2] =$$
$$= E^2[(R^2 + R_0^2 + 2RR_0 - 2RR_0 - 2R^2/(R + R_0)^2] =$$
$$= E^2[(R_0^2 - R^2)/(R + R_0)^2] > 0 \text{ } \textit{sempre}$$

Ne consegue che:

$$0 < R < R_0$$

Dunque, si può concludere che, assumendo R variabile, la potenza assorbita dalla lampada è massima nelle specifica condizione di funzionamento che prevede $R = R_0$.

Parte Quinta
Tecnologia e scienza dei materiali

1 Il legno è uno dei materiali più versatili e facili da lavorare: queste caratteristiche ne hanno favorito l'utilizzo per millenni a livelli sempre più sofisticati. Il candidato illustri le principali fasi di lavorazione di tale materiale per trasformarlo in prodotto finito

Punti chiave

- Evoluzione dell'uso del legno.
- Descrizione delle principali proprietà del legno.
- Fasi di trasformazione del legno in prodotto finito.

Svolgimento

L'uomo utilizza il legno fin dall'antichità per svariati usi: costruzione di armi da caccia, di attrezzi per la coltivazione e per la pesca, di navi per spostarsi da un luogo all'altro, e così via. Il massiccio utilizzo di questo materiale è stato reso possibile proprio dalle sue innumerevoli proprietà chimico-fisiche, meccaniche e tecnologiche. Tra le prime troviamo: massa volumica, colore e odore, igroscopicità (capacità di assorbire acqua e umidità), ritiro e dilatazione (variazioni delle dimensioni in relazione a perdita o assorbimento di umidità), conducibilità termica ed elettrica (scarsa capacità di consentire il passaggio di calore e corrente: il legno è infatti un isolante). Tra le proprietà meccaniche vi sono: durezza (resistenza alla scalfitura e all'abrasione), elasticità (capacità di piegarsi e di riprendere la forma iniziale), resistenza (capacità di opporsi alle forze esterne). Tra le proprietà tecnologiche vi sono: plasticità (deformazione sotto l'azione di una forza esterna), curvabilità, fendibilità (il legno si lascia spaccare nel senso della lun-

ghezza delle fibre), attitudine al taglio (capacità di lasciarsi tagliare con attrezzi).
Le operazioni che consentono di trasformare le piante in legname e di arrivare quindi al prodotto finito sono: abbattimento o taglio, sramatura, scortecciatura, depezzatura o troncatura, trasporto dei tronchi, lisciviazione, segagione e stagionatura. La prima operazione è il taglio del tronco di una pianta adulta che si effettua con motosega e cesoie. Per ridurre l'ingombro dell'albero e per evitare che cadendo ne danneggi altri, si esegue la sramatura, un parziale taglio dei rami della chioma. I tronchi possono essere trasportati interi o ridotti in misure standardizzate (depezzatura). Si passa, poi, alla fase della scortecciatura, che consiste nel privare della corteccia i tronchi prima di inviarli alla spaccatura e alla sfibratura; può essere eseguita sul luogo di taglio per facilitare il trasporto o in segheria prima della segagione, per recuperare la corteccia e impiegarla come materia prima da utilizzare per la fabbricazione dei derivati.
Il trasporto dei tronchi dai luoghi di taglio (in montagna) alla segheria (in pianura) può avvenire in diversi modi: per rotolamento o con teleferiche, trattori, scivoli artificiali o naturali in cui scorre acqua. Giunti a valle, i tronchi vengono trasportati in segheria con diverse modalità: trasporto terrestre, ferroviario, aereo e fluviale. Le attuali tecnologie consentono di ottimizzare tutte le fasi della lavorazione in segheria del legno. Prima di essere segato, per eliminare tutte le sostanze contenute nei vasi legnosi che possono imputridire, marcire e ammuffire, il legno viene lavato in acqua (lisciviazione). Successivamente passa in segheria, dove i tronchi vengono tagliati su misura tramite una sega a nastro munita di carrello o una sega multilame che consente la trasformazione del tronco in tavole di uguale spessore. Il segato viene poi spostato in locali destinati alla stagionatura (o essiccatura), processo attraverso il quale il legno cede all'ambiente la propria umidità evitando che, con il passare del tempo, si producano ritiri, deformazioni o spaccature.

2 In tempi relativamente recenti l'uomo ha compreso la necessità, e poi l'opportunità, di differenziare i trattamenti dei rifiuti. Il candidato descriva le principali fasi della raccolta differenziata, facendo degli esempi pratici relativi a specifici materiali

Punti chiave

- Vantaggi e potenzialità della raccolta differenziata.
- Raccolta differenziata dei rifiuti organici.
- Raccolta differenziata della carta.

Svolgimento

Riutilizzare gli oggetti e raccogliere in maniera differenziata i rifiuti, presupposto indispensabile per recuperare e riciclare i materiali, comporta una serie di vantaggi ambientali ed economici nonché di tipo identitario, in quanto accresce la consapevolezza di appartenere a una comunità e di contribuire responsabilmente al miglioramento della vita di tutti. Per far sì che i rifiuti vengano correttamente smaltiti e riciclati è necessario che siano divisi a seconda del materiale di cui sono costituiti, separando il rifiuto secco dall'umido. Paesi più evoluti e industrializzati hanno da tempo avviato sistemi di raccolta finalizzati al recupero di crescenti quantità di materie prime secondarie da reimmettere nei processi produttivi (soprattutto carta, vetro, plastica e alluminio), riuscendo, in pochi anni, a incrementare notevolmente il valore di mercato dei materiali riciclati e innescando così dei meccanismi virtuosi anche su vasta scala, che testimoniano l'efficacia e la sostenibilità economica della differenziazione. Queste buone prassi

hanno mostrato anche la potenzialità in termini economici di tali iniziative, diminuendo, progressivamente, con il consapevole coinvolgimento dei privati (produttori di beni di consumo, distributori e consumatori), la quota relativa al deposito indifferenziato in discarica, con una serie di ricadute positive non solo sull'ambiente.
Diverse difficoltà sta incontrando la differenziata dei rifiuti organici, specialmente nelle grandi città, in quanto risulta piuttosto costosa in rapporto al valore e alla qualità dei prodotti ottenuti con gli scarti organici cittadini (compost, terriccio fertilizzante). La frazione umida dei rifiuti si ricicla attraverso il compostaggio, un processo biologico attuato da microrganismi che, nutrendosi della sostanza organica, ne causano la decomposizione e producono una sostanza simile all'humus, detta compost, che può essere validamente utilizzato in alternativa ai normali concimi chimici, essendo ricco di minerali e sostanza organica. Tramite tale processo (8-12 mesi per via naturale o 15-45 giorni per via artificiale) da un chilo di rifiuti si ottengono 300 grammi di compost.
La carta che proviene dalla raccolta differenziata viene selezionata e separata (giornali, cartoni, carta leggera). I vari materiali vengono pressati e confezionati in balle da inviare alle cartiere. Il processo di riciclaggio inizia con il pulper (spappolatore), che trita e aggiunge acqua calda, facendo diventare la carta una poltiglia, una pasta che attraversa un filtro a grossi fori che trattiene le impurità più grossolane, quindi un depuratore che sfrutta la forza di gravità e la differenza di peso specifico, separando la pasta di cellulosa da impurità non trattenute prima. Solventi eliminano gli inchiostri per ottenere la carta bianca; alla pasta proveniente da carta da recupero viene aggiunta cellulosa vergine, con proporzioni variabili a seconda del tipo di utilizzo finale della carta prodotta. In Italia l'utilizzo della carta da macero raggiunge percentuali molto elevate nella produzione di carte per imballaggi, mentre è ridotto per altri settori produttivi.

3 Il vetro, già conosciuto e ampiamente utilizzato fin dall'antichità, è dotato di importanti qualità, tra cui quella di essere un materiale ecologico, cioè per nulla inquinante, grazie alla sua struttura chimica. Il candidato ne descriva proprietà e caratteristiche, nonché le principali fasi di fabbricazione e lavorazione

Punti chiave

- Materie prime utilizzate per la produzione del vetro.
- Caratteristiche del vetro.
- Fasi di fabbricazione.
- Fasi di lavorazione industriale.

Svolgimento

Il vetro è un materiale solido, amorfo, a struttura non cristallina, perfettamente omogeneo e compatto, caratterizzato da elevata trasparenza, che si ottiene facendo fondere e poi raffreddare una miscela di silicati. Le materie prime utilizzate per la sua produzione si dividono in vetrificanti, fondenti, stabilizzanti, coloranti, affinanti; tra queste c'è in primis la silice (vetrificante), contenuta nelle sabbie silicee o quarzifere, diffusissime in natura. La silice non può essere usata da sola, perché fonde a temperature molto alte, oltre i 1700°C, per questo ad essa vengono aggiunte sostanze fondenti (carbonati di sodio e di potassio) che abbassano la temperatura di fusione e mantengono viscosa la massa nel tempo, e stabilizzanti (ossidi di calcio e di piombo e, in minor misura, gli ossidi di zinco, alluminio e bario), che aumentano la resistenza del vetro agli sbalzi di temperatura, facilitandone le lavorazioni meccaniche. Altri componenti affinanti (come il cerio, che serve ad espellere particelle gassose dalla massa vetrosa), sbiancanti, opacizzanti e coloranti modificano alcune caratteristiche fisiche del vetro. La massa fusa, raffreddata rapidamente, produce vetro incolore.

Il vetro possiede scarsa elasticità, elevata durezza e, quindi, alta fragilità, scarsa resistenza a trazione, ottima compressione, buona abrasione (proprietà meccaniche), buona resistenza all'elettricità e alle alte temperature (proprietà chimico-fisiche); inoltre esso è fusibile, duttile, malleabile e acquista particolare durezza se sottoposto a tempra, cioè a cicli di riscaldamento e raffreddamento (proprietà tecnologiche).

Le fasi fondamentali della fabbricazione sono: preparazione della miscela di materie prime (macinate e mescolate in proporzioni variabili a seconda del tipo di prodotto e di omogeneità); riscaldamento e fusione (la miscela in forno viene gradualmente riscaldata fino a circa 1500°C e la fusione dura otto ore a tale temperatura, così la massa diviene fluida e omogenea); affinazione e riscaldamento (per circa tre ore, la massa fusa si affina eliminando bolle e parti non fuse sul fondo del forno e poi, per altre tre ore, viene lasciata gradualmente raffreddare fino alla temperatura di lavorazione, tra 1200 e 950°C); formatura o foggiatura (viene data alla pasta vetrosa la forma definitiva, con diverse tecniche, a seconda del prodotto che si vuole ottenere); ricottura (gli oggetti formati vengono ricotti in forno a 400-600°C e poi raffreddati lentamente, per 4-10 ore, per evitare tensioni interne, deformazioni e facilitarne la finitura); tempra (se si vuole aumentare la resistenza del pezzo finito, viene riscaldato fino a 700°C e poi, raffreddato bruscamente, in acqua fredda o con correnti d'aria).

Le fasi principali di lavorazione industriale del vetro, per la formatura dei prodotti sono: sistema float (*float glass*, vetro galleggiante, è la tecnica più moderna di produzione di lastre, consistente nel colare il vetro allo stato viscoso in un forno a tunnel); stampaggio (la massa vetrosa fusa è versata in stampi, di materiale refrattario/ghisa/gesso, il cui fondo ha la forma desiderata); laminazione (la massa vetrosa viene fatta scorrere attraverso una serie di rulli a coppie rotanti – stiratura – dai quali esce una lastra continua, tagliata poi nelle misure volute); filatura (per vetri filati, si fa passare ad alta velocità la pasta fusa attraverso filiere che la riducono in fibre solidificate flessibili); pressatura-soffiatura (una goccia di materiale fuso viene messa in uno stampo sbozzatore e sottoposta ad un soffiaggio forzato per farlo aderire su tutta la parete cava, lasciando la parte interna vuota: bottiglie, bicchieri e oggetti cavi).

4 Tutti i materiali a disposizione dell'uomo per la realizzazione di oggetti possono essere classificati in diversi modi. Il candidato esamini in particolare la classificazione in base all'origine e quella in base al legame chimico

Punti chiave

- Classificazione in base all'origine.
- I materiali di origine naturale: uno sguardo ai metalliferi.
- I materiali artificiali.
- Classificazione in base al legame chimico: legame ionico, covalente e metallico.

Svolgimento

I materiali possono classificarsi in svariati modi: in base al tipo di legame chimico che li caratterizza, in base alla loro origine e in base alle proprietà chimiche e meccaniche di cui sono dotati. Per quanto riguarda la classificazione in base all'origine, essi vengono suddivisi in due grandi classi: i materiali di origine naturale e quelli di origine artificiale. I primi sono tutti quelli reperibili in natura e possono a loro volta essere suddivisi in materiali di origine minerale (metalliferi e non metalliferi) e materiali di origine biologica. Si definiscono metalliferi quei minerali dai quali è possibile ricavare economicamente uno o più metalli. Si tratta, quindi, di un concetto in continua evoluzione, strettamente legato allo sviluppo della tecnologia e alla domanda di mercato. Di conseguenza, non tutti i minerali che contengono un determinato metallo sono necessariamente metalliferi, dal momento che potrebbe rivelarsi non conveniente estrarre da essi il suddetto metallo. I minerali

non metalliferi comprendono sabbie, argilla e pietra (principalmente marmo, granito e ardesia).
I materiali artificiali sono quelli prodotti dall'uomo e comprendono: materie plastiche, gomme sintetiche, fibre tessili, chimiche e materiali compositi, formati cioè dall'unione di due o più materiali diversi. Il primo materiale ottenuto artificialmente fu la celluloide, nel 1868, mescolando nitrato di cellulosa e canfora: si arrivò, così, al primo materiale non rintracciabile in natura, ma realizzato interamente dall'uomo, dalle straordinarie qualità di flessibilità e resistenza all'umidità. Alla fine dell'Ottocento, la celluloide era un componente di moltissimi prodotti, ma in seguito il suo impiego è stato fortemente limitato a causa della sua alta infiammabilità; a partire dagli anni Cinquanta, è stata sostituita dal poliestere.
La classificazione in base al tipo di legame chimico raggruppa i materiali in solidi ionici, covalenti, molecolari e metallici. Il legame ionico è quello che si genera in seguito al trasferimento di un elettrone da un atomo a un altro con conseguente formazione di uno ione positivo e uno negativo. La struttura di un solido ionico è quindi garantita dalle forze elettrostatiche che si generano tra gli ioni che la costituiscono. I solidi ionici presentano un'elevata durezza e punti di fusione elevati, sono solubili nei solventi polari, sono cattivi conduttori allo stato solido e buoni conduttori allo stato fuso. Il legame covalente è quello che si genera in seguito alla condivisione di un doppietto elettronico tra due atomi. Questo legame, al contrario di quello ionico, ha una natura fortemente direzionale ed è tipico dei solidi covalenti e molecolari. I solidi covalenti sono costituiti da atomi uniti tra loro da legami covalenti: è il caso del carbonio elementare e del quarzo. I solidi molecolari sono invece costituiti da molecole tenute insieme da legami deboli: i legami covalenti sono presenti all'interno delle singole molecole, ma non tra le varie molecole che costituiscono il solido. Un esempio di solido molecolare è costituito dai polimeri. Il legame metallico è caratterizzato dalla condivisione di elettroni da parte di un gran numero di atomi disposti secondo un reticolo cristallino: in questo caso è possibile pensare che gli elettroni di valenza degli atomi che costituiscono il solido siano delocalizzati all'interno del materiale. Il solido risulta quindi costituito da un

reticolo di atomi metallici, che sono carichi positivamente e sono tenuti insieme da una "nuvola elettronica" costituita da tutti gli elettroni di valenza. Questo tipo di modello spiega molte proprietà dei metalli, come la malleabilità e l'elevata conducibilità termica ed elettrica.

5 La conoscenza delle proprietà dei materiali è alla base della possibilità di progettare correttamente un manufatto, pertanto esse vengono studiate e misurate attraverso opportuni strumenti di analisi. Il candidato ne descriva le più importanti

Punti chiave

- Le proprietà chimico-fisiche.
- Le proprietà meccaniche.
- Le proprietà tecnologiche.

Svolgimento

È possibile raggruppare le proprietà dei materiali in tre categorie principali: chimico-fisiche, meccaniche e tecnologiche. Le proprietà chimico-fisiche sono determinate dalla natura chimica dei materiali stessi. Tra queste citiamo: la massa, che è la misura dell'inerzia esercitata dai corpi al cambiamento del proprio stato di moto sotto l'influenza di forze esterne; la densità, data dal rapporto tra la massa di un corpo e il suo volume; il coefficiente di dilatazione termica, che indica la propensione di un materiale ad aumentare le proprie dimensioni all'incremento di temperatura; il calore specifico, ossia il calore Q necessario per innalzare di ΔT la temperatura della massa m di una determinata sostanza; la temperatura di fusione, alla quale una sostanza passa dallo stato solido allo stato liquido; la conducibilità termica, che indica l'attitudine di un materiale a trasmettere il calore tra due punti a temperatura differente; il calore latente di fusione, la quantità di energia termica necessaria per la fusione di un'unità di massa di una data sostanza; la conducibilità elettrica, che indica la propensione di un materiale a trasmettere corrente elettrica.

Le proprietà meccaniche indicano la capacità di un materiale di resistere alle forze che tendono a deformarlo, in altre parole descrivono il suo comportamento meccanico mediante relazioni tra carichi applicati e deformazioni. Le sollecitazioni a cui può essere soggetto un materiale possono essere di vario tipo: trazione (stato di sollecitazione semplice in cui le forze esterne applicate sono parallele alla dimensione principale del provino e tendono ad aumentarne la lunghezza); compressione (stato di sollecitazione semplice in cui le forze esterne applicate sono parallele alla dimensione principale del provino e tendono a diminuirne la lunghezza); flessione (stato di sollecitazione in cui le forze esterne applicate possono essere ricondotte a una coppia di forze che tendono a deformare l'asse del provino); torsione (stato di sollecitazione che tende a far subire una rotazione alle sezioni trasversali rispetto all'asse); taglio (stato di sollecitazione per il quale la forza risulta applicata tangenzialmente ad una superficie del provino). Quando un materiale è sottoposto a delle forze esterne tende a subire delle deformazioni, che possono raggrupparsi in due tipologie: elastiche, che permangono sul corpo finché sono applicate le forze esterne; plastiche o permanenti, che permangono sul corpo anche dopo la rimozione delle forze esterne. Al fine di studiare e conoscere le proprietà dei materiali sono state codificate e regolamentate varie prove di laboratorio: tra le principali citiamo la prova di trazione, di resistenza, di durezza e di resistenza a fatica. Infine, le proprietà tecnologiche sono quelle che indicano la maggiore o minore attitudine dei materiali ad essere lavorati. Genericamente si può parlare di lavorabilità dei materiali, anche se il concetto viene poi applicato alle particolari lavorazioni che il materiale deve subire. Per questo motivo è possibile definire proprietà tecnologiche: la duttilità (capacità del materiale di essere ridotto in fili sottili), la saldabilità (l'attitudine di un materiale a unirsi con un pezzo di uguale o diverso materiale mediante fusione), la malleabilità (capacità del materiale di essere ridotto, a caldo o a freddo, in lamine sottili) e l'estrudibilità (attitudine di un materiale ad assumere una forma specifica quando viene spinto attraverso un foro sagomato). Esse sono strettamente legate alle proprietà meccaniche del materiale e dipendono fortemente dalla chimica e dalla microstruttura del solido considerato.

6 Raramente i metalli si trovano in natura allo stato puro, ma spesso si legano ad altri elementi a formare i minerali metallici. Anche nelle applicazioni tecnologiche vengono utilizzati in combinazione con altri elementi per ottenere differenti tipi di leghe. Il candidato si soffermi in particolar modo sugli acciai, descrivendone le diverse tipologie

Punti chiave

- Leghe ferrose e non ferrose.
- Acciai altolegati e bassolegati.
- Acciai non legati.

Svolgimento

Le leghe, che derivano dalla combinazione di due elementi di cui uno è un non metallo, hanno vastissimi campi di applicazione grazie alla possibilità di modificarne le proprietà chimiche, meccaniche e tecnologiche. In base al metallo che le compone, le leghe si possono distinguere in *ferrose*, come l'acciaio o la ghisa, e *non ferrose*, come il bronzo e l'ottone, che non contengono il ferro come maggiore costituente. Più del 90% del peso dei materiali metallici impiegati nella vita quotidiana è composto da leghe ferrose, che si possono suddividere in due grandi categorie, a seconda del contenuto di carbonio: gli acciai, che hanno una percentuale in peso di carbonio variabile tra lo 0,05% e il 2%, e le ghise, che contengono una percentuale in peso di carbonio variabile tra il 2% e il 6%. Nella categoria degli *acciai* è possibile inoltre fare una distinzione tra gli acciai legati che contengono quantità non significative di elementi diversi dal carbonio (elementi leganti) e gli acciai non legati che sono, invece, quelli per i quali gli elementi leganti sono presenti in quantità non trascurabili. In genere è possibile suddividere gli acciai legati in bassolegati, che contengono una percentuale in peso di elementi differenti dal carbonio inferiore al 5%, ed altolegati che contengono invece una quantità totale di elementi diversi dal carbonio superiore al 5% in peso. La maggioranza delle leghe ferrose ricade nella categoria degli acciai bassolegati e in quella degli acciai non legati, questo perché sono piuttosto economici, dal momento che non necessitano di grandi quantità di elementi leganti, e sufficientemente duttili, pertanto facilmente lavorabili e trasformabili in prodotti dalle eccezionali caratteristiche meccaniche. Un'interessante classe di materiali è costituita dagli acciai bassolegati ad alta resistenza o HSLA (*High strength low alloy*) che sono sicuramente più economici degli acciai legati, ma le tecniche di produzione e le piccole quantità di leganti presenti al loro interno conferiscono ad essi una resistenza meccanica e una resistenza alla corrosione superiori a quelle degli acciai non legati.

L'aggiunta di leganti in un acciaio deve essere effettuata con estrema attenzione e giustificata da specifiche esigenze, essendo gli elementi aggiuntivi piuttosto costosi. Si potrebbe, per esempio, presentare l'esigenza di rendere un acciaio resistente alla corrosione chimica da parte dell'atmosfera che lo circonda. È il caso degli acciai inossidabili che presentano resistenze all'ossidazione nettamente migliori di qualunque acciaio non legato o bassolegato. Questa caratteristica è dovuta all'aggiunta di cromo come legante in quantità che variano tra il 4 e il 30% in peso. Un altro legante spesso utilizzato è il nichel, la cui aggiunta ha l'effetto di variare drasticamente il coefficiente di dilatazione termica della lega in funzione della concentrazione di legante utilizzata. Un'aggiunta di molibdeno alla lega fa sì che l'acciaio mantenga le caratteristiche meccaniche ottenute grazie al processo di tempra anche quando è portato a temperature elevate. Per ottenere una lega che presenti contemporaneamente tutte le proprietà descritte, vengono prodotti acciai al nichel-cromo-molibdeno che risultano avere le migliori proprietà meccaniche possibili e che per questo sono utilizzati per realizzare ingranaggi meccanici, alberi a manovella e catene antifurto.

7 La ghisa è prodotta in genere per riduzione dei minerali di ferro nell'altoforno, soprattutto per la fabbricazione di acciaio. Non si presta a lavorazioni per deformazione plastica, ma è dotata di buona colabilità ed è adatta a lavorazioni per fusione. Il candidato ne descriva le principali caratteristiche e le tipologie più diffuse

Punti chiave

- Ghisa bianca.
- Ghisa grigia.
- Ghisa duttile.
- Ghisa malleabile.

Svolgimento

Le *ghise* sono leghe ferrose contenenti un tenore di carbonio compreso tra l'1,9% e il 5,5% in peso. Esse presentano una temperatura di fusione e una viscosità in fase liquida relativamente basse e un basso valore di coefficiente di ritiro volumetrico durante la solidificazione. Tali caratteristiche consentono di utilizzare le ghise per la produzione di pezzi di forma complessa. La formatura avviene per colatura in forme che vengono eliminate una volta che il pezzo prodotto è completamente solidificato. A causa di una microstruttura meno uniforme e di una maggiore porosità superficiale dei pezzi ottenuti, le ghise presentano caratteristiche meccaniche inferiori rispetto a quelle degli acciai. Sulla base della forma assunta dal carbonio nella lega è possibile distinguere quattro tipi di ghise: bianca, grigia, duttile e malleabile. La ghisa bianca prende il nome dal caratteristico colore bianco delle sue super-

fici di frattura. È caratterizzata dalla presenza di grandi quantità di carburo di ferro o cementite (Fe_3C) che si forma durante la lavorazione e che fornisce al materiale elevata durezza e fragilità. È pertanto poco lavorabile alle macchine utensili.
La ghisa grigia presenta una superficie di frattura di colore grigio. Tale circostanza è dovuta alla presenza di circa il 2-3% in peso di silicio che favorisce la formazione di grafite lamellare piuttosto che di cementite. È impiegabile fino a temperature di esercizio di circa 300°C, ma presenta scarsa resistenza meccanica ed elevata fragilità proprio a causa della microstruttura lamellare della grafite.
La ghisa duttile si ottiene aggiungendo piccole quantità di magnesio (circa lo 0,05% in peso) alla ghisa grigia allo stato liquido. Il magnesio favorisce la conversione della grafite lamellare in grafite sferoidale, motivo per cui prende anche il nome di ghisa sferoidale. La presenza di grafite sferoidale migliora enormemente le proprietà meccaniche di questa ghisa rispetto alla ghisa grigia: la duttilità diventa 20 volte maggiore e la resistenza raddoppia il suo valore. La ghisa malleabile si ottiene tramite trattamento termico della ghisa bianca, che consiste nel portare a temperatura elevatissima (950°C) pezzi di piccolo spessore di ghisa bianca per favorire la decomposizione della cementite a grafite. Si ottiene in questo modo della grafite in particelle di forma arrotondata che conferisce alla lega maggiore snervamento e duttilità. Il trattamento termico migliora le proprietà meccaniche e tecnologiche della ghisa. Come suggerito dal nome, infatti, la ghisa malleabile presenta un'eccellente lavorabilità alle macchine utensili e anche una migliore saldabilità.

8 Nonostante nella maggioranza delle applicazioni tecnologiche vengano utilizzate leghe ferrose, un ruolo molto importante, e talvolta indispensabile, è svolto anche dalle leghe non ferrose. Il candidato illustri le caratteristiche basilari delle leghe di nichel

Punti chiave

- Monel e Mumetal.
- Superleghe.
- Leghe a memoria di forma.

Svolgimento

Il nichel allo stato puro è adoperato nella fabbricazione di utensili di laboratorio (crogioli, capsule, pinze), di parti di tubi elettronici e di accumulatori elettrici, e come catalizzatore in numerose reazioni chimiche. Questo elemento, però, viene impiegato prevalentemente nella preparazione di numerose leghe binarie e ternarie, tra le quali hanno grande rilievo quelle con ferro, rame, cromo, zinco. Esse sono dotate di importanti proprietà, quali: elevata resistenza alla corrosione e al calore, duttilità, basso coefficiente di dilatazione termica ed elevata resistività elettrica. Un esempio di lega di nichel e rame è il Monel, che presenta questi due elementi in rapporto di 2:1. Ha una buona durezza e può resistere all'azione corrosiva esercitata dall'acqua marina, per tale motivo viene spesso utilizzato per la realizzazione delle eliche delle barche o per le parti di impianti di desalificazione. Un altro impiego industriale molto comune è quello relativo alla fabbrica-

zione delle molle e alla composizione degli elementi utilizzati nelle industrie chimiche e alimentari. Insomma, si tratta di una lega multifunzionale che l'industria metallurgica sfrutta nel migliore dei modi.
Il Mumetal è invece una lega di nichel, ferro e molibdeno con piccole percentuali di silicio e rame. Presenta un'elevata permeabilità magnetica e viene utilizzato nella realizzazione di schermi magnetici. Un esempio tipico di questo utilizzo è la schermatura dei tubi catodici negli oscilloscopi e delle testine magnetiche impiegate nei registratori a nastro.
Le leghe di nichel più interessanti sono, però, le cosiddette *superleghe* che sono in grado di conservare una buona resistenza meccanica e chimica anche a temperature di esercizio molto elevate (tipicamente superiori ai 1200°C). Vengono progettate per applicazioni principalmente aerospaziali e costituiscono circa il 50% in peso dei motori aeronautici più avanzati. L'elevata resistenza alla corrosione viene garantita tramite l'utilizzo di agenti leganti come cromo o alluminio, i cui ossidi tendono a formare uno strato superficiale che riduce la diffusione di elementi metallici verso l'esterno e, contemporaneamente, di elementi aggressivi, quali ossigeno e zolfo, verso l'interno. Le leghe di nichel hanno il grande merito di aver stimolato gli studi sulle leghe a memoria di forma, nate in seguito alla scoperta, nel 1962, di questa proprietà nella lega equiatomica nichel-titanio (Nitinol).
La caratteristica principale delle leghe a memoria di forma è quella di essere in grado di recuperare la forma che viene ad esse conferita semplicemente per effetto del cambiamento della temperatura o dello stato di sollecitazione applicato. Esse presentano, infatti, una temperatura di transizione al di sotto della quale possono essere deformate abbastanza facilmente, ma al di sopra della quale si verifica un cambio nella struttura cristallina che determina il ritorno del materiale alla forma originaria. Tali leghe presentano anche il cosiddetto comportamento superelastico, ovvero possono essere deformate notevolmente (anche per valori di circa il 10%), rimanendo comunque in campo elastico senza, cioè, deformarsi plasticamente e in maniera permanente. Il Nitinol viene utilizzato, per queste sue proprietà, nella realizzazione di termostati, montature per occhiali, accoppiamenti di condotti idraulici

e, essendo anche altamente biocompatibile, per la realizzazione di stent vascolari, fili per archi ortodontici e, in genere, per strumenti chirurgici flessibili.

9 La produzione dei manufatti ceramici tradizionali può avvenire con tecniche artigianali o automatizzate. La lavorazione industriale comprende una serie di passaggi comuni a tutti i prodotti e altri, opzionali, che riguardano solo alcuni. Il candidato tracci in maniera sintetica le principali fasi del processo ceramico in generale

Punti chiave

- Impasto.
- Modellazione.
- Essiccazione.
- Cottura.

Svolgimento

La produzione di manufatti ceramici tradizionali può essere condotta in maniera artigianale o industriale, ma in entrambi i casi parte dall'estrazione della materia prima principale: l'argilla. Questa subisce un trattamento di stagionatura, che elimina le impurità, e viene quindi sciolta in acqua per la lavatura, disperdendo i sali solubili. Infine, viene affinata per eliminare le particelle più grossolane. Una volta selezionata l'argilla, essa viene impastata per eliminare le bolle d'aria e per disperdere gli additivi che vengono aggiunti in questa fase, come le sostanze smagranti, che riducono il ritiro durante la cottura, e i fondenti, che aumentano la fusibilità del materiale. A questo punto l'argilla è pronta per la modellazione, che viene effettuata a mano libera o tramite l'utilizzo di strumenti opportuni, come il tornio o gli stampi. Il tornio è usato soprattutto per la produzione di vasellame e per manufatti simmetrici rispetto all'asse di rotazione. È formato da un supporto girevole la cui velocità viene stabilita tramite un pedale o tramite motorino. La modellazione a stampo prevede invece la preparazione di uno stampo in gesso che replica, in negativo, l'oggetto da produrre. All'interno dello stampo viene colata l'argilla liquida; il gesso assorbe l'acqua in eccesso del colaggio e fa sì che aumenti lo spessore dell'oggetto. Quando lo spessore raggiunge il valore desiderato, il liquido in eccesso viene evacuato dallo stampo e si attende l'asciugatura definitiva del manufatto, che può essere quindi estratto dallo stampo e rifinito a mano. La formatura a stampo può essere eseguita anche a partire da lastre di argilla, alle quali viene applicata una pressione omogenea utile a ricoprire uniformemente tutta la superficie dello stampo, oppure tramite il processo a pressatura, che prevede l'utilizzo di argilla più dura e di due semistampi montati su una pressa, la quale provvede a dare forma all'argilla posta nel vuoto lasciato tra i due semistampi. Una volta ottenuto il manufatto, è necessario attendere l'essiccazione, che viene effettuata in aria con estrema attenzione. L'essiccazione ha lo scopo di eliminare l'acqua contenuta nel manufatto per ridurre al minimo la plasticità dell'oggetto, fissando quindi la forma voluta. Quest'operazione va svolta con estrema cura onde evitare di generare deformazioni indesiderate. All'essicazione segue la fase di *cottura*, che viene condotta a temperature variabili in base al tipo di materiale, da cuocere in forni in grado di raggiungere temperature fino ai 1500°C. Il processo ha una durata piuttosto lunga, in quanto è necessario tenere sotto stretto controllo le velocità di aumento e diminuzione della temperatura; inoltre, bisogna assicurarsi che le fasi previste abbiano tutte la durata prestabilita, onde evitare di generare shock termici all'interno dei prodotti. Il processo di cottura è costituito da una serie di fasi che corrispondono a determinate trasformazioni del materiale: fino ai 200°C viene eliminata l'acqua igroscopica rimasta ancora nell'impasto; dai 200°C ai 350°C vengono bruciate tutte le sostanze organiche e viene liberata l'acqua combinata chimicamente; da 450°C a 850°C viene liberata l'acqua reticolare che si forma dalla decomposizione dei minerali delle argille; a 850°C avviene la decarbonatazione (decomposizione dei carbonati) e l'ossidazione dei solfuri; tra 1100°C e 1200°C si ottiene la vetrificazione. Ultimata la cottura, la produzione termina con i processi di rivestimento, tramite applicazione di smalto (finiture opache) o vetrina (finiture trasparenti), decorazione ed eventuale cottura del rivestimento.

10 Le fibre tessili costituiscono la materia prima della catena tessile e possono essere di origine naturale o artificiale. Il loro impiego ha origini antichissime e si è sviluppato presso civiltà molto diverse e lontane tra loro. S'illustrino le più importanti fibre naturali, descrivendone qualità e principali ambiti d'impiego

Punti chiave

- Cotone.
- Lino.
- Canapa.
- Juta.

Svolgimento

Le fibre naturali di origine vegetale, la cui componente essenziale è la cellulosa, sono state le prime ad essere utilizzate dall'uomo per produrre filati: le più importanti sono il cotone, il lino, la canapa e la juta. Il *cotone* è la fibra naturale più diffusa e utilizzata, è costituita da lunghi polimeri di cellulosa dello stesso tipo di quelli che si trovano nella polpa di legno o nel rayon, ma più lunghi e con un più alto grado di cristallinità. La lunghezza della fibra varia da 10 a 60 mm e rappresenta una delle proprietà più importanti, poiché da essa dipende la grossezza (titolo) del filato ottenibile (quanto maggiore è la lunghezza delle fibre, tanto più sottile e pregiato è il filato che si può ottenere). Anche la finezza è un carattere molto importante, perché da essa dipende il numero di fibre contenute nella sezione di un filato e, conseguentemente, la resistenza del filato stesso. La finezza, insieme al grado di maturazione della fibra, determina la tenacità, che risulta massima per i cotoni grossi e minima per i fini. Il grado di maturazione e l'umidità interna incidono anche sull'elasticità della fibra di cotone, che presenta generalmente allungamenti a rottura piuttosto bassi, dell'ordine del 3-7%. Essendo una fibra di origine vegetale, il cotone è molto resistente alla bollitura e alla stiratura (resta inalterato fino a 100°C), ha un alto potere di assorbimento dell'umidità, è un buon conduttore e favorisce la dispersione del calore corporeo.

Il lino è costituito in massima parte da una cellulosa più lignificata rispetto a quella del cotone e viene coltivato in tutta Europa, Africa settentrionale, India, America settentrionale e meridionale. Rappresenta la più resistente delle fibre vegetali ed è dotato di una tenacità che aumenta con l'umidità e un allungamento a rottura del 2-3%. Essendo poco elastico, dà luogo a tessuti che si sgualciscono facilmente e richiedono una stiratura per riprendere la piega. Possiede un'ottima conducibilità termica, perciò è adatto alla confezione di indumenti estivi. Anche per il lino sono elementi importanti la lunghezza, la finezza e il colore. Più la fibra è lunga, sottile e chiara e più è pregiata.

La canapa è la fibra tessile estratta mediante macerazione dalla pianta omonima (Cannabis sativa) e, come il lino, può essere classificata in base alla provenienza: fra le migliori ci sono la canapa cinese, russa ed egiziana. Con le fibre di canapa si possono ottenere filati meno sottili di quelli del lino, ma di ottima resistenza e adatti a un elevato numero di applicazioni. È una fibra poco elastica e piuttosto rigida, che produce tessuti facilmente sgualcibili. Ha una buona conducibilità termica, assorbe e trattiene molta umidità. Può essere sottoposta anche a speciali trattamenti chimici allo scopo di ottenere fibre corte e sottili simili a quelle del cotone e lavorabili con le stesse macchine usate per quest'ultimo. Tale processo è detto cotonizzazione della canapa.

La juta è una fibra tessile simile alla canapa, prodotta da una pianta (Corchorus) che appartiene alla famiglia delle Tiliacee, coltivata in India, in Cina e un po' in America. Quella indiana è la più pregiata. La juta assorbe moltissimo l'umidità, quindi bisogna fare attenzione a che non si alteri e divenga troppo fragile. Le qualità superiori della juta vengono adoperate per filati fini da usarsi, misti a quelli del cotone, nella lavorazione di tappeti, coperte e, solo parzialmente, nella produzione di tessuti per abbigliamento. Le qualità inferiori sono impiegate invece per tele da imballaggio e cordami.

11 Il candidato descriva i principali processi di trasformazione dei polimeri termoplastici che consentono la produzione di manufatti di varia forma e destinati a diverse applicazioni

Punti chiave

- Estrusione.
- Stampaggio a iniezione e per soffiatura.
- Calandratura.
- Termoformatura.

Svolgimento

I polimeri termoplastici rispondono ad un aumento di temperatura con una diminuzione di viscosità e quindi con una maggiore fluidità, il che permette di modellarli ripetutamente attraverso processi di riscaldamento adeguato. I principali processi di trasformazione di questi materiali sono: l'estrusione, lo stampaggio a iniezione e per soffiatura, la calandratura e la termoformatura.
L'estrusione è un processo continuo che consente di produrre semilavorati o prodotti finiti. Consiste nel riscaldare il materiale per portarlo allo stato fluido e costringerlo, tramite l'utilizzo di una vite senza fine, a passare attraverso una filiera sagomata (testa di estrusione), che provvede a determinarne la forma. Il polimero è quindi rapidamente raffreddato e fuoriesce dall'estrusore già rigido. Al fine di ottenere dei buoni risultati dall'estrusione, è necessario utilizzare viti di estrusione dalla geometria ben definita. In funzione del tipo di polimero da lavorare vengono stabiliti i parametri geometrici della vite, quali il diametro, il passo, la profondità, l'inclinazione e la sezione dei filetti. Per estrusione si ot-

tengono: fili, cavi elettrici, fogli, tubi, profilati. Lo stampaggio a iniezione è un processo discontinuo che consiste nell'iniettare, sotto forte pressione, in uno stampo dalla forma desiderata il materiale opportunamente riscaldato e plastificato in un estrusore o in un cilindro di plastificazione. Lo stampo viene raffreddato per favorire l'indurimento del pezzo prodotto. Una volta irrigidito, il pezzo viene espulso dallo stampo. Tale processo presenta numerosi vantaggi, come l'elevata produttività, la buona qualità estetica delle superfici, l'assenza di sfridi di lavorazione, tolleranze dimensionali contenute. Lo stampaggio per soffiatura è un processo a più stadi che consiste nello stampaggio a iniezione di una preforma, ottenuta per stampaggio ad iniezione o per estrusione, e nella soffiatura successiva all'interno di uno stampo, con aria compressa. Le preforme tubolari vengono riscaldate, inserite nello stampo e quindi investite internamente da aria ad alta pressione che le schiaccia contro lo stampo di cui assumono la forma. Con tale sistema è possibile ottenere, ad esempio, le bottiglie di plastica. La calandratura è un processo utile a produrre laminati di materiale polimerico di vario spessore e larghezza. I laminati sono ottenuti in modo continuo, mediante schiacciamento, a partire da polimeri mescolati con gli opportuni additivi, come coloranti stabilizzanti o cariche. I polimeri sono opportunamente riscaldati e, una volta ottenuto il rammollimento, vengono schiacciati in modo continuo attraverso i cilindri rotanti della calandra. Quest'ultima è costituita da tre o quattro cilindri sovrapposti, disposti in linea, che si muovono in modo da far avanzare il materiale e che sono opportunamente riscaldati, se si trovano in una posizione della calandra dove è necessario completare il rammollimento del polimero, oppure raffreddati, se si trovano in una posizione della calandra dove è necessario mantenere lo spessore del laminato che si sta producendo. Il processo è in grado di produrre laminati dello spessore anche di pochi decimi di millimetro. La termoformatura è un processo discontinuo nel quale un foglio rigido di materiale termoplastico viene fissato su un supporto, riscaldato con lampade infrarosse e poi formato su uno stampo con un punzone, o mediante pressione e aspirazione di aria, o combinando i due metodi. Il pezzo formato viene quindi tranciato dalla cornice.

12 La formatura, cioè l'attività di approntamento della forma, rappresenta una delle tecniche produttive più diffuse nell'industria manifatturiera, in continua evoluzione. S'illustrino le principali caratteristiche del sistema di formatura meccanica

Punti chiave

- Descrizione dei processi di fonderia.
- Formatura manuale.
- Formatura automatica.

Svolgimento

I processi di fonderia permettono di ottenere pezzi portando a fusione i materiali metallici in speciali forni e colandoli successivamente in apposite forme, dove vengono lasciati raffreddare e solidificare. I prodotti che si possono ottenere sono lingotti, ovvero blocchi di metallo destinati a lavorazioni successive, barre per colata continua o pezzi di forma complessa (getti). A seconda della tipologia di forma utilizzata, è possibile distinguere i processi a forma transitoria da quelli a forma permanente. Nei primi la forma viene distrutta al termine della produzione del singolo pezzo, mentre nei secondi la forma può essere utilizzata per produrre un numero elevato di pezzi. Uno dei più diffusi sistemi di formatura è di tipo meccanico: la forma si ottiene raccogliendo la terra nella staffa, cioè in un apposito telaio in ferro, ghisa o acciaio, nella quale viene introdotto il modello. La formatura meccanica, detta anche "formatura a verde", si esegue tramite apposite macchine formatrici, che scuotono e comprimono la terra intorno al modello; qualora queste siano azionate manualmente, la staffa si riempie in parte per caduta della tramoggia di carico e in parte per deposizione manuale. Gli addetti alla formatura meccanica con macchine ad azionamento manuale pongono le staffe vuote sul piano della macchina, controllano la caduta di terra dai silos nella staffa e, in seguito all'azione della macchina formatrice, si accertano che la terra si sia adeguatamente costipata intorno al modello. Per ogni getto che s'intende produrre è necessario realizzare due metà forme che, una volta chiuse manualmente tramite grappe, vengono a formare il contenitore nel quale verrà colata la lega metallica fusa. Invece, nel caso in cui l'operazione sia eseguita con un impianto automatico, la macchina formatrice è collegata a un sistema di scorrimento automatico delle staffe che hanno dimensioni standard, a prescindere dall'entità dei getti: ecco perché la formatura automatica a verde si utilizza per la produzione in serie di getti di piccole o medie dimensioni. In impianti di questo genere la macchina formatrice è dotata di sistemi automatici di ribaltamento e chiusura delle staffe, le quali, una volta pronte, avanzeranno in maniera automatica fino alla zona in cui avverrà la colata e, dopo il raffreddamento, fino alla "distaffatura" (operazione con cui un getto di metallo viene liberato dalle staffe). Gli addetti alla formatura automatica sostituiscono i modelli quando si avvia la formatura per una nuova tipologia di getto, programmano le frese robotizzate che effettuano nelle forme i fori di colata e di sfiato dei gas e, a impianto fermo, compiono le operazioni di ramolaggio (accoppiamento a perfetta tenuta delle due staffe contenenti ciascuna metà del modello). Sia per la formatura manuale che per quella automatica, sui modelli viene generalmente applicato un preparato che ha la funzione di facilitare il distacco degli stessi dalla forma: gli addetti lo applicano manualmente con una tecnica a spruzzo o a pennello, ripetendo l'operazione dopo un certo numero di cicli di formatura.

13 Si definiscono compositi quei materiali, di solito non presenti in natura, che derivano da una combinazione di almeno due materiali differenti tra loro per composizione chimica e per forma. Il candidato ne descriva le principali proprietà e i vantaggi nei diversi settori industriali

Punti chiave

- Matrice e rinforzo.
- Compositi rinforzati con fibre.
- Anisotropia.
- Applicazioni dei compositi.

Svolgimento

I materiali compositi sono ottenuti combinando tra loro materiali di classi diverse: la combinazione così ottenuta vanterà proprietà chimico-fisiche nuove o migliorate rispetto a quelle dei componenti. I singoli materiali che costituiscono il composito vengono detti costituenti e possono svolgere la funzione di matrice o di rinforzo. La matrice è la fase continua e omogenea del materiale composito, ne garantisce la coesione e assicura che il rinforzo sia disperso nel composito in maniera omogenea. I materiali compositi possono essere suddivisi in varie categorie a seconda della natura della matrice. Avremo, pertanto: compositi a matrice polimerica, metallica e ceramica. Il rinforzo è la fase discontinua del materiale composito, viene generalmente disperso all'interno della matrice con varie modalità e assicura la resistenza meccanica del composito. In generale si può affermare che le proprietà meccaniche del composito sono intermedie tra quelle della matrice e quelle del rinforzo. Una condizione indispensabile per garantire il mantenimento delle proprietà del composito è che l'adesione tra matrice e rinforzo sia sufficientemente forte per trasmettere gli sforzi, o le deformazioni, da una fase all'altra. Se questo non avviene, c'è il rischio che le proprietà meccaniche del composito risultino inferiori a quelle dei costituenti e che, quindi, il materiale, sottoposto a sforzi o deformazioni, tenda a rompersi proprio all'interfaccia tra le fasi. A seconda della natura di matrice e rinforzo, è opportuno ottimizzare le forze all'interfaccia delle fasi. I compositi rinforzati con fibre presentano una fase dispersa costituita da particelle con una dimensione maggiore rispetto alle altre, dette appunto fibre. Le fibre disperse possono essere lunghe o continue, corte o discontinue, orientate oppure discontinue senza orientamento. La loro presenza fa sì che questi materiali presentino una fortissima anisotropia (proprietà secondo cui il valore di una grandezza fisica o le modalità di un fenomeno dipendono dalla direzione che si considera), riscontrabile in maniera di gran lunga inferiore nei compositi a rinforzo particellare. Ciò vuol dire che avranno un comportamento meccanico diverso a seconda della direzione di applicazione del carico. L'anisotropia è una caratteristica spesso ricercata, in quanto consente di rinforzare il materiale proprio nelle direzioni in cui dovrà sopportare i carichi una volta in esercizio, ottimizzando così le prestazioni. La natura delle fibre utilizzate come rinforzo può variare a seconda delle proprietà che si vogliono impartire al materiale. Vengono utilizzate, ad esempio, fibre di vetro, di carbonio, fibre ceramiche o aramidiche come il kevlar. L'impiego di nuove fibre di rinforzo e di matrici con migliorate caratteristiche meccaniche e ambientali ha ampliato il campo di applicazione dei materiali compositi che oggi sono impiegati in quasi tutti i settori industriali (aerospaziale e aeronautico, difesa e biomeccanica). Grazie alla versatilità e alle eccellenti caratteristiche per impieghi strutturali, le applicazioni di tali materiali sono destinate a crescere notevolmente nei prossimi decenni, soprattutto per la loro capacità di ottenere prodotti con struttura e proprietà controllate su scala microscopica. Tra i principali vantaggi dei materiali compositi ritroviamo: leggerezza, resistenza, rigidezza, buon comportamento alla fatica, possibilità di progettare il materiale secondo il proprio bisogno, riduzione dei costi di fabbricazione, riduzione del peso e dei costi dei giunti.

14 Le materie plastiche sono ormai parte integrante della nostra vita quotidiana: il loro uso sempre più diffuso è dovuto al fatto che possono deformarsi senza rompersi e che possono essere facilmente riutilizzate. Il candidato ne descriva le principali tipologie e i relativi vantaggi

Punti chiave

- Caratteristiche principali.
- Polimeri termoplastici.
- Polimeri termoindurenti.
- Elastomeri.

Svolgimento

Si definiscono materie plastiche quei materiali artificiali derivanti da prodotti petrolchimici che presentano una particolare struttura macromolecolare e che, al verificarsi di determinate condizioni di pressione e temperatura, subiscono alterazioni permanenti della loro forma. I vantaggi della plastica rispetto agli altri materiali sono l'estrema facilità di lavorazione, l'economicità, la leggerezza, l'isolamento acustico, termico, elettrico e meccanico, la resistenza alla corrosione, alla trazione e agli agenti atmosferici, l'idrorepellenza e l'inattaccabilità da parte di muffe, funghi e batteri. Tutte queste caratteristiche hanno contribuito alla sua enorme diffusione nei più svariati ambiti (edilizia, imballaggi, trasporti, settore elettrico ed elettronico, articoli medicali e sanitari, sport, tempo libero, agricoltura, design). Le materie plastiche comprendono: polimeri termoplastici, polimeri termoindurenti ed elastomeri.

I polimeri termoplastici sono materiali caratterizzati da una struttura molecolare aperta, con basso grado di reticolazione. Rammolliscono sotto l'azione del calore, ossia acquisiscono una malleabilità che ne permette la modellazione per formare prodotti finiti e successivamente tornano a riacquistare rigidità: teoricamente questo processo di riscaldamento, modellazione e raffreddamento potrebbe essere ripetuto diverse volte, ma in realtà tale possibilità dipende dalla qualità della materia prima trattata.
I polimeri termoindurenti sono quei materiali che, ad opportune condizioni di temperatura e/o in presenza di determinate sostanze, si trasformano in materiali rigidi, insolubili e infusibili. Essi reagiscono al calore dapprima rammollendo e poi tornando a indurirsi, grazie a un processo di reticolazione tridimensionale. Alcuni polimeri termoindurenti vengono reticolati per mezzo del solo calore oppure attraverso combinazioni di pressione e calore, mentre altri possono essere reticolati attraverso reazioni chimiche a temperatura ambiente (reticolazione a freddo). Tali materiali sono difficilmente riciclabili, in quanto i nuovi legami formatisi a seguito delle operazioni di reticolazione sono definitivi: in pratica possono essere modellati una sola volta, in quanto se nuovamente sottoposti a riscaldamento, si decompongono carbonizzandosi.
Gli elastomeri sono polimeri sintetici o naturali, dotati di una tale elasticità che permette loro un allungamento sotto sforzo da 1 a 10 volte: ciò è possibile grazie alla caratteristica struttura molecolare, composta da reticoli a maglie larghe che, anche se vengono tese, appena la forza smette di agire sul polimero, ritornano allo stato iniziale. In relazione al loro modo di produzione possono rientrare nel gruppo dei termoindurenti o dei termoplastici: i primi subiscono la saldatura delle catene mediante la vulcanizzazione (quindi non si possono più fondere dopo la formatura), i secondi sono prodotti per stampaggio e per estrusione e possono essere fusi ancora dopo la lavorazione. Gli elastomeri sono principalmente utilizzati nella produzione di pneumatici, calzature, adesivi, tubi, cavi elettrici, guarnizioni per automobili, elettrodomestici, additivi per oli lubrificanti.

15 L'assemblaggio consiste nel collegare singoli elementi tra loro in diversi modi a seconda della funzione che essi devono svolgere. Una delle principali tecniche di assemblaggio è quella dei collegamenti fissi, che si effettuano generalmente tramite saldature, chiodature e incollaggi. Il candidato si soffermi in particolar modo sui processi di saldatura, descrivendone le principali tipologie e i vari usi

Punti chiave

- Descrizione del processo.
- Saldatura a gas.
- Saldatura ad arco elettrico.
- Saldatura per pressione.
- Saldobrasatura e brasatura.

Svolgimento

La saldatura è un processo di unione permanente di due componenti, realizzato utilizzando la pressione e/o il calore. Il metallo che forma le parti da unire prende il nome di metallo base, mentre quello che eventualmente va interposto tra le due parti per realizzare l'unione prende il nome di metallo d'apporto. Quando la saldatura viene eseguita portando a fusione il metallo base si definisce autogena, mentre quando si effettua tra parti di metallo differente si chiama eterogena. Un'ulteriore classificazione delle saldature può essere effettuata in base alla tecnologia utilizzata per produrre il calore necessario a portare a fusione il materiale. Tra le principali tipologie di saldatura, citiamo in particolare quel-

la a gas, che viene eseguita utilizzando come sorgente di calore la fiamma ottenuta dalla combustione di un gas all'uscita di un cannello. Il gas impiegato deve possedere un'alta temperatura di fiamma e una bassa reattività con i metalli utilizzati nella saldatura. Per tali motivi, il gas più adatto per questo tipo di lavorazioni è l'acetilene: la fiamma prodotta dalla sua combustione può raggiungere la temperatura di 3200°C e può essere regolata tramite l'utilizzo di due valvole presenti sul cannello che servono a modificare i flussi di ossigeno e acetilene. La saldatura a gas è generalmente autogena ed è adatta a spessori sottili, oltre che essere facilmente controllabile.
Esiste, poi, la saldatura ad arco elettrico, dove il calore necessario per la fusione dei metalli è generato da un arco elettrico che si crea tra un elettrodo metallico fusibile, che costituisce in genere il materiale d'apporto, e il metallo base. Con questo tipo di saldatura è possibile raggiungere temperature più elevate (intorno ai 5000°C) e nello scambio termico viene coinvolta una superficie decisamente più bassa. Una volta innescato l'arco, portando l'elettrodo a contatto con il pezzo per un brevissimo tempo, sia il metallo base che il metallo d'apporto vengono portati a fusione. Questo tipo di saldatura è adatto per spessori abbastanza elevati e, anche grazie a un costo dell'attrezzatura piuttosto limitato, è il processo più versatile e diffuso. A eccezione dell'alluminio, sono saldabili ad arco tutti i materiali metallici ferrosi e non ferrosi.
La saldatura per pressione si ottiene portando i lembi da saldare a temperature di poco inferiori a quella di fusione e quindi pressandoli tra loro. La pressione viene mantenuta durante il raffreddamento del giunto in modo che la ricristallizzazione del materiale avvenga come se si trattasse di un unico materiale. I due principali sistemi di saldatura per pressione sono la saldatura elettrica a resistenza e la saldatura di testa per scintillio. La prima prevede il riscaldamento dei materiali da saldare facendoli attraversare da una corrente elettrica per sfruttare l'effetto Joule; la seconda, che viene utilizzata per saldare in testa due barre, consente di ottenere il riscaldamento grazie al passaggio di corrente, generato mediante l'applicazione di elettrodi a pinza alle barre.
Infine, vi sono la saldobrasatura e la brasatura, processi di saldatura eterogenea che prevedono l'utilizzo di un metallo d'apporto

diverso dal metallo base. La saldobrasatura viene in genere impiegata per saldare acciai a basso tenore di carbonio, bronzi e ghisa. Le superfici a contatto, dopo essere state ripulite, vengono riscaldate fino alla temperatura di fusione del materiale di apporto che va a bagnare le superfici del giunto. La brasatura, nota anche come saldatura a stagno, viene eseguita interponendo il materiale d'apporto tra le due superfici da saldare. Si differenzia dalla saldobrasatura per il fatto che non presenta alcuna preparazione delle superfici perché il metallo base non viene riscaldato.

Parte Sesta
Scienze alimentari

1 La storia dell'alimentazione intesa come soddisfacimento del bisogno primario di cibarsi s'intreccia inevitabilmente con la storia dell'evoluzione umana. Il candidato si soffermi sul ruolo chiave degli alimenti nello svolgimento delle funzioni vitali dell'organismo

Punti chiave

- Evoluzione e alimentazione.
- L'importanza di una corretta alimentazione.
- Le principali funzioni degli alimenti.
- I nutrienti.

Svolgimento

Col passare dei secoli si è passati dal consumo di pochi alimenti provenienti da attività quali la caccia, la pesca e la raccolta dei frutti, a un'alimentazione più complessa. Tale passaggio è coinciso con la scoperta del fuoco che ha consentito la cottura dei cibi migliorandone il gusto. Gli inarrestabili progressi scientifici e le innovazioni tecnologiche hanno permesso di perfezionare le tecniche di produzione, trasformazione e conservazione degli alimenti, a beneficio della salute umana.

Il nostro organismo, per svolgere le sue funzioni vitali, e quindi per crescere, mantenersi e riprodursi, ha bisogno di sostanze chimiche ed energia che ricava dagli alimenti: si può affermare, pertanto, che "noi siamo quello che mangiamo".

Gli alimenti introdotti attraverso la dieta vengono assimilati grazie all'apparato digerente e si trasformano in costituenti fondamentali di cellule e tessuti; l'educazione alimentare, quindi, deve partire proprio dalla conoscenza delle principali funzioni svolte dagli alimenti. La prima è quella energetica, che consiste nel fornire appunto l'energia necessaria al mantenimento della temperatura corporea e al compimento delle diverse attività fisiche e mentali. Un'altra funzione importante è quella plastica che se mal supportata può provocare debolezza e indebolimento del sistema immunitario: gli alimenti, infatti, forniscono il materiale per nutrire le cellule e far crescere l'organismo, per mantenerlo e riparare le perdite cellulari durante l'età adulta.

Altre funzioni essenziali sono: quella regolatrice, che consiste nell'apportare elementi indispensabili alle trasformazioni chimiche che avvengono nell'organismo e che sono fondamentali per la vita; quella protettiva, per la quale vengono fornite sostanze che servono a proteggere l'organismo da eventuali infezioni e consentono di sviluppare una certa resistenza contro di esse; di riserva, che consiste nel predisporre l'accumulo di una certa quantità di materia di riserva da utilizzare all'occorrenza.

Per poter seguire un sano ed equilibrato regime alimentare, occorre conoscere da un lato il tipo e la quantità di sostanze necessarie all'organismo nelle diverse situazioni e condizioni fisiologiche e dall'altro il tipo e la quantità di sostanze presenti negli alimenti nonché gli apporti nutritivi che si realizzano con il loro consumo. Pertanto, allo scopo di effettuare le scelte alimentari più adeguate, è importante studiare le componenti strutturali e funzionali dell'organismo, per determinarne il giusto fabbisogno energetico, e gli aspetti relativi alla composizione degli alimenti e al loro apporto nutritivo.

Tutti gli alimenti sono costituiti da sostanze appartenenti a determinati gruppi di composti chimici, che prendono il nome di principi alimentari o nutrienti. Essi sono di origine organica, cioè appartenenti al mondo vegetale o animale (glucidi, lipidi, proteine, vitamine), e inorganica, ossia provenienti dal mondo minerale (sali minerali e acqua). Sono importanti anche le fibre alimentari, parti di vegetali non assimilabili dal nostro organismo, ma utili soprattutto per una corretta digestione. I lipidi e i carboidrati svolgono una funzione energetica, ossia liberano energia, i primi in maniera più lenta dei secondi. Alimenti prevalentemente energetici sono i cereali, lo zucchero, i grassi animali e gli oli vegetali. Le proteine e alcuni sali minerali, come il calcio, sono preposti alla funzione plastica, in quanto rigenerano cellule e tessuti, favorendo la crescita dell'organismo. Alimenti plastici sono il latte e i suoi derivati, la carne, il pesce, le uova. Infine le vitamine, l'acqua e i sali minerali contenuti nella frutta e nella verdura svolgono la funzione regolatrice e quella protettiva, sono cioè elementi che regolano la funzionalità degli organi.

2 Il fabbisogno energetico, ossia la quantità di energia necessaria a mantenere a lungo un buono stato di salute, varia da un individuo all'altro e dipende da una serie di fattori. Il candidato ne individui i principali e si soffermi sul concetto di razione alimentare

Punti chiave

- Fabbisogno energetico giornaliero.
- Fonti di energia.
- Razione alimentare.

Svolgimento

Quando avvertiamo lo stimolo della fame, vuol dire che le riserve energetiche del nostro organismo stanno per esaurirsi; infatti, nella fase della digestione il cibo rilascia energia sotto forma di calore, la quale viene impiegata per mantenere costante la temperatura corporea e assicurare lo svolgimento delle funzioni vitali, come la respirazione, la circolazione, e così via. Questo consumo energetico minimo, che prende il nome di metabolismo basale, corrisponde a quello di una persona in stato di digiuno e di assoluto riposo. Per calcolare il fabbisogno calorico giornaliero, cioè la quantità di calorie di cui una persona ha bisogno quotidianamente per vivere, si parte da tale valore minimo e si aggiungono le calorie necessarie per svolgere le attività di tutti i giorni. Il valore esatto del fabbisogno energetico giornaliero dipende da diversi fattori: lo stile di vita (chi conduce una vita sedentaria necessita di una quantità minore di calorie rispetto a chi compie un'attività fisica intensa o un

lavoro pesante); l'età (il fabbisogno calorico è minimo nei neonati, aumenta durante l'infanzia e l'adolescenza e poi diminuisce man mano con l'avanzare dell'età); il sesso; il clima.
L'organismo può ricavare energia dall'utilizzazione di composti già presenti nelle cellule dell'organismo stesso (fonte endogena) e da composti presenti negli alimenti (fonte esogena). Questi ultimi, una volta digeriti, entrano nel sistema circolatorio e si mescolano con composti analoghi derivanti dai tessuti dell'organismo, costituendo un unico pool metabolico dal quale l'organismo ricava l'energia e le sostanze nutritive necessarie allo svolgimento dei suoi processi vitali. È ovvio che se mancassero le fonti esogene alimentari, quelle endogene andrebbero incontro al depauperamento e, infine, ad esaurimento: la funzione fondamentale degli alimenti è quella di rifornire continuamente il pool metabolico. Quotidianamente, quindi, bisognerebbe assumere, attraverso il cibo, una quantità di energia pari a quella che si consuma nel corso dell'intera giornata.
Alla quantità di nutrienti introdotti nell'organismo ogni giorno si dà il nome di razione alimentare. Esistono due concetti di razione: qualitativo (viene considerata la qualità degli alimenti che compongono un pasto o una serie di pasti) e quantitativo (viene considerata la quantità assoluta e relativa di ciascun pasto). La razione alimentare dovrà dunque variare con l'età e con le diverse condizioni di vita. In realtà è sempre bene che la razione non sia unilaterale nella sua composizione, ma mista, perché l'organismo ha bisogno di tutti i costituenti, e il mancato apporto dell'uno o dell'altro reca con sé notevoli inconvenienti. L'alimentazione può definirsi completa quando comprende proteine, carboidrati e lipidi, a cui si aggiungono acqua, sali minerali e vitamine; solo se costituita da tutti questi elementi, garantirà un equilibrato apporto calorico dei principi nutritivi.

3 Le proteine sono elementi che non possono assolutamente mancare nella dieta quotidiana, perché svolgono un ruolo essenziale per il nostro organismo, soprattutto in fase di crescita. Il candidato descriva le principali funzioni di questi macronutrienti, soffermandosi anche sugli eventuali rischi per la salute derivanti da una dieta iperproteica

Punti chiave

- Composizione delle proteine.
- Funzioni delle proteine.
- Effetti collaterali di una dieta iperproteica.

Svolgimento

Le proteine sono nutrienti essenziali per la crescita, in quanto partecipano alla struttura, al buon funzionamento e alla riparazione di tutte le cellule viventi. I loro elementi costitutivi sono gli amminoacidi che si uniscono tra loro mediante il legame peptidico, dando vita a lunghi polimeri lineari chiamati catene polipeptidiche. Nove di questi amminoacidi (in tutto sono venti) vengono definiti essenziali, nel senso che non sono sintetizzabili da parte dell'organismo, pertanto devono essere necessariamente introdotti con la dieta. Le proteine che contengono tutti gli amminoacidi essenziali sono dette "proteine nobili". Le fonti alimentari in cui si trovano principalmente sono formaggi, uova, carne, pesce, cereali, legumi e soia.
Le più importanti funzioni delle proteine sono le seguenti: plastico-strutturale, che è fondamentale perché le proteine sono i costituenti principali delle cellule, formano nuovi tessuti e riparano

quelli preesistenti (esempi di proteine strutturali sono l'elastina, il collagene, l'actina e la miosina); regolatrice, ossia regolano il metabolismo corporeo – agendo spesso come biocatalizzatori e accelerandone le reazioni chimiche – ed entrano nella formazione di emoglobina, ormoni (come l'insulina e il glucagone), enzimi e succhi digestivi; di difesa, in quanto creano gli anticorpi, proteine altamente specifiche nella difesa contro le infezioni microbiche, formano sostanze come il fibrinogeno e la trombina che contribuiscono alla creazione di coaguli nel sangue per fermare le emorragie. Ulteriori funzioni delle proteine sono: omeostatica, cioè fungono da ammortizzatori che mantengono in vari modi il pH interno e l'equilibrio osmotico; contrattile, come accade per la miosina e l'actina, che permettono la contrazione dei muscoli costituendo le miofibrille responsabili della stessa; di trasporto, a cui sono preposte l'emoglobina e la mioglobina che portano l'ossigeno nel sangue e nei muscoli; energetica, in quanto possono apportare fino a 4 kilocalorie di energia per grammo, dal momento che gli amminoacidi introdotti in eccesso vengono avviati o verso processi metabolici che consentono la produzione di energia o verso la trasformazione in altri composti che servono alla sintesi di nuove molecole.

Sebbene le proteine siano dei nutrienti assolutamente indispensabili per il nostro organismo, l'apporto calorico giornaliero assunto attraverso di esse non deve superare il 15%; recentemente, vengono prescritte molte diete iperproteiche, allo scopo di eliminare parte della quota giornaliera di carboidrati e lipidi. Se da un lato questo metodo consente di perdere peso nell'immediato, grazie all'eliminazione di acqua e glicogeno, dall'altro si corre il rischio che i muscoli, privati di quest'ultimo, possano iniziare un processo di autodigestione per ottenere l'energia necessaria, con conseguente riduzione della massa magra e quindi del metabolismo basale. L'organismo non è in grado di immagazzinare le proteine in eccesso, per cui una parte di queste viene convertita in grasso e l'altra viene immediatamente distrutta ed eliminata sotto forma di urea. In tal modo si rischiano gravi conseguenze per la salute, come: sovraccarico renale, disidratazione extracellulare, affaticamento epatico, aumento del colesterolo, arteriosclerosi, accresciuta probabilità di incorrere in età adulta nell'obesità, ipertensione, calcolosi urinaria, gotta, tumori e osteoporosi. Inoltre, si verifica un'alterazione della microflora intestinale, il cui corretto sviluppo è indispensabile per il sistema immunitario ed è strettamente connesso all'introduzione di carboidrati, fibre, vitamine e sali minerali, tutti nutrienti carenti nelle diete iperproteiche.

4 Lo iodio è un elemento molto importante per la sintesi degli ormoni tiroidei e quindi per la regolazione del metabolismo corporeo. Si descrivano le conseguenze della carenza di questo nutriente nell'alimentazione quotidiana, con particolare riferimento alla formazione del gozzo

Punti chiave

- Proprietà dello iodio.
- Meccanismi omeostatici causati da carenza di iodio.
- Caratteristiche del gozzo.

Svolgimento

Lo iodio è un micronutriente essenziale per la produzione degli ormoni tiroidei, pertanto una persona adulta deve assumerne quotidianamente una certa quantità, stimabile intorno a 150 microgrammi. È contenuto principalmente nel pesce, ma si trova anche nelle verdure, nei cereali, nei legumi, nelle uova, nel latte e derivati. Si può assumere anche sostituendo al normale sale da cucina il sale iodato, di cui bastano 5 grammi per coprire il fabbisogno giornaliero, necessario ad assicurare il corretto funzionamento della ghiandola tiroidea. Quest'ultima, infatti, produce due ormoni – la tiroxina (T3) e la triiodotironina (T4) – che contengono iodio nella loro struttura chimica e che regolano numerosi processi metabolici, svolgendo un ruolo importantissimo nelle prime fasi della crescita e nello sviluppo di diversi organi, come il cervello.

La carenza di iodio innesca almeno due meccanismi omeostatici. Il primo è un aumento della sintesi dell'ormone T3 (biologicamente più attiva) a scapito di quella di T4. Infatti, proprio perché lo iodio captato non è sufficiente per iodare completamente i residui di tirosina, si forma una maggiore quantità di MIT (3-monoiodotirosina) piuttosto che di DIT (3,5-diiodotirosina), per cui la sintesi di T3 è relativamente maggiore rispetto a quella di T4. L'ormone T3 si trova anche nei siti dove normalmente si forma il T4 ed il rapporto T4/T3 nella tiroide passa da 4:1 a 1:3. Il secondo meccanismo omeostatico è l'aumento della sintesi dell'ormone tireotropo TSH. Infatti, la sintesi di ormoni tiroidei è controllata con un classico meccanismo a feedback negativo dal TSH ipofisario. Una riduzione dei livelli di T3 e di T4 determina un aumento della secrezione di TSH che a sua volta incrementa la captazione dello ioduro, l'attività della perossidasi, il riassorbimento della colloide, ma ha anche funzioni trofiche (aumento dell'altezza delle cellule epiteliali, aumento della vascolarizzazione e del peso della ghiandola), per cui un incremento della sua secrezione determina un ingrossamento della tiroide (gozzo). Questo fenomeno rappresenta inizialmente un adattamento della ghiandola, che diventa più attiva nel tentativo di produrre quantità di ormoni adeguate alle esigenze dell'organismo; se quest'adattamento ha successo e la carenza di iodio non è molto grave, le conseguenze non saranno rilevanti. In tal caso, infatti, l'aumento della secrezione di TSH riesce a mantenere una normale sintesi di T3 e T4, portando al cosiddetto "gozzo eutiroideo", che si manifesta prevalentemente nella pubertà, in gravidanza e in menopausa. La funzionalità della tiroide resta, dunque, inalterata, nonostante l'aumento di volume della ghiandola, e non vi è alcuna associazione con processi flogistici o neoplastici. Al contrario, se la sintesi di ormoni tiroidei è insufficiente nonostante l'ipersecrezione di TSH, si parla di gozzo ipotiroideo, ossia associato a deficit della funzionalità tiroidea. Poiché il gozzo (ipo- o eutiroideo) si manifesta nelle regioni geografiche in cui vi è carenza di iodio, si parla di gozzo endemico. Sebbene il gozzo sia l'effetto più frequente, le conseguenze più gravi della carenza di iodio sono costituite dai danni a carico del sistema nervoso centrale e periferico. Proprio per questo motivo è essenziale che le donne in gravidanza e in allattamento e i bambini con meno di tre anni assumano adeguate quantità di iodio, altrimenti si possono verificare danni irreversibili al cervello con conseguente ritardo mentale permanente.

5 I lipidi rappresentano un'importante riserva energetica per l'organismo umano, in quanto sono in grado di liberare una grande quantità di calorie per unità di massa: basti pensare che il valore calorico di un grammo di lipidi è circa il doppio rispetto a quello di zuccheri e proteine. Il candidato ne illustri le principali tipologie e caratteristiche

Punti chiave

- Caratteristiche generali dei lipidi.
- Gliceridi.
- Fosfolipidi.
- Steroidi.

Svolgimento

I lipidi o grassi comprendono una serie di composti accomunati dal fatto di possedere molecole apolari o scarsamente polari. Essi sono chimicamente definiti come esteri tra un composto contenente uno o più radicali alcolici e uno o più acidi grassi superiori. Il valore calorico di un grammo di lipidi è doppio rispetto a quello di zuccheri e proteine, ossia 9,46 kcal/g verso 4,15 kcal/g: questa caratteristica li rende il substrato energetico ideale per le cellule. Durante l'attività fisica i lipidi vengono utilizzati insieme ai carboidrati, fornendo in egual misura l'energia necessaria per attività di livello medio-basso; se l'attività fisica si protrae per oltre un'ora si va incontro ad un esaurimento delle scorte di carboidrati e ad un corrispondente aumento dell'utilizzo di lipidi.
I lipidi nutrizionalmente più rilevanti possono essere classificati in gliceridi, fosfolipidi e steroidi. I gliceridi sono prodotti di esterifi-

cazione di acidi grassi con il glicerolo e rappresentano sostanze di riserva per animali e piante, oltre ad essere i grassi quantitativamente più abbondanti negli alimenti. Il glicerolo svolge tre funzioni alcoliche, di cui due primarie e una secondaria; può essere esterificato con una, due o tre molecole di acido grasso, portando alla formazione di mono-, di- o trigliceridi. Nei grassi naturali, il glicerolo è quasi sempre completamente esterificato con radicali acidi diversi. Gli acidi grassi sono catene idrocarburiche con un radicale carbossilico ad un'estremità e si classificano sia in base alla lunghezza della catena carboniosa che in base alla presenza o meno di una o più insaturazioni. Possono essere saturi o insaturi: nella catena degli acidi grassi saturi non sono presenti doppi legami etilenici, a differenza di quanto avviene negli acidi grassi insaturi, in cui questi possono essere presenti in numero variabile (mono- o polinsaturi). La funzione principale dei trigliceridi è di natura energetica: essi, infatti, rappresentano la forma mediante la quale l'organismo immagazzina negli adipociti l'energia in eccesso.

I fosfolipidi sono formati da acidi grassi, acido fosforico e glicerina, legati insieme in una struttura comune; se contengono, al posto della glicerina, la sfingosina, si parla di sfingolipidi. Insieme ai glicolipidi, al colesterolo e alle proteine, sono costituenti essenziali di tutte le membrane biologiche e della guaina mielinica delle cellule nervose. La loro funzione, dunque, è essenzialmente strutturale; inoltre, dai fosfolipidi delle membrane, grazie all'azione della fosfolipasi, si liberano acidi grassi da cui si formano le prostaglandine, i trombossani e i leucotrieni. Negli alimenti i fosfolipidi sono poco abbondanti e rappresentano circa il 2% dei lipidi totali, tuttavia possono essere sintetizzati dalle varie cellule dell'organismo. Gli steroidi sono strutturalmente costituiti da un nucleo principale tetraciclico e rappresentano i costituenti cellulari quasi universali sia nel regno vegetale (fitosteroli) che animale (zoosteroli). Il colesterolo si trova in abbondanza negli organismi animali e può esterificarsi con l'acido stearico, l'acido palmitico e quello oleico, dando vita alla formazione di esteri. Oltre a svolgere un'importante funzione strutturale, esso viene utilizzato dall'organismo per formare gli ormoni steroidei, i sali biliari e il 7-deidrocolesterolo, precursore della vitamina D.

6 I sali minerali sono elementi che, assunti in piccole quantità, si rivelano indispensabili per il corretto funzionamento del nostro organismo. Il candidato descriva quelli più importanti, soffermandosi sulle relative funzioni

Punti chiave

- Caratteristiche generali dei sali minerali.
- Sodio.
- Potassio.
- Calcio e fosforo.
- Ferro.

Svolgimento

Generalmente i sali minerali svolgono funzioni strutturali, biochimiche e fisiologiche fondamentali per il benessere del nostro organismo: partecipano ai processi cellulari, come la formazione di denti e ossa, sono coinvolti nella regolazione dell'equilibrio idrosalino, nell'attivazione di numerosi cicli metabolici e costituiscono fattori determinanti per la crescita e lo sviluppo di tessuti e organi.
A differenza di carboidrati, lipidi e proteine, questi elementi non forniscono direttamente energia, ma permettono il verificarsi di quelle reazioni che liberano l'energia di cui abbiamo bisogno. L'organismo umano non è in grado di sintetizzare autonomamente i sali minerali, pertanto questi vengono assimilati attraverso l'acqua e gli alimenti. Ai fini di una dieta sana ed equilibrata, bisogna tener conto che la quantità di sali minerali introdotta nel nostro organismo non sempre coincide con quella "biodisponibile",

ossia con la quota che viene effettivamente assorbita, trasportata nel sito d'azione e metabolizzata.
Tra i minerali più importanti, c'è sicuramente il sodio, le cui funzioni principali sono la regolazione della pressione osmotica e dell'equilibrio acido-base, la genesi del potenziale di membrana e l'insorgenza del potenziale d'azione, gli scambi di nutrienti e substrati tra gli ambienti intra- ed extracellulari. Quando si verifica una carenza di sodio, il rene manifesta un'elevata capacità di riassorbirlo, quindi non è facile stabilire il fabbisogno di questo minerale; al contrario, la conseguenza di un'eccessiva assunzione di sodio è la comparsa, nei soggetti predisposti, di ipertensione arteriosa, soprattutto con l'avanzare dell'età. Fonti principali di questo elemento sono i formaggi, le carni, il pesce conservato, il sale da cucina; la sua biodisponibilità è massima, cioè il 100% del sodio ingerito viene assorbito.
Un altro minerale essenziale è il potassio, che svolge un ruolo centrale nell'eccitabilità cellulare; tutti i cibi (in particolare patate, frutta secca e legumi secchi) sono fonti di questo minerale, per cui è praticamente impossibile che si verifichi una sua carenza alimentare, eccetto che nei casi di patologie metaboliche, dell'apparato digerente ed escretore.
Vi sono poi il calcio e il fosforo, due sali minerali strettamente correlati, sia dal punto di vista funzionale che della regolazione metabolica. Il mantenimento di un normale rapporto calcio/fosforo è essenziale, in quanto, a pH fisiologico, il fosfato di calcio è solubile in acqua solo se gli ioni calcio e fosfato si trovano in rapporto 2:1. Il fosforo è strettamente legato al calcio, specialmente per quanto riguarda le funzioni plastiche, infatti l'85% del fosforo dell'organismo si trova nello scheletro. Tuttavia, questo minerale svolge anche importanti funzioni metaboliche: fa parte dell'ATP e contribuisce al mantenimento dell'equilibrio acido-base. Le fonti alimentari di fosforo sono rappresentate soprattutto da formaggi, pesce, legumi secchi e frutta secca.
Infine, tra i nutrienti essenziali ricopre un importante ruolo il ferro, componente dell'emoglobina, la proteina trasportatrice dell'ossigeno, ed è anche un costituente dei citocromi e di altri enzimi coinvolti nei processi ossidativi cellulari. Le fonti alimentari più importanti sono il fegato, la carne bovina, il tuorlo d'uovo, i crosta-

cei, i legumi secchi, i cereali integrali, la frutta secca e alcuni ortaggi a foglia. Una carenza di ferro è causa di anemia ipocromica, che comporta una diminuzione della sintesi dell'emoglobina e una sua ridotta concentrazione nei globuli rossi, con conseguente sensazione di stanchezza, affaticamento e difficoltà di concentrazione.

7 Il ruolo delle vitamine è essenziale per le necessità metaboliche dell'organismo: esse, infatti, agiscono come veri e propri catalizzatori organici con funzioni bioregolatrici. Il candidato si soffermi su alcune di esse, evidenziando le relative funzioni e gli effetti collaterali derivanti da una loro carenza

Punti chiave

- Caratteristiche generali delle vitamine.
- Vitamina A.
- Vitamine del gruppo B.
- Vitamina D.

Svolgimento

Le vitamine sono composti di natura organica, di cui molte non possono essere sintetizzate dall'organismo e vanno pertanto assunte con la dieta, mentre altre sono prodotte dalla microflora intestinale. Non hanno funzioni energetiche o strutturali, ma svolgono compiti specifici in reazioni chiave del metabolismo. Esistono due categorie principali di vitamine: quelle liposolubili, ossia solubili nelle sostanze grasse (vitamine A, D, E, F, K, acidi grassi essenziali), e quelle idrosolubili, ossia solubili in acqua (vitamine del gruppo B e vitamina C). Se da un lato i segni clinici di una loro carenza compaiono solitamente solo dopo un lungo periodo di scarsa assunzione alimentare, dall'altro, prolungati periodi di assunzione eccessiva possono determinare manifestazioni di tossicità.

Le principali vitamine sono la A, la D e quelle del gruppo B. La vitamina A, la cui forma più importante è il retinolo, è presente

negli organismi animali: la principale fonte alimentare è costituita dall'olio di fegato di pesce. Tuttavia, discrete quantità di retinolo si trovano anche nel fegato di animali da macello, nei formaggi, nelle uova e nel burro. Il primo segno di una carenza di questa vitamina è rappresentato dall'emeralopia o cecità notturna; in caso di carenza prolungata, si osserva una degenerazione dei tessuti epiteliali, con infiammazione, corneificazione, ispessimento della cute e lesioni a carico dell'occhio.
Le vitamine del gruppo B sono in numero di otto e sono estremamente importanti per la trasformazione dei carboidrati in glucosio e per il metabolismo di lipidi e proteine; tra l'altro, sono indispensabili per il corretto funzionamento del fegato e del sistema nervoso. Si trovano in alimenti come il lievito di birra, il fegato, il germe di grano, i legumi, la frutta secca, il tuorlo d'uovo, gli ortaggi freschi e la pappa reale. Un'eventuale carenza di vitamine del gruppo B provoca stanchezza, irritabilità, depressione, perdita di capelli, calvizie, acne e altri problemi della pelle, insonnia, nevrite, scarso appetito e un aumento del colesterolo; nei casi più gravi possono manifestarsi danni a carico del tessuto nervoso. In particolare, una forte carenza di vitamina B12 può provocare l'anemia perniciosa, una malattia che si manifesta con una ridotta produzione e aumentata distruzione dei globuli rossi.
Importante è anche la vitamina D, la cui funzione principale consiste nell'assorbimento intestinale del calcio. Oltre al classico olio di fegato di tonno e merluzzo, le altre fonti alimentari di questa vitamina sono il fegato, il tuorlo d'uovo, i pesci grassi come salmoni e aringhe e in quantità minori il latte e suoi derivati. Una carenza di questa vitamina può essere dovuta a insufficiente esposizione ai raggi solari, a una dieta errata o a condizioni che ne alterano l'assorbimento e può portare a due malattie ossee: il rachitismo in età pediatrica e l'osteomalacia in età adulta. La prima si contraddistingue per un accumulo di tessuto osteoide: i segni tipici sono la tumefazione del polso, il varismo di femori e tibie, il *caput quadratum* e una deformazione del bacino. La seconda si caratterizza per un'insufficiente mineralizzazione della matrice organica del tessuto osseo con un'alterazione dei normali processi di ossificazione, fattori che rendono le ossa fragili e facilmente deformabili.

8 I glucidi occupano un posto di rilievo nell'alimentazione dell'uomo, in quanto hanno un ruolo prevalentemente energetico, costituendo infatti la maggiore fonte di calorie. Il candidato ne descriva le principali funzioni

Punti chiave

- Importanza dei glucidi nell'alimentazione.
- Tipi di glucidi.
- Funzioni principali.

Svolgimento

I glucidi sono composti chimici formati da carbonio, idrogeno e ossigeno, e rappresentano la principale fonte di energia a rapida utilizzazione per l'organismo umano. Di conseguenza, assumono una notevole importanza nutrizionale, dal momento che costituiscono, in un regolare regime alimentare, dal 55 al 65% del fabbisogno calorico giornaliero. Il motivo principale per cui questi composti rappresentano un substrato energetico ideale è dovuto al fatto che dal loro metabolismo non si formano né prodotti intermedi né sottoprodotti potenzialmente nocivi, a differenza di quanto avviene durante il catabolismo di altri nutrienti (da quello delle proteine si sviluppano l'ammoniaca che è tossica, da quello dei lipidi si formano i corpi chetonici che provocano acidosi, da quello dell'alcool si forma l'acetaldeide, anch'essa dannosa per l'organismo). Inoltre, la disponibilità di glucidi come fonte di energia consente di risparmiare le proteine: l'organismo, infatti, non contiene riserve proteiche da utilizzare a scopo energetico. Infine, alcuni tessuti – in primis quello nervoso e quello muscolare

durante l'attività fisica – utilizzano il glucosio come fonte elettiva di energia; solo in condizioni di digiuno prolungato il cervello ricorre ai corpi chetonici per le proprie necessità energetiche. Una dieta troppo povera di carboidrati, quindi, comporterebbe una maggiore assunzione di lipidi, con conseguente accumulo di corpi chetonici e utilizzo delle proteine tissutali a scopo energetico.
Tra i glucidi di interesse alimentare vi sono: i monosaccaridi, comprendenti le molecole più semplici, immediatamente assorbibili, come il glucosio, il fruttosio, il galattosio; i disaccaridi, formati da due molecole di monosaccaridi, come il saccarosio, il maltosio e il lattosio; gli oligosaccaridi, formati da 3 a 10 monosaccaridi e comprendenti zuccheri come lo stachiosio, il raffinosio e il verbascosio, non digeribili dall'uomo; i polisaccaridi, composti formati da più di 10 monosaccaridi, che costituiscono forme di deposito (glicogeno, cellulosa e amido). I glucidi non svolgono soltanto una funzione energetica, ma anche una funzione di riserva (il glicogeno rappresenta una forma di immagazzinamento dell'energia) e una funzione plastica e di sostegno (molti di essi sono costituenti di glicolipidi e glicoproteine). Inoltre, i glucidi svolgono un ruolo di "molecole informazionali", ad esempio quelli presenti sulla superficie cellulare, legati a proteine e lipidi, vengono riconosciuti da molecole complementari e fungono da marcatori nel riconoscimento cellulare.

9 Le fibre alimentari rappresentano un elemento indispensabile nella nostra alimentazione, perché il loro consumo abituale arreca notevoli benefici all'organismo e aiuta a prevenire diverse patologie. Il candidato illustri i vantaggi di una dieta ricca di fibre e ne indichi le motivazioni

Punti chiave

- Caratteristiche generali.
- Benefici delle fibre sulla salute.

Svolgimento

Le fibre alimentari sono costituite dalle parti commestibili dei vegetali che non possono essere digerite dall'intestino tenue (in quanto sono resistenti all'idrolisi degli enzimi digestivi) e arrivano integre nell'intestino crasso; si trovano nella frutta, nella verdura, nei legumi e nei cereali. Si distinguono in fibre solubili e insolubili: le prime, a contatto con i liquidi enterici, formano un gel e modulano l'assorbimento di lipidi e glucidi, concorrendo a ridurre i livelli di colesterolemia e diminuendo conseguentemente il rischio di malattie cardiovascolari; quelle non solubili, invece, attraversano il tubo digerente restando in gran parte intatte. Buone fonti di fibre solubili sono l'avena, l'orzo, la frutta, la verdura e i legumi, mentre fonti di fibre insolubili sono i cereali integrali e in particolare il pane integrale. Una volta giunte nell'intestino crasso, queste sostanze vengono parzialmente o completamente fermentate dai batteri intestinali.
L'assunzione di quantità regolari di fibre ha effetti estremamente positivi sulla funzionalità del nostro apparato digerente e in parti-

colare del tratto intestinale: esse, infatti, aiutano a prevenire la costipazione, grazie all'aumento della massa fecale e alla riduzione dei tempi di transito intestinale. Questo effetto è potenziato se l'ingestione di fibre si accompagna a un'elevata assunzione di acqua. Inoltre, gli acidi grassi a catena corta, che vengono prodotti nel momento in cui le fibre sono fermentate dai batteri intestinali, costituiscono un'importante fonte di energia per le cellule del colon. Migliorando la funzione intestinale, le fibre concorrono a ridurre il rischio di diverticolosi ed emorroidi; esse, tra l'altro, hanno effetto saziante proprio per la loro capacità di "riempimento" gastrico, per cui, diminuendo il senso di fame, costituiscono un valido aiuto nel controllo del peso. Prevengono anche alcune forme tumorali a carico di retto e colon, grazie alle loro proprietà igroscopiche: l'acqua che sono in grado di trattenere diluisce le sostanze tossiche presenti nel lume intestinale e l'aumento della velocità di transito riduce il tempo di contatto tra le tossine e la parete intestinale. Si rivelano utili, inoltre, nella prevenzione del diabete, perché rallentano la digestione e l'assorbimento dei carboidrati, riducendo il picco glicemico postprandiale e la risposta insulinica.

10 Ogni giorno un adulto in Italia ingerisce in media circa 10 g di sale (4 g di sodio), cioè una quantità 2-3 volte superiore a quella raccomandata dall'OMS. Il candidato descriva le conseguenze sulla salute di un consumo eccessivo di sodio nella dieta

Punti chiave

- Tipi di sale.
- Conseguenze di un eccesso di sale nella dieta.
- Come ridurre l'apporto giornaliero di sale.

Svolgimento

Il cloruro di sodio, che comunemente chiamiamo sale da cucina, è largamente diffuso in natura, sia in estesi giacimenti, sia in soluzione nell'acqua di mare, laghi o sorgenti. In base al grado di raffinazione, esiste il sale raffinato, ottenuto tramite procedimenti industriali in cui vengono aggiunti sbiancanti e stabilizzanti, e il sale integrale, naturale, che si ricava dall'evaporazione dell'acqua marina. In base alla composizione ionica, distinguiamo il sale iposodico, che contiene meno iodio del comune cloruro di sodio, il sale asodico, totalmente privo di sodio, e il sale iodato, addizionato in iodio, il cui impiego è indicato per combattere i disordini da carenza iodica.

È stata ormai ampiamente dimostrata la stretta correlazione tra quantità di sale assunta con la dieta e pressione arteriosa. L'eccessivo consumo di sale giornaliero rappresenta, infatti, uno dei principali fattori responsabili di ipertensione arteriosa, a sua volta causa di patologie cardio- e cerebrovascolari. Un elevato consumo di sodio è inoltre associato a un rischio maggiore di tumori allo stomaco, a consistenti perdite urinarie di calcio e quindi, probabilmente, a un più alto rischio di osteoporosi. In casi del genere si rende necessaria una progressiva riduzione del consumo di questo elemento, allo scopo di abbassare la pressione arteriosa, migliorare la funzionalità del cuore, dei vasi sanguigni e dei reni e aumentare la resistenza delle ossa.

L'OMS raccomanda una dose giornaliera di sale inferiore a 5 grammi pro capite. Per diminuire l'apporto giornaliero di sale, è raccomandabile effettuare una riduzione graduale, in modo che il palato si adatti a poco a poco. Esso, infatti, si abitua facilmente, ed è quindi possibile rieducarlo a cibi meno salati: entro pochi mesi, o addirittura settimane, questi stessi cibi appariranno saporiti al punto giusto, mentre sembreranno troppo salati quelli conditi nel modo precedente. Non dimentichiamo, poi, che molti alimenti contengono naturalmente una certa quantità di sale, che di per sé è sufficiente a coprire le necessità dell'organismo: un esempio è rappresentato da acqua, frutta, carne, verdura. Un'altra fonte di sale non discrezionale proviene poi dagli alimenti trasformati, come pane, pasta, grissini, cracker, e così via. Anche alcuni condimenti utilizzati in sostituzione del sale spesso sono ricchi di sodio: è il caso, per esempio, del dado da brodo, della salsa di soia e del ketchup. È quindi auspicabile utilizzare con moderazione questi condimenti, così come gli insaccati, i formaggi, le patatine fritte e le conserve. Le spezie e le erbe aromatiche possono sostituire il sale o almeno consentirne un uso decisamente minore, conferendo un caratteristico aroma al cibo e migliorandone le qualità organolettiche. Il succo di limone e l'aceto permettono di dimezzare l'aggiunta di sale e di ottenere cibi ugualmente saporiti, agendo come esaltatori di sapidità.

11 L'acqua è il costituente fondamentale del nostro organismo: in un adulto è presente in una quantità pari al 60% del peso corporeo, mentre alla nascita raggiunge circa il 75%. Il candidato illustri quali sono i benefici che un'adeguata quantità d'acqua giornaliera arreca al nostro organismo

Punti chiave

- Funzioni dell'acqua nell'organismo umano.
- Benefici derivanti da una regolare assunzione d'acqua.
- Effetti collaterali della disidratazione.

Svolgimento

La quantità d'acqua da consumare ogni giorno è compresa tra 1200 e 2000 ml; tuttavia, un consumo medio può essere ottenuto bevendo un bicchiere d'acqua a colazione, due bicchieri a pranzo, due bicchieri a cena e mezzo litro lontano dai pasti. Questa quantità assicura il giusto apporto di liquidi al nostro organismo, oltre a quelli introdotti attraverso gli alimenti. L'acqua è il componente principale dell'organismo umano, pertanto quest'ultimo non può farne a meno per più di tre giorni: costituisce circa il 75% della massa muscolare, il 70% degli strati più profondi della pelle, ma è anche il principale costituente del plasma sanguigno (90%).

Bere abbondantemente consente di ottenere notevoli benefici: aiuta a mantenere la pelle ben idratata ed elastica, soprattutto nei mesi estivi, quando l'esposizione prolungata ai raggi solari determina una consistente perdita di liquidi; favorisce la depurazione dell'organismo, in quanto permette di eliminare le sostanze di ri-

fiuto attraverso l'escrezione di urina e sudore; concorre allo sviluppo muscolare in soggetti che praticano attività fisica, contrastando gli effetti catabolici del cortisolo; conferisce forma e rigidità ai tessuti; consente di mantenere umidificate le superfici di naso, occhi e orecchie. Inoltre bere molta acqua favorisce la lubrificazione delle articolazioni tramite la produzione di liquido sinoviale; interviene nei processi digestivi, nella regolazione della pressione osmotica, nel trasporto delle sostanze nutritive e nel mantenimento della temperatura corporea; previene la stipsi, facendo volume all'interno dell'intestino; favorisce la fluidità del sangue, pertanto un organismo fortemente disidratato ha il sangue più denso e la circolazione rallentata. Insomma, l'acqua è l'elemento grazie al quale si svolgono correttamente tutte le reazioni metaboliche; quando la quantità introdotta nell'organismo corrisponde a quella eliminata attraverso l'urina, il sudore, la respirazione e la traspirazione, si dice che l'individuo si trova in equilibrio idrico.
Dal momento che l'acqua svolge tutte queste importanti funzioni, una sua scarsa assunzione può dare origine a scompensi, quali crampi, sensazione di spossatezza e mancamenti nei casi di disidratazione più gravi. Un errore che spesso si compie è quello di bere solo quando si avverte la sensazione di sete: questa, infatti, è regolata dall'ipotalamo, una ghiandola del cervello che, però, non sempre si rivela un indicatore affidabile. Perciò, bisogna bere regolarmente durante il giorno, anche quando non se ne sente strettamente il bisogno. Se si beve troppo poco, si è maggiormente esposti al rischio di accumulo di tossine e di ritenzione idrica: questa situazione contrasta il rassodamento dei tessuti e può portare alla formazione di cellulite. Imporsi di bere con regolarità fino a due litri di acqua al giorno è sicuramente utile agli sportivi, che perdono molti liquidi attraverso il sudore, a chi soffre di calcoli renali, per diluire i sali che concorrono alla formazione degli stessi, e alle persone anziane, che avvertono poco la sensazione di sete.

12 La produzione di organismi con caratteristiche genetiche modificate (OGM) trova oggi larga applicazione soprattutto in campo alimentare, agricolo, zootecnico e medico. Il candidato ne descriva alcune tipologie, soffermandosi sui potenziali vantaggi derivanti dalla loro introduzione sul mercato mondiale

Punti chiave

- Esempi di prodotti transgenici.
- Dubbi e perplessità dei consumatori.

Svolgimento

I cosiddetti *cibi transgenici* sono prodotti alimentari ottenuti da Organismi Geneticamente Modificati (OGM), grazie alle tecniche più avanzate messe a punto dalla biologia moderna: viene effettuata una modifica del DNA dell'organismo ricevente inserendo frammenti di DNA o geni prelevati da un altro organismo. La prima pianta transgenica messa sul mercato è stata quella di pomodoro (Stati Uniti, 1994), sebbene non abbia ricevuto un'accoglienza molto favorevole da parte dei consumatori; le caratteristiche principali del pomodoro OGM erano dimensioni maggiori e capacità di rimanere fresco per un periodo molto più lungo.
In seguito sono stati fatti svariati tentativi di ottenere altri cibi modificati nel loro DNA, allo scopo di creare ortaggi o tipi di frutta con caratteristiche nuove, a volte vantaggiose per il consumatore, altre per il produttore. Un altro prodotto transgenico è il cosiddetto *golden rice,* una varietà di riso con aggiunta di betacarotene (un precursore della vitamina A) non solo nel chicco, ma anche

nelle parti verdi. È il risultato di un progetto di ricerca del Politecnico Federale di Zurigo ed è stato ottenuto inserendo in *Oryza sativa* due geni provenienti dal narciso e dal batterio *Erwinia uredovora*. Nel 2005 è stato creato il *golden rice* 2, in grado di produrre betacarotene in una quantità venti volte superiore rispetto alla varietà originaria. Lo scopo di questa modificazione genetica è stato quello di supplire alla carenza di vitamina A nei paesi sottosviluppati dove il riso rappresenta il principale alimento, ma dallo scarso apporto vitaminico. Sulla scia del golden rice, la ricerca nel settore dei cibi transgenici va avanti, perché molti scienziati ritengono che le biotecnologie agroalimentari possano apportare grandi benefici, soprattutto nelle zone in cui i terreni sono molto aridi (Asia e Africa) ed è difficile praticare l'agricoltura.
Nonostante i controlli siano stati e continuino ad essere estremamente rigorosi e nonostante le rassicurazioni da parte dei biotecnologi sull'assoluta sicurezza dei cibi transgenici, le persone, spesso condizionate dai mass media, sono molto preoccupate per i possibili effetti nocivi di questi prodotti e molti dubbi permangono ancora sulla loro innocuità. Ci si chiede, per lo più, se l'inserzione di DNA estraneo nelle piante possa arrecare danni alla salute o all'ambiente. Gli studi condotti finora non hanno rilevato particolari effetti nocivi riconducibili alla coltivazione e al consumo di OGM, sebbene occorra valutare i risultati su un periodo di lungo termine. Attualmente, in quasi tutti i paesi dell'Unione europea, compresa l'Italia, vige una rigida disciplina normativa che obbliga i produttori di alimenti a indicare in etichetta l'eventuale presenza di OGM, in modo da lasciare ai consumatori la libertà di decidere se acquistare o meno il prodotto. Nel nostro paese, su molti alimenti è indicata anche l'assenza di OGM, per rassicurare quella fascia di consumatori che è assolutamente contraria al loro consumo.

13 I cereali sono piante coltivate e consumate in tutto il mondo da migliaia di anni, perché rientrano tra le maggiori fonti di nutrimento per l'uomo e gli animali. Il candidato ne descriva le principali tipologie e i relativi utilizzi

Punti chiave

- Tipi di cereali.
- Grano e farina.
- Crusca.

Svolgimento

I cereali sono piante erbacee appartenenti alla famiglia delle *Graminacee*, dal cui frutto (cariosside) si ottengono prodotti alimentari di altissima valenza nutrizionale. Le cariossidi dei cereali si distinguono per l'elevato contenuto di amido, che rappresenta il polisaccaride di riserva tipico di moltissime piante superiori. Per l'uomo, l'amido dei cereali costituisce una fonte di energia a "lento rilascio" che può quindi essere utilizzata gradualmente nel tempo.

I cereali di più largo consumo sono il frumento, il mais, l'orzo, il riso e la segale, mentre avena, sorgo e miglio vengono utilizzati prevalentemente per l'alimentazione del bestiame. Alle nostre latitudini il cereale più diffuso è il frumento, seguito da mais, orzo e riso (più diffuso nei climi caldo-umidi del Sud-est asiatico). In natura esistono diversi tipi di frumento (o grano), di cui quelli maggiormente utilizzati sono due: il *Triticum durum* (o grano duro) e il *Triticum vulgare* (o grano tenero). Il grano duro viene impiegato per ottenere la semola, con cui si prepara la pasta secca industriale; il grano tenero, invece, è adatto alla panificazione.

Solitamente, si fa rientrare nella categoria dei cereali anche il grano saraceno, che tuttavia non è un vero e proprio cereale, in quanto estraneo alla famiglia delle *Graminacee.*
Dalla macinazione del grano tenero si ottengono tre tipi di farina, a seconda della percentuale di crusca presente: farina "00" (è una farina assolutamente priva di crusca, e quindi bianchissima); farina "0" (meno bianca della farina "00" in quanto possiede una piccola percentuale di crusca); farina "1" (ancora meno bianca della farina "0" in quanto contiene una percentuale maggiore di crusca). La legislazione italiana consente di produrre anche farina di tipo "2", che, però, ha una diffusione molto limitata, e, dalla macinazione integrale del chicco di grano, la farina integrale, che contiene la massima quantità di crusca e risulta più ricca di fibre, di vitamine e di minerali rispetto alle farine bianche. La farina di tipo "0" è quella che viene normalmente utilizzata per la panificazione, mentre quella di tipo "00" (ma deve essere di grano duro) è usata per la produzione delle paste alimentari.
La crusca è un residuo della fabbricazione della farina di frumento, orzo, segale, avena e altri cereali per il consumo umano, costituita prevalentemente dai tegumenti esterni dei semi. Ha un aspetto simile alla segatura di legno e costituisce un alimento dal basso valore nutritivo nonché dall'alto contenuto di fibre, pertanto induce un elevato senso di sazietà senza, di fatto, nutrire. Le persone che abbiano necessità di una maggiore motilità intestinale (la crusca assorbe molta acqua, ammorbidisce le feci grazie all'acqua assorbita e facilita quindi la defecazione) o quanti vogliano alleviare la fame nervosa, possono trovarla utile come integratore della normale dieta quotidiana.

14 Il pesce è sicuramente uno degli alimenti essenziali della dieta, anche se non sempre viene consumato in quantità adeguate. Il candidato descriva i benefici per la salute derivanti dal suo consumo abituale

Punti chiave

- Proprietà del pesce.
- Pesce fresco e surgelato.

Svolgimento

La gran parte del pesce che noi mangiamo proviene da allevamenti, solo una piccola parte è pescata direttamente in habitat naturali non controllati dall'uomo. È uno degli alimenti maggiormente indicati dai nutrizionisti ed è preferibile a carne e uova; nonostante ciò, non sempre viene consumato in modo adeguato sulle nostre tavole, poiché talvolta il suo sapore non è particolarmente gradito. Il pesce è fonte di proteine ad alto valore biologico, le quali, una volta introdotte nel nostro organismo, vengono utilizzate in vari processi metabolici: si pensi al turnover proteico, alla sintesi di immunoglobuline, alla coagulazione del sangue, alla protezione dalle infezioni e alle funzioni strutturali. Inoltre, il rapporto proteine/lipidi presente nel pesce è di gran lunga inferiore a quello che si riscontra in alimenti come formaggi, uova e carni: questo consente di ingerirne grandi quantità senza che ciò comporti particolari problemi. Sono note, poi, le proprietà dei grassi "omega 3", che riducono considerevolmente il rischio di malattie cardiovascolari, facendo scendere i livelli plasmatici di trigliceridi e colesterolo cattivo. Inoltre, nel pesce sono presenti anche i fosfolipidi, dei grassi che si rivelano molto importanti per la funzionalità del sistema nervoso. Un'alimentazione ricca di pesce, inoltre, aiuta a prevenire allergie, malattie cutanee e del sistema immunitario, come ad esempio il "lupus".

Tutti questi fattori rendono il pesce un alimento davvero unico nel soddisfare le esigenze biologiche di proteine di cui il nostro organismo ha bisogno; proprio per questo motivo, andrebbe consumato almeno 3-4 volte a settimana, senza contare che è un prodotto ad elevata digeribilità. Studi scientifici hanno dimostrato che gli Eschimesi, che consumano grandi quantità di pesce ogni giorno, presentano un tasso di malattie cardiovascolari estremamente basso, specie se messo a confronto con quello delle popolazioni occidentali. È importante, però, consumare pesce di buona qualità perché, qualora esso sia anche solo in parte avariato, può avere conseguenze addirittura letali per l'organismo umano.

Spesso sussistono preconcetti in merito al pesce surgelato, in quanto si tende a pensare che esso contenga meno sostanze nutritive rispetto a quello fresco; questa convinzione è assolutamente errata, dal momento che dal punto di vista nutrizionale il loro contenuto energetico e proteico è perfettamente identico. È ovvio che se si consuma pesce surgelato, si corrono meno rischi dal punto di vista sanitario, così come se si consuma pesce di allevamento, dal momento che è sottoposto a numerosi controlli. In particolare, nel caso del pesce surgelato, è cura dei produttori che intendono commercializzarlo in forma "congelata" ripulirlo dalle interiora e lavarlo accuratamente; nel caso del pesce fresco, invece, questo arriva sui banchi dei mercati a distanza di poche ore da quando viene pescato, quindi, una volta acquistato, è opportuno riporlo in frigo entro un'ora al massimo e lavarlo accuratamente, ripulendolo dalle interiora e dalle parti esterne, allo scopo di evitare possibili contaminazioni chimiche.

15 Tutti i popoli, fin dai primordi della civiltà, hanno elaborato e tramandato tecniche di conservazione degli alimenti, senza le quali non si sarebbe potuto passare dal nomadismo alla costruzione di accampamenti e insediamenti stabili. Il candidato descriva i principali trattamenti a cui vengono sottoposti i cibi per garantirne una lunga conservazione

Punti chiave

- Importanza delle tecniche di conservazione.
- Pastorizzazione.
- Sterilizzazione.
- Metodi di conservazione a freddo.

Svolgimento

Le tecniche di conservazione dei cibi sono state fondamentali per lo sviluppo delle varie civiltà, poiché hanno consentito gli spostamenti, le spedizioni per mare, la costruzione di villaggi e il superamento della condizione di nomadismo che per millenni ha caratterizzato la vita dei popoli antichi. Tutti i metodi di conservazione, che si basano su trattamenti di natura chimica e fisica, puntano a bloccare o a rallentare l'azione naturale dei batteri che si nutrono di sostanze organiche, portando alla loro decomposizione. In alcuni casi questi metodi cercano di limitare l'effetto di enzimi presenti nei cibi, i quali fungono da catalizzatori naturali, amplificando e favorendo l'azione dei microrganismi.

Tra le più importanti tecniche scoperte in epoca moderna ricordiamo la pastorizzazione, che deve il suo nome al chimico francese Louis Pasteur: è un processo di risanamento termico applicato ad alcuni alimenti allo scopo di minimizzare i rischi per la salute dovuti a microrganismi patogeni sensibili al calore, quali batteri in forma vegetativa, funghi e lieviti, con un'alterazione minima delle caratteristiche chimiche, fisiche ed organolettiche dell'alimento. Il latte viene portato ad una temperatura di 75/85°C e raffreddato rapidamente. Dovrà essere conservato in frigorifero e consumato in pochi giorni.
La sterilizzazione, inventata dal francese Nicolas Appert, è il metodo di conservazione col calore che offre le migliori garanzie. Consiste nel portare l'alimento, contenuto in un recipiente a tenuta ermetica, ad una temperatura che oscilla tra i 100 e i 120°C. I prodotti da conservare vengono chiusi in contenitori, detti autoclavi, dove raggiungono la temperatura desiderata. Naturalmente il calore modifica le caratteristiche originarie dell'alimento, in particolare le proteine si trasformano in zuccheri e le vitamine vengono quasi totalmente distrutte. Nel caso del latte, esso viene portato ad una temperatura compresa tra i 130 e i 140°C, che provoca la totale distruzione della flora batterica. Questo latte, detto UHT (*Ultra High Temperature*), è a lunga conservazione e può anche essere tenuto fuori dal frigorifero fino a quando la confezione non venga aperta.
Esistono anche tre diversi metodi fisici di conservazione degli alimenti che sfruttano il freddo: refrigerazione, congelamento e surgelazione. La refrigerazione avviene da 0 a +4°C ed è utile quando si vuole conservare la freschezza dei cibi per periodi molto brevi. Il congelamento permette di portare e mantenere gli alimenti a temperature uguali o inferiori a –7°C fino a –12°C; il processo di congelamento, avvenendo in tempi lenti, determina la formazione di grandi cristalli di ghiaccio dentro gli alimenti che, rompendosi, provocano danni alla struttura biologica dei cibi, determinando così un calo del valore nutritivo e un rammollimento della struttura originaria. La surgelazione è il miglior metodo fisico di conservazione degli alimenti: le moderne tecnologie adottate a livello industriale portano il prodotto a raggiungere la temperatura al cuore di –18°C con temperature che variano dai –35 ai

–190°C e tempi compresi fra i 3 e i 40 minuti, evitando così la formazione di microcristalli di ghiaccio. Il contenuto di vitamine dei cibi surgelati è addirittura superiore rispetto ai prodotti freschi conservati per più di 24 ore.

16 Alcool e alcolismo: il candidato descriva come avviene il metabolismo dell'alcool da parte dell'organismo e si soffermi in particolare sui danni provocati dall'alcolismo cronico

Punti chiave

- Assorbimento dell'alcool da parte dell'organismo.
- Danni causati dall'alcolismo.
- La cirrosi epatica.

Svolgimento

Quando una persona assume una bevanda alcolica, l'alcool etilico in essa contenuto (detto anche etanolo) viene subito assorbito, senza bisogno di digestione, dalle mucose dello stomaco, ma soprattutto del duodeno. Questo processo di assorbimento risulta molto rallentato – da 1 a 3 ore – se l'alcool viene assunto insieme ad altri alimenti, specie se si tratta di grassi. Dopo aver attraversato il sangue, l'alcool si diffonde ai vari organi. La velocità di diffusione nell'organismo dipende molto dal regime alimentare: essa aumenta quando si è a stomaco vuoto o se si segue una dieta ricca di proteine o di glucidi, mentre si riduce nel caso di un'alimentazione ricca di grassi. L'alcolemia, ossia il tasso di alcool contenuto nel sangue, risulta molto più elevata, a parità di alcool ingerito, se contestualmente si è consumato un pasto ricco di grassi piuttosto che ad alto contenuto di zuccheri e di proteine. Solo un'esigua quantità di alcool, pari all'1-2%, viene eliminata attraverso le urine e la respirazione; la restante parte è ossidata, con liberazione di acqua, anidride carbonica ed energia. Questo processo avviene a velocità costante: ogni ora vengono ossidati 100 mg di alcool per ogni chilogrammo di peso corporeo. L'ossidazione avviene nel fegato con la trasformazione dell'alcool in acetaldeide ad opera dell'enzima alcol-deidrogenasi (ADH). Le calorie liberate da tale processo vengono impiegate per coprire la metà del fabbisogno energetico dell'organismo: da questo punto di vista l'alcool è una sostanza energetica. Tuttavia, se la quantità di alcool ingerito è superiore alla capacità di demolizione dell'organismo, l'etanolo si accumula nelle cellule e viene demolito insieme a proteine e vitamine, attraverso una serie di reazioni chimiche lente e complesse. Questo consumo di proteine e vitamine provoca una carenza alimentare, portando il più delle volte alla morte delle cellule, per cui l'alcool in eccesso danneggia tessuti e organi. Un abuso prolungato provoca danni all'apparato digerente (gastriti, pancreatiti) e in particolare alle cellule epatiche che possono ammalarsi (steatosi epatica, epatopatie acute o croniche) o addirittura morire (cirrosi epatica).

Nel caso di cirrosi epatica, si determina un'atrofia del fegato e la sostituzione delle cellule sane con cellule fibrose, che sono incapaci di svolgere le normali funzioni. Negli stadi finali della malattia compaiono emorragie gastriche che possono avere anche effetti letali; se presa in tempo, la cirrosi è curabile, ma il trattamento è lungo e delicato, perché da un lato occorre disintossicare il malato e dall'altro riabituarlo ad una corretta alimentazione. La dieta deve essere ricca di proteine, pertanto alimenti come carne, pesce e uova sono quelli più indicati, mentre sono sconsigliati i derivati del latte, perché, contenendo una consistente percentuale di grassi, risultano mal tollerati dal fegato. Spesso, però, anche dopo la guarigione, il malato rimane in uno stato di salute cagionevole: le statistiche indicano che i cirrotici guariti hanno una maggiore predisposizione a sviluppare neoplasie della parte superiore del tratto digerente.

17 Non tutti i batteri sono pericolosi per la salute dell'uomo: alcuni di essi, infatti, sono responsabili dei processi di fermentazione, utilizzati prevalentemente per la produzione di alimenti e bevande. Il candidato esamini alcuni dei principali tipi di processi di fermentazione

Punti chiave

- Fermentazione alcolica.
- Fermentazione acetica.
- Fermentazione della birra.

Svolgimento

I processi di fermentazione, determinati da alcuni tipi di batteri, sono molto importanti per le attività industriali, soprattutto per la produzione di vino, birra e altre bevande alcoliche, nonché dello yogurt, di alcuni formaggi e del pane. La fermentazione alcolica, indispensabile per ottenere il vino, inizia dal mosto, che consiste in un liquido ottenuto dalla spremitura dell'uva. Dopo qualche giorno sulla sua superficie iniziano ad affiorare delle bollicine (si dice, infatti, che il mosto "bolle"): questo fenomeno è dovuto alla presenza di funghi microscopici, detti saccaromiceti, sulla buccia dei chicchi d'uva. Si tratta di microrganismi che producono una sostanza in grado di trasformare lo zucchero presente nell'uva in alcool e anidride carbonica. Lasciando riposare il mosto per circa venti giorni, si verificano altre trasformazioni che modificano il sapore del liquido fino a farlo diventare vino. Da un'uva più zuccherina si ricava un vino ricco di alcool: quindi, miscelando uve più ricche di zucchero (che crescono in zone calde e soleggiate)

con uve meno dolci (coltivate in zone più fredde), si otterranno vini a gradazione alcolica diversa, cioè con diverso sapore e profumo e quindi di qualità differente.
La fermentazione acetica è un processo che consente di trasformare il vino in aceto. Spesso in casa, lasciando accidentalmente aperta una bottiglia di vino, ci si accorge che, dopo alcuni giorni, questo si è trasformato in aceto. Tale fenomeno si spiega grazie all'attività di taluni microrganismi, i batteri *Mycoderma aceti*, che trasformano l'alcool contenuto nel vino in acido acetico, il principale costituente dell'aceto. La loro presenza è rivelata dalla patina che si forma sulla superficie del liquido. Si tratta di batteri aerobi, in quanto vivono soltanto in presenza di ossigeno; per evitare che il vino diventi aceto, è necessario tappare bene le bottiglie o qualsiasi recipiente che lo contenga, in modo da assicurarsi che non entri l'aria e, di conseguenza, l'ossigeno. La fermentazione della birra si ottiene a partire dal mosto di malto d'orzo aromatizzato con il luppolo. Dall'orzo, infatti, si ricava il malto, che viene essiccato e macinato in mulini; dopo essere stato miscelato con acqua, il malto viene posto nei tini in cui avviene l'ammostatura, cioè la trasformazione dell'amido di malto in maltosio. Il mosto così ottenuto viene filtrato, allo scopo di eliminare le trebbie, cioè i residui vegetali. Si passa quindi alla luppolazione e alla cottura: la prima operazione consiste nell'aggiunta del luppolo, che serve ad aromatizzare la bevanda, la seconda è necessaria a far precipitare le particelle in sospensione. In seguito avviene il raffreddamento a 5°C, con aggiunta al mosto di microrganismi del tipo *Saccaromyces cervisiae*, che scindono gli zuccheri in alcool e anidride carbonica. La prima fase di questo processo avviene rapidamente nei fermentatori, la seconda, che porta la birra a maturazione, avviene nei contenitori di deposito. Il ciclo si conclude con la filtrazione e l'imbottigliamento.

18 È stato ampiamente dimostrato che una corretta alimentazione può costituire un valido alleato nella prevenzione di malattie tumorali. Il candidato descriva i cibi da assumere e quelli da evitare per ridurre al minimo il rischio di ammalarsi di cancro

Punti chiave

- Limitare il consumo di grassi.
- Assumere elevate quantità di frutta e verdura.
- Ridurre il consumo di cibi conservati sotto sale, fritti e grigliati.

Svolgimento

Le cause che concorrono alla genesi dei tumori sono di svariata natura: da alcuni tipi di virus all'utilizzo di sostanze chimiche, dall'esposizione a radiazioni all'inalazione di gas tossici. A ciò si aggiungono poi le insidie di sostanze potenzialmente cancerogene assunte con la dieta, che quindi è bene conoscere per ridurne al minimo il consumo. In primo luogo, occorre limitare l'assunzione di cibi ricchi di grassi, per prevenire l'obesità: si ha, infatti, un aumento dell'incidenza di tumori quando si è in forte sovrappeso, ossia quando il peso corporeo supera del 40% il peso forma. Inoltre, la moderazione nel consumo di grassi riduce il rischio di ammalarsi di tumore al seno, al colon e alla prostata. È utile ridurre l'apporto calorico quotidiano derivante dai grassi di almeno il 30-40%. È consigliabile, invece, mangiare più cibi ad alto contenuto di fibre, che si trovano nella frutta, nei vegetali e nei cereali integrali. Inoltre, sono particolarmente indicati gli alimenti ricchi di vitamina A e C e i vegetali della famiglia delle crucifere, come broccoli, cavoli e cavolfiori. Questi, infatti, riducono il rischio di tumore all'apparato respiratorio e gastrointestinale. Tra l'altro, è stato dimostrato che questo tipo di vegetali è altamente efficace nella prevenzione di neoplasie indotte da sostanze chimiche. Quanto agli alcolici, è opportuno consumarne con moderazione, perché favoriscono l'insorgenza di tumori del cavo orale, della laringe e dell'esofago. Bisogna, poi, ridurre il più possibile l'assunzione di carni e pesci conservati sotto sale, che sono associati a un più elevato rischio di tumore allo stomaco e all'esofago. È importante evitare pasti frequenti a base di carni affumicate, cibi fritti e grigliati. Le carni affumicate assorbono catrami contenenti sostanze cancerogene; carni e pesci fritti o grigliati possono sprigionare sostanze mutagene e quindi anche cancerogene. Riguardo agli edulcoranti, sostanze che conferiscono un sapore dolce agli alimenti, quelli che hanno un'azione cancerogena sono stati ormai tutti banditi per legge (tra questi il ciclammato). Si è spesso detto che il selenio esercita un'azione preventiva antitumorale, ma le prove a sostegno di tale affermazione sono troppo limitate: tra l'altro, l'uso di selenio come additivo alimentare è controindicato per il rischio di avvelenamento da questa sostanza. Infine, riguardo alle bevande come tè e caffè, su cui erano stati lanciati diversi allarmi per un potenziale rischio di tumore alla vescica e al pancreas, mancano prove efficaci che la caffeina e la teina siano responsabili dello sviluppo di tumore nell'uomo.

19 Non esiste una dieta ideale, valida per tutti indistintamente: essa, infatti, va scelta in base ad una serie di variabili, come il sesso, l'età, le caratteristiche costituzionali e l'attività lavorativa, che incidono in maniera notevole sul metabolismo. Si descrivano alcuni dei tipi di diete più seguiti comunemente al giorno d'oggi

Punti chiave

- Dieta vegetariana.
- Dieta macrobiotica.
- Dieta dissociata.

Svolgimento

Le diete dimagranti sono ormai entrate a far parte della nostra cultura, sebbene nessuno dovrebbe mai iniziare una dieta senza aver prima consultato un medico o un nutrizionista. Tra le diete più seguite ai nostri giorni c'è sicuramente quella vegetariana, che prevede l'eliminazione di qualsiasi alimento di origine animale, prediligendo un'alimentazione basata esclusivamente su cibi vegetali. Alla base di questa scelta possono esserci sia motivi ideologici, legati alla convinzione che non bisogna uccidere gli animali per soddisfare le esigenze nutrizionali degli uomini, sia motivi di salute, secondo cui le proteine e i grassi di origine animale sarebbero fortemente dannosi per l'organismo. I vegetariani, quindi, hanno un'alimentazione ricca di fibre, sostanze che proteggono da alcune malattie intestinali, come ad esempio il tumore al colon. I vegani, ossia i vegetariani in senso stretto, non ammettono nemmeno il consumo di latte, formaggi e uova, riducendo

così, in maniera drastica, l'apporto di grassi e diminuendo il rischio di malattie cardiovascolari, ipertensione, diabete e obesità. Tuttavia, una delle maggiori controindicazioni di una dieta vegetariana troppo rigida è lo scarso apporto di proteine e vitamine A, B e D, con rischio di anemia e decalcificazione ossea.
Esiste, poi, la dieta macrobiotica, che si fonda sulla cultura e la filosofia orientali, cercando di contrastare il consumismo e i ritmi frenetici dei tempi moderni. L'alimentazione acquista un'importanza fondamentale nell'equilibrio tra corpo e mente: gli alimenti si distinguono in yin (frutta, latte e derivati, tè, spezie) e yang (sale, uova, carne e pesce) e vanno associati in modo da favorire il naturale ritmo biologico dell'organismo. Questo regime alimentare prevede l'eliminazione di tutti i cibi sofisticati e derivanti da processi industriali, mentre predilige alimenti naturali, come frutta, ortaggi, carne e pesce. Uno dei vantaggi di questo tipo di alimentazione è l'elevato apporto di liquidi, che induce una riduzione del fabbisogno di acqua e favorisce il mantenimento dell'equilibrio idrosalino dell'organismo.
Infine, è spesso consigliata dai nutrizionisti la cosiddetta "dieta dissociata". Quella classica si basa su regole molto rigide, in quanto proibisce l'associazione di determinati cibi nell'ambito dello stesso pasto o addirittura nell'arco della stessa giornata. Tale concetto è stato poi rivisitato e ha dato origine a svariati tipi di diete basate sulle "buone o errate combinazioni alimentari". Nello stesso pasto occorre mangiare un solo cibo o più alimenti tra loro compatibili e non associare cibi ricchi di proteine con altri a base di carboidrati. Poi, è fondamentale evitare di abbinare fonti proteiche di diversa natura, ad esempio carne e pesce oppure legumi e latticini. Inoltre, non è opportuno concludere il pasto con frutta e/o dessert, ma consumare questi cibi da soli, in momenti diversi della giornata. L'assunzione di carboidrati dev'essere massima durante la prima parte della giornata e ridursi progressivamente man mano che ci si avvicina all'ora di cena.

20 Molti cibi vengono cotti per renderli più digeribili e più gradevoli e per eliminare diversi microrganismi dannosi per la salute umana. Il candidato descriva i principali metodi di cottura, mettendone in evidenza effetti positivi e negativi

Punti chiave

- Bollitura e cottura a vapore.
- Cottura al forno e alla griglia.
- Frittura.

Svolgimento

A differenza di quanto si pensa, non sempre cuocere gli alimenti ne altera le proprietà nutritive; spesso, infatti, la cottura può accrescere la biodisponibilità di molte sostanze, come avviene nel caso del licopene, un antiossidante contenuto nel pomodoro, che viene assorbito più facilmente se il pomodoro viene cotto. Tra gli svariati metodi di cottura, uno dei più praticati è la bollitura, che consente di cuocere gli alimenti senza aggiunta di olio o altri tipi di grassi. Quando, ad esempio, si lessano i vegetali, si verificano piccole perdite di vitamine idrosolubili e sali minerali, che però passano nell'acqua di cottura, la quale si può successivamente riutilizzare. La bollitura distrugge i batteri, ma non sterilizza: a tale scopo, infatti, occorre una temperatura di 120 gradi, raggiungibile solo con la pentola a pressione, che consente di ridurre i tempi di cottura e le perdite di nutrienti.
La cottura a vapore è una tecnica con cui si evita il contatto diretto tra l'acqua e il cibo da cuocere: le pietanze, infatti, vengono adagiate su una superficie permeabile provvista di aperture (come cestelli in metallo), sotto la quale il fondo della pentola viene riem-

pito con uno strato d'acqua. Questo metodo presenta notevoli benefici per la salute, non solo perché permette di rinunciare all'impiego di olio e altri condimenti ricchi di grasso, ma anche perché lascia inalterate le sostanze nutritive contenute negli alimenti, le quali non si disperdono nell'acqua di cottura, come invece accade nel caso della bollitura. Inoltre, i cibi conservano le loro proprietà organolettiche e tendono a mantenere un sapore molto più ricco, corposo e naturale.

Vi è, poi, la cottura al forno, che è ideale per numerose pietanze; mentre il cibo cuoce, è opportuno spennellarlo col grasso di cottura o con un pinzimonio per evitare che si secchi eccessivamente. È consigliabile usare la carta da forno o cucinare gli alimenti al cartoccio, altrimenti i grassi aggiunti si cuoceranno, diventando nocivi per la salute. Questo inconveniente si può risolvere mediante la cottura al microonde, che non richiede l'aggiunta né di grassi né di liquidi, in quanto i cibi non si attaccano. Anche nella cottura alla griglia o alla piastra non si utilizzano grassi e condimenti vari: l'alimento viene adagiato su una griglia forata e si cuoce grazie al calore emanato da braci, fiamme o da una serpentina elettrica. Questo è il metodo ideale per cuocere carne, pesce e verdure: il cibo raggiunge temperature molto elevate, sicché occorre fare attenzione alle parti carbonizzate, che conviene eliminare perché contengono sostanze cancerogene.

Infine, vi è il metodo della frittura che consiste nel portare l'olio o un altro grasso (burro, margarina) ad elevate temperature: il contatto dell'alimento con l'olio bollente permette la formazione della crosta, che ha il duplice vantaggio di rendere il prodotto croccante e di ridurre l'assorbimento di olio e la perdita di nutrienti. L'olio migliore per friggere è l'extravergine di oliva, il più resistente all'ossidazione, processo che porta gli alimenti ad assorbire, oltre all'olio, anche le sostanze ossidate, nocive per la salute.

21 L'olio di oliva è uno dei prodotti fondamentali nell'alimentazione umana ed è alla base della dieta mediterranea. Il candidato descriva le caratteristiche di questo prodotto, nonché i principali vantaggi per la salute derivanti dal suo consumo abituale

Punti chiave

- Composizione dell'olio di oliva.
- Oli vergini.
- Caratteristiche dell'olio extravergine.

Svolgimento

Le proprietà organolettiche e i valori nutrizionali dell'olio di oliva dipendono fortemente dalla zona di coltivazione dell'ulivo, dalla varietà coltivata, dallo stato di salute delle olive, dal clima e dal sistema di lavorazione. Questo prodotto è composto per il 90% da trigliceridi, a loro volta formati dall'esterificazione dei tre gruppi ossidrilici del glicerolo con altrettanti acidi grassi; inoltre, è ricco di idrocarburi, terpeni (sostanze che conferiscono il tipico aroma all'olio), vitamine A ed E (quest'ultima, detta anche tocoferolo, è l'antiossidante per eccellenza). L'olio appena estratto presenta un colore verde giallastro, un aromatico odore fruttato e un sapore dolciastro.

Con l'espressione "olio di oliva" ci si riferisce genericamente a una gamma di prodotti diversi tra loro per qualità, caratteristiche e modalità di lavorazione; per questo motivo, è importante che il consumatore sappia riconoscere i vari tipi di olio tramite la denominazione riportata sull'etichetta. La normativa vigente definisce oli “vergini” di oliva tutti quelli “ottenuti dal frutto mediante operazioni puramente fisiche e senza alcuna miscelazione o aggiunta di oli di altra natura”. Sono, dunque, oli ottenuti dal frutto dell’olivo solo mediante processi meccanici e altri processi fisici, in condizioni che non ne alterino la composizione, e senza aver subito alcun trattamento diverso da lavaggio, decantazione, centrifugazione e filtrazione. Gli oli vergini vengono classificati in categorie merceologiche che prendono in considerazione la sua acidità (espressa in grammi di acido oleico per 100 grammi di olio), le sue proprietà organolettiche (esaminate da un campione di assaggiatori) e le tecniche di produzione adottate. La classificazione degli oli di oliva vergini destinati al consumo è la seguente: olio extravergine, ottenuto dalla molitura di olive la cui acidità è inferiore a 0,8 g per 100 g e con punteggio organolettico uguale o superiore a 6,5; olio vergine, con grado di acidità massimo di 2 g per 100 g e punteggio organolettico uguale o superiore a 5,5; olio di oliva, che è un composto di oli di oliva vergini con oli di oliva raffinati, di acidità non superiore a 1 g per 100 g; olio di sansa, ottenuto dal taglio di olio vergine di oliva con olio di sansa di oliva raffinato, con grado di acidità non superiore a 1,5 g per 100 g. Il tipo di olio qualitativamente superiore è l’olio extravergine, che ha come principali caratteristiche un aroma fruttato, determinato dalle componenti volatili, e un gusto amarognolo, conferito dai polifenoli. Le proprietà benefiche di quest’olio per la salute umana sono innumerevoli, tra cui: riduce la percentuale di colesterolo cattivo (LDL) e il tasso di zucchero nel sangue; favorisce l’assorbimento delle vitamine liposolubili (A, D, E, K); previene l’arteriosclerosi e l’infarto del miocardio; protegge dalle malattie delle vie biliari perché aumenta la secrezione di bile; protegge la funzionalità del fegato; previene la disidratazione della pelle; previene l’osteoporosi; ha effetti lassativi e diuretici.

22 La celiachia è un'intolleranza permanente al glutine che può insorgere a qualsiasi età, compromettendo notevolmente, se non diagnosticata in tempo, lo stato di salute individuale. Il candidato, dopo aver descritto i sintomi di questa patologia, delinei il tipo di dieta più adatto per le persone che ne sono affette

Punti chiave

- Come si manifesta la celiachia.
- Alimenti consentiti, a rischio e vietati.

Svolgimento

Il morbo celiaco è legato a un cattivo assorbimento, a livello intestinale, di una sostanza proteica contenuta in diversi alimenti: il glutine. Nei soggetti che ne sono affetti l'ingestione di glutine provoca gravi alterazioni della mucosa del tratto iniziale dell'intestino tenue, consistenti essenzialmente nell'atrofia dei villi intestinali, con conseguente malassorbimento e malnutrizione. Questa sostanza è contenuta in numerosi cereali, quali: avena, frumento, farro, orzo, segale, grano khorasan, spelta e triticale. Attualmente, l'unica terapia che consente di curare la celiachia, garantendo un perfetto stato di salute, è quella di praticare una dieta completamente priva di glutine, eliminando dal proprio regime alimentare tutti i cibi che lo contengono. Nel bambino l'intolleranza si manifesta a distanza di qualche mese dall'introduzione del glutine nella dieta e presenta un quadro clinico caratterizzato da diarrea, vomito, irritabilità, arresto della crescita e calo ponderale. Nelle forme che esordiscono tardivamente, dopo il 2°-3° anno di vita, la sintomatologia gastroenterica è meno evidente, mentre prevalgono altri sintomi, quali: ritardo dello sviluppo puberale, dolori addominali ricorrenti e anemia sideropenica. La completa esclusione del glutine dalla dieta non è facilmente realizzabile, in quanto i cereali vietati ai celiaci si ritrovano in numerosi prodotti alimentari e il rischio di contaminazione accidentale da glutine è spesso legato ai processi di lavorazione che avvengono nell'industria alimentare.

Cibi che possono essere consumati con assoluta tranquillità, in quanto naturalmente privi di glutine, sono: tutti i tipi di carne, pesce, molluschi e crostacei, freschi o congelati, purché non miscelati con altri ingredienti, uova, prosciutto crudo, latte, formaggi freschi e stagionati, yogurt naturale e bianco senza aggiunta di addensanti, panna fresca e a lunga conservazione non miscelata con altri ingredienti, tutti i tipi di verdura, funghi freschi e secchi, tutti i legumi.

Alimenti a rischio, che potrebbero contenere glutine in quantità superiore ai 20 ppm (parti per milione) o che potrebbero subire contaminazioni e per i quali è necessario controllare gli ingredienti e i processi di lavorazione, sono: farine, fecole, amidi, semole, fiocchi di cereali, polenta pronta, malto, tapioca, cialde, fibre vegetali e dietetiche, pop corn e patatine confezionate, risotti pronti, couscous, surimi, conserve di carne, salumi e insaccati, yogurt cremoso con aggiunta di addensanti, passate di verdura, patate surgelate prefritte o precotte, purè, frutta candita e caramellata, bevande a base di latte, soia, riso e mandorle, bevande alcoliche addizionate con aromi o altre sostanze, birre da cereali consentiti, cacao in polvere, dolcificanti, marzapane, torrone e marmellate.

Infine, i cibi assolutamente vietati, perché contengono glutine, sono tutti i cereali precedentemente menzionati e tutti i prodotti preparati con essi, come ad esempio: pasta, pane, pizza, biscotti, dolci e torte, muesli, cereali soffiati e in fiocchi, carne o pesce impanati o infarinati, yogurt al malto e ai cereali, bevande a base di avena, verdure infarinate e pastellate, caffè solubile o surrogati del caffè all'orzo e al malto, orzo solubile, birra al malto d'orzo o di frumento.

23 Per il loro eccezionale apporto nutritivo, i legumi sono uno degli alimenti più importanti per la salute umana. Il candidato ne descriva le proprietà benefiche e i vantaggi derivanti da un loro consumo abituale nella dieta

Punti chiave

- Valori nutritivi dei legumi.
- Vantaggi di una dieta ricca di legumi.

Svolgimento

I legumi sono un importante gruppo di alimenti di origine vegetale, costituito dai semi commestibili delle piante appartenenti alla famiglia delle leguminose; essi rappresentano dei preziosi alleati per la salute umana per le loro notevoli proprietà nutrizionali e possono essere consumati freschi, secchi, surgelati e conservati. Quelli freschi contengono un'elevata quantità d'acqua, mentre quelli secchi sono un'ottima fonte di proteine, infatti ne contengono più del doppio dei cereali e più della stessa carne, anche se con valore biologico complessivamente inferiore. Tra i legumi più consumati in Italia vi sono i fagioli, le lenticchie, i ceci, i piselli e le fave, mentre scarso è il consumo di lupini e cicerchie. Ai legumi appartengono anche le arachidi e la soia, dai cui semi vengono estratti i rispettivi oli, ecco perché queste piante sono indicate come oleaginose.
Ad eccezione della soia e delle arachidi, i legumi sono poveri di grassi, quindi particolarmente indicati nelle diete ipolipidiche; l'elevato contenuto di fibre li rende alimenti ad alto potere saziante, contribuendo a prevenire condizioni patologiche quali dislipi-

demie, diverticolosi del colon, stitichezza, sovrappeso, malattie coronariche, arteriosclerosi, obesità, tumori maligni e calcolosi della cistifellea. Inoltre, grazie all'elevato contenuto glucidico, sono cibi dotati di un buon potere energetico; l'associazione legumi-cereali migliora la qualità proteica di questo alimento, ecco perché è molto importante consumarli con pasta, riso o farro. Attualmente, però, nel nostro paese vi è un basso consumo di legumi, soprattutto per i lunghi tempi di ammollo e di cottura: ciò, però, costituisce un fatto negativo dal punto di vista nutrizionale e della salute in generale, perché questi alimenti, oltre ad abbassare la colesterolemia grazie al buon contenuto di lecitina, sono ottimi anche per contrastare il diabete, in quanto rallentano l'assorbimento dei carboidrati, consentendo di mantenere costante il livello di glicemia. Contestualmente al declino dei legumi secchi, si è verificato però un crescente consumo di legumi freschi, anche grazie al miglioramento delle tecnologie di conservazione, in particolare della surgelazione, che ne ha reso possibile un utilizzo più pratico. Questi ultimi, però, hanno un valore calorico e proteico notevolmente inferiore rispetto a quelli secchi, nei quali si riscontra una maggiore concentrazione dei principi nutritivi in relazione al diminuito contenuto di acqua. Le proteine contenute nei legumi secchi si possono suddividere in due gruppi: proteine di riserva, presenti soprattutto nei corpi proteici e rappresentate principalmente da globuline (circa il 70% delle proteine totali), e proteine metaboliche (strutturali ed enzimatiche), queste ultime costituite soprattutto da albumine (10-20%) e, più limitatamente, da gluteline (meno del 10%). Infine, i legumi sono molto ricchi di ferro, zinco e calcio (sebbene la disponibilità di questi micronutrienti venga limitata dalle interazioni con altri componenti, quali fitati, tannini e fibre) e di alcune vitamine del gruppo B, come tiamina, riboflavina e niacina.

24 Le infezioni e le intossicazioni alimentari sono molto diffuse. Il candidato si soffermi sulle principali, descrivendone cause e sintomi

Punti chiave

- Uno sguardo generale alle malattie alimentari.
- Un esempio di infezione alimentare: la salmonellosi.
- Un esempio di intossicazione alimentare: il botulismo.

Svolgimento

Le malattie alimentari insorgono in seguito all'ingestione di cibi che contengono microrganismi patogeni o tossine di origine batterica. Sebbene variabili, i sintomi sono generalmente accomunati da disturbi gastrointestinali, come nausea, diarrea e dolori addominali, che nei casi più gravi si associano a febbre e ad alterazioni neurologiche. Spesso la proliferazione di microrganismi patogeni non altera le caratteristiche dell'alimento, che, sebbene contaminato, conserva le medesime proprietà organolettiche. Il sistema immunitario dell'uomo è in grado di combattere fino a un certo punto le varie infezioni e intossicazioni, con un'efficacia che dipende, oltre che dal tipo e dalla quantità dei patogeni introdotti, anche dallo stato di salute individuale: particolarmente a rischio di infezione sono, quindi, le persone debilitate, i bambini e gli anziani.
Le infezioni alimentari sono causate dalla presenza di un solo microrganismo patogeno senza produzione di tossine; tra le principali citiamo l'epatite A, la salmonellosi, la shigellosi, la listeriosi e l'enterite. La salmonellosi, in particolare, è provocata da un batterio, la salmonella, appartenente alla famiglia delle *Enterobacteriaceae*, e può presentarsi in forme tifoidee (in cui l'uomo rappresen-

ta l'unico serbatoio del microrganismo) e in forme non tifoidee, causate dalle cosiddette salmonelle minori, responsabili di manifestazioni sintomatiche a carattere prevalentemente gastroenterico. Quest'infezione si trasmette per via oro-fecale, soprattutto attraverso l'assunzione di cibi contaminati da feci animali o umane infette, che però non presentano alcuna alterazione alla vista o all'olfatto perché, se non raramente, il batterio non riesce subito ad iniziare il suo ciclo metabolico. Quando ci riesce, produce acido solfidrico, un gas che emana un odore sgradevole che fa capire che il cibo è avariato. Gli alimenti più comunemente considerati a rischio sono: carne cruda, uova, pollame, latte non pastorizzato e i suoi derivati, maionese fresca, creme e succhi di frutta non pastorizzati.

Le intossicazioni alimentari hanno origine dalle tossine prodotte dai batteri; le più acute sono l'intossicazione botulinica e quella staffilococcica. Il botulismo, che porta alla paralisi dei muscoli e che può essere letale quando colpisce i muscoli respiratori, è causato da una tossina prodotta dal *Clostridium Botulinum*, un batterio che cresce meglio in condizioni di scarso ossigeno e che forma spore in grado di sopravvivere in uno stato dormiente finché esposte a condizioni favorevoli alla loro crescita. Quest'intossicazione è causata dall'ingestione di carni insaccate, cibi conservati in scatola o sotto vuoto; in generale, tutti i cibi conservati che non vengono fatti cuocere e che hanno un basso grado di acidità (pH superiore a 4,6) possono costituire un ambiente adatto alla crescita del botulino. La tossina botulinica è stata ritrovata in alimenti molto diversi, come mais e altre verdure in scatola, olive, tonno, paté, affettati sotto vuoto, pesce conservato e mascarpone.

25 Le sostanze antiossidanti rivestono un ruolo essenziale nella lotta ai radicali liberi, responsabili dell'invecchiamento cellulare e di gran parte delle malattie degenerative. Il candidato descriva le principali funzioni degli antiossidanti e gli alimenti in cui essi sono maggiormente contenuti

Punti chiave

- Azione dei radicali liberi.
- Proprietà degli antiossidanti.
- Alimenti più ricchi di antiossidanti.

Svolgimento

Si definiscono radicali liberi quelle specie chimiche (atomi, molecole o ioni) dotate di elettroni spaiati e per questo caratterizzate da estrema reattività. Quelli che danneggiano maggiormente la salute umana sono prodotti da radiazioni ultraviolette o ionizzanti, inquinamento, fumo di sigaretta, abuso di alcool, ma anche dal nostro stesso organismo nel corso di alcune reazioni enzimatiche e nei focolai infiammatori. La vita dei radicali liberi è molto breve e la loro azione si esplica in prossimità della sede di produzione. Se non vengono subito neutralizzati da un accettore fisiologico, attaccano i vari costituenti endocellulari; la loro attività risulta tossica quando sono prodotti ad una velocità e in una quantità così elevate da non poter essere inattivati dai sistemi di difesa della cellula. In tal caso reagiscono insieme a tutti gli altri costituenti cellulari, determinando una condizione di stress ossidativo. Possono danneggiare anche il DNA, scindendo le sue catene polinucleotidiche e determinando la formazione di ponti che sono causa di

mutazioni o morte cellulare. Le sostanze capaci di contrastare l'azione nociva dei radicali liberi sono gli antiossidanti, che ritardano o inibiscono i processi di ossidazione, esercitando un'azione protettiva sull'integrità cellulare. Si distinguono in primari, che hanno la funzione di impedire o ritardare l'ossidazione tramite rimozione o inibizione dell'agente ossidante, e secondari, che hanno la funzione di interrompere l'ossidazione una volta iniziata.
Gli antiossidanti più potenti contenuti naturalmente negli alimenti sono: le vitamine C ed E, i carotenoidi, il selenio, lo zinco, il resveratrolo e il licopene. La vitamina C è contenuta in quantità elevate negli ortaggi (pomodori e patate), nella frutta (agrumi, fragole, ribes nero, mirtilli) e nelle verdure a foglia scura (broccoli, cavoli e spinaci). La vitamina E si trova principalmente nell'olio di oliva, negli oli vegetali, nelle verdure e nella frutta secca (in particolare noci e mandorle); il selenio è presente sia nel frumento e suoi derivati sia nei pesci e nelle carni; i carotenoidi sono contenuti in albicocche, carote, zucche e peperoni; lo zinco si trova nel pesce, nella carne rossa, nelle uova, nei cereali, nei legumi e nella frutta secca; il resveratrolo è contenuto nel vino rosso e ha un elevato potere antiaggregante, pertanto ostacola la formazione delle placche arteriosclerotiche; il licopene si trova principalmente nel pomodoro e suoi derivati.
Tra i cibi più ricchi di antiossidanti, oltre a quelli già menzionati, si ricordano: il kiwi, caratterizzato da un'elevata presenza di polifenoli; il tè verde, ricco di polifenoli, bioflavonoidi e tannini; il melograno, che presenta notevoli proprietà antinfiammatorie e gastroprotettive; i mirtilli, soprattutto quelli selvatici, ricchi di flavonoidi, che prevengono malattie metaboliche, degenerative e cardiovascolari; i frutti rossi, comprese fragole e ciliegie, e tutti i frutti di bosco; l'avocado, ricco di vitamine A ed E, e l'olio da esso estratto; il cacao e il cioccolato fondente.

Appendice
Tracce assegnate in precedenti concorsi a cattedra

Classe di concorso A17 Disegno e storia dell'arte negli istituti di Istruzione di II grado (ex A025 - Disegno e storia dell'arte)

Concorso ordinario 1982

I Prova scritto-grafica

1) Dato un cono, si richiede: a) la proiezione assonometrica cavaliera; b) di determinare, su tale proiezione, le tre sezioni coniche; c) di determinare, in proiezione ortogonale, la vera grandezza delle tre sezioni coniche; d) di rappresentare gli sviluppi del cono a sezioni effettuate.
Le dimensioni del cono sono a scelta del candidato. Svolto il tema, il candidato dovrà illustrare i principi teorici sui quali ha fondato l'operazione grafica, con i riferimenti storico-filologici.

II Prova scritto-grafica

Il candidato tratti, con peculiare terminologia e dimostrando la conoscenza delle moderne metodologie di indagine critica, uno dei tre temi appresso proposti, indicando, in rapporto all'argomento scelto, i caratteri permanenti e le varianti stilistiche di una scuola artistica, oppure le caratteristiche di un'opera d'arte, con adeguato riferimento alle contemporanee vicende storiche (culturali, sociopolitiche ed economiche):
1) L'architettura romanico-lombarda e padana attraverso i suoi principali monumenti (*svolgimento: vedi Parte Prima, Quesito 7*).
2) G. Pisano, *Il Pulpito di S. Andrea* a Pistoia (*svolgimento: vedi Parte Prima, Quesito 8*).
3) L'impressionismo francese e i Macchiaioli toscani: differenze culturali, storiche e artistiche (*svolgimento: vedi Parte Prima, Quesito 9*).

Concorso riservato 1983

1) Utilizzazione della figura schematizzata in uno dei vari campi delle rappresentazioni grafiche, servendosi anche di opportuni schizzi a mano libera, simili a quelli che eseguirebbe alla lavagna durante la spiegazione orale.
2) Costruzioni geometriche notevoli, servendosi anche di opportuni schizzi a mano libera, simili a quelli che eseguirebbe alla lavagna durante la spiegazione orale.
3) Prospettive centrali, servendosi anche di opportuni schizzi a mano libera, simili a quelli che eseguirebbe alla lavagna durante la spiegazione orale.
4) Illustrare, con i mezzi espressivi a disposizione, un racconto o un argomento favolistico.

Concorso ordinario 1984

■ I Prova scritto-grafica

Si rappresenti in proiezione ortogonale, assonometrica e in prospettiva accidentale un prisma retto a base esagonale con asse parallelo al P. O., poggiato con una delle facce sul P. O. ed intersecato da una piramide retta a base triangolare equilatera con l'asse perpendicolare al P. V. Si determini la loro reciproca penetrazione e le ombre propria e portata sui piani di proiezione.
In una successiva fase scritta si illustrino i principi teorici sui quali è basata l'operazione grafica con riferimenti storico-filologici.

■ II Prova scritto-grafica

1) Lo studio della comunicazione e della forma nell'esperienza della Bauhaus (*svolgimento: vedi Parte Prima, Quesito 10*).
2) La "*Confraternita dei Preraffaelliti*" (*svolgimento: vedi Parte Prima, Quesito 11*).
3) Gli sviluppi dell'arte di Brunelleschi nel palazzo, nella villa, nella città, limitatamente ad una regione d'Italia (*svolgimento: vedi Parte Prima, Quesito 14*).
Nel trattare uno dei tre argomenti proposti il candidato dovrà indicare i caratteri permanenti e le varianti stilistiche della "scuola" artistica prescelta, con adeguato riferimento alle contemporanee vicende storiche (culturali, sociopolitiche ed economiche) adottando peculiare terminologia e dimostrando la conoscenza delle

moderne metodologie di indagine critica. Il candidato dovrà accompagnare il testo con schemi e disegni illustrativi.

Concorso riservato 1988

Il candidato tratti, sotto forma di lezione, uno dei seguenti argomenti, privilegiandone l'aspetto metodologico-didattico con riguardo agli alunni cui la lezione stessa sarebbe destinata:
1) Tecniche di rappresentazione formale.
2) Il disegno come mezzo di comunicazione (*svolgimento: vedi Parte Prima, Quesito 12*).
3) Metodologie di approccio alla lettura di un'opera d'arte (*svolgimento: vedi Parte Prima, Quesito 13*).
4) Lettura della struttura di uno spazio urbano e dei suoi valori (artistici, storici, sociali, ecc.) attraverso un'analisi tipologica, formale, costruttiva.
5) Tecniche di lettura e modi di utilizzazione dell'opera d'arte nel processo di educazione all'immagine dei futuri docenti dell'infanzia.
6) La rappresentazione della natura nell'arte del Cinquecento. Se ne illustrino caratteri, motivi ispiratori e tecniche espressive.
Il candidato, nell'elaborato, indichi a quale tipo di scuola appartengono gli alunni cui rivolge la propria lezione.

Concorso ordinario 1990

■ I Prova scritto-grafica

Si rappresenti in proiezione ortogonale, un prisma retto a base esagonale, poggiato con una base sopra un piano α, che ha la prima e la seconda traccia che formano la L.T., rispettivamente angoli di 30° e 60°, e le ombre propria e portata sul piano α.
Le dimensioni del prisma sono a scelta del candidato.
Svolto il tema, il candidato dovrà illustrare i principi teorici sui quali ha fondato l'operazione grafica, con i riferimenti storico-filologici.

Durata massima della prova: ore dieci.
È consentito soltanto l'uso del vocabolario italiano.

Gli strumenti e le tecniche di realizzazione dell'elaborato sono a scelta del candidato.

■ II Prova scritto-grafica

Il candidato, nello svolgere, a scelta, uno dei seguenti temi dovrà fare adeguato riferimento alle contemporanee vicende storiche (culturali, socio-politiche ed economiche) e dimostrare con peculiare terminologia ed eventuali ed opportune rappresentazioni grafiche, la conoscenza delle moderne metodologie di indagine critica.

1) Come l'architettura bizantina prima e l'architettura occidentale poi risolvono i due problemi tecnici insiti nelle costruzioni a volta: l'articolazione geometrica delle superfici e l'articolazione fisica delle strutture.

2) La tipologia del palazzo quale fu ideata dal Bramante e la sua evoluzione fino al Sansovino.

3) La centralità classica a confronto con quella variabile e atipica dell'arte barocca.

Durata massima della prova: ore otto.

È consentito soltanto l'uso del vocabolario italiano e l'uso di penne nere o blu.

È fatto divieto di svolgere più di un solo tema, pena l'annullamento della prova.

Classe di concorso A01 Arte e immagine nella scuola secondaria di primo grado (ex A028 – Educazione artistica)

Concorso ordinario 1982

Il candidato dovrà progettare ed eseguire, attraverso una personale interpretazione, uno dei due temi appresso riportati e sviluppare anche uno o più particolari, utilizzando, tra le tecniche di seguito indicate quella a lui più congeniale:
Pittorica: acquarello, tempera, collage.
Grafica: cartoncini, grafiti, inchiostri (è consentito anche l'uso di matite colorate, pennarelli e pastelli cerosi, oleosi e cretosi).
Mista: pittorica e grafica.
Qualunque sia la tecnica prescelta per l'esecuzione dell'elaborato, il candidato, nella fase di progettazione, può avvalersi anche dell'uso delle tecniche grafiche.
1) Il candidato, tenendo presente la struttura della figura umana, visualizzi uno o più aspetti che questa assume durante il movimento, ambientandola, a seconda di ciò che il movimento vuole esprimere, in uno spazio idoneo e tale che concorra esso stesso alla valorizzazione del significato gestuale.
2) Tenendo presente l'ambiente trasformato dall'uomo, in particolare quello urbano, il candidato, attraverso una composizione, esprima l'atmosfera caratteristica di tale ambiente.
Alla prova il candidato dovrà allegare una relazione essenziale, eventualmente corredata da grafici e da schizzi, che illustri le motivazioni espressive e la definizione della correlazione tra il tema, i materiali e i mezzi operativi usati per l'esecuzione.

Concorso riservato 1983 (art. 35)

Il candidato, sotto forma di lezione e privilegiandone l'aspetto metodologico-didattico con riguardo agli alunni cui la lezione stessa sarebbe destinata, tratti di uno dei seguenti argomenti:
1) Il candidato esponga come svolgerebbe, in una lezione per alunni di seconda classe di scuola media, una o più esercitazioni sulla rappresentazione dello spazio.
2) Il candidato esponga come, in una classe di prima media, presenterebbe agli alunni una delle tecniche pittoriche quale mezzo per produrre, in modo consapevole e creativo, messaggi visivi.
3) Il candidato, facendo riferimento alla programmazione educativa e didattica, esponga come illustrerebbe, in una classe di terza media, un aspetto dell'artigianato, delle arti e delle tradizioni popolari, in una o più lezioni in classe o attraverso una visita didattica.

Durata della prova: 8 ore.
È consentito l'uso del vocabolario.
Il candidato, nell'elaborato, indichi a quale tipo di scuola appartengono gli alunni cui rivolge la propria lezione.

Concorso riservato 1983 (art. 76)

1) Il candidato esponga come imposterebbe, in una o più lezioni, la lettura dell'ambiente attraverso la ripresa di immagini fotografiche.
2) Il candidato esponga con quali strategie, nelle varie fasi della programmazione educativa e didattica, sensibilizzerebbe in una o più lezioni, gli alunni di una classe seconda media, alla conoscenza ed al rispetto dell'ambiente e dei beni culturali, quali testimonianze di vita e di cultura attraverso i secoli.
3) Il candidato, tenendo presente la programmazione curricolare, esponga, evidenziando l'aspetto metodologico-didattico, come in una terza classe di scuola media tratterebbe il tema della figura umana.

Concorso ordinario 1984

"Illustrare i fattori storico-artistici di una realtà territoriale del nostro Paese e dire come si promuoverebbe la conoscenza approfondita di essa e le possibilità di assumerla a base di un lavoro interdisciplinare e a stimolo per attività operative degli allievi."

Concorso riservato 1988

Il candidato tratti, sotto forma di lezione, uno dei seguenti argomenti, privilegiandone l'aspetto metodologico-didattico con riguardo agli alunni cui la lezione stessa sarebbe destinata:
1) Il messaggio pubblicitario quale motivazione primaria per lo sviluppo delle capacità fruitive e critiche.
2) Il candidato dica con quali metodi, materiali e sussidi imposterebbe una o più lezioni sulle caratteristiche della corrente pittorica denominata "Impressionismo".
3) Si presenti ad una classe, di cui si sarà individuato nelle grandi linee il profilo, un manufatto artistico, assunto come espressione di tutta la cultura locale.

Concorso ordinario 1990

Il candidato svolga il seguente tema:
La lettura di un'opera d'arte come strumento e sussidio della percezione dello spazio e della sua rappresentazione sul piano. Il candidato collochi la trattazione dell'argomento proposto nella prospettiva delle finalità dell'educazione artistica previste dai Programmi del 1979 e ne sviluppi gli aspetti interdisciplinari.

Durata massima della prova: ore otto.
È consentito soltanto l'uso del dizionario della lingua italiana.

Ambito disciplinare 1. Classi di concorso A01 Arte e immagine nella scuola secondaria di primo grado/A17 Disegno e storia dell'arte negli istituti di Istruzione di II grado

Concorso ordinario 1999

Prova scritto-grafica

Dopo aver scelto una delle tre opere proposte, il candidato ne delinei un'analisi tecnico-stilistica, anche con l'ausilio di elaborati grafici personalizzati. Dall'analisi dell'opera proceda poi a contestualizzarla entro l'attività artistica dell'autore e quindi a inquadrare l'autore rispetto alla produzione artistica a lui contemporanea ed al clima culturale dell'epoca.
La trattazione dovrà essere orientata e finalizzata ad un intervento didattico da condurre efficacemente in una classe a scelta del candidato.
Opere proposte:
1. D. Bramante - *Coro di S. Maria presso S. Satiro,* 1482-86. Milano (*svolgimento: vedi Parte Prima, Quesito 4*).
2. G. L. Bernini - *Apollo e Dafne,* 1622-24. Roma, Galleria Borghese. (*svolgimento: vedi Parte Prima, Quesito 5*).
3. Le Corbusier - *Cappella di Notre Dame du Haut,* 1950-53, Ronchamp (*svolgimento: vedi Parte Prima, Quesito 6*).

Durata massima della prova: ore 10
È consentito soltanto l'utilizzo di fogli cm. 35x50 e fogli UNI 4 bianchi e tipo protocollo forniti dalla Commissione.
È consentito l'uso del dizionario della lingua italiana e del materiale da disegno personale del candidato.

Concorso ordinario 2012

■ Prova scritto-grafica

Quesito 1

Nella dimora rinascimentale lo studiolo riveste un ruolo significativo sia sul piano artistico, sia sul piano sociale. Il candidato illustri uno o più episodi di committenza legati all'allestimento dello studiolo nel sec. XV (*svolgimento: vedi Parte Prima, Quesito 1*).

Quesito 2

Il candidato illustri le caratteristiche salienti dell'architettura di Francesco Borromini (*svolgimento: vedi Parte Prima, Quesito 2*).

Quesito 3

Nell'articolo 9 della Costituzione è scritto "La Repubblica tutela il paesaggio e il patrimonio storico e artistico della Nazione". Il candidato elabori le tracce di un'ipotetica lezione a commento di tale assunto (*svolgimento: vedi Parte Prima, Quesito 1*).

Concorso ordinario 2016

Domande a risposta aperta

Quesito 1 - Giotto, *Compianto sul Cristo morto*

Il candidato:

a) Collochi la trattazione oggetto del quesito nell'ambito di una programmazione disciplinare curriculare per un istituto di istruzione secondaria di primo o di secondo grado individuando le competenze minime, riferite all'asse culturale appropriato, che l'alunno deve conseguire al termine del modulo o unità didattica.

b) Definisca, eventualmente sotto forma di mappa concettuale, gli argomenti specifici che si ritiene opportuno sviluppare dettagliandone i contenuti ed evidenziando l'eventuale interdisciplinarietà con le altre materie di indirizzo.

Quesito 2 - Il Concorso del 1401 per la seconda porta del Battistero di San Giovanni a Firenze

Il candidato:

a) Collochi la trattazione oggetto del quesito nell'ambito di una programmazione disciplinare curriculare per un istituto di istru-

zione secondaria di primo o di secondo grado individuando le competenze minime, riferite all'asse culturale appropriato, che l'alunno deve conseguire al termine del modulo o unità didattica.
b) Fornisca una panoramica delle tipologie di prove di verifica che ritiene appropriate e, se previste, anche di prove di laboratorio e i criteri di valutazione adottati in tali prove.

Quesito 3 - La collezione Terrae Motus conservata nella Reggia di Caserta è una delle più importanti raccolte di arte contemporanea; il candidato ne illustri l'origine e ne analizzi alcune opere più significative.
a) Collochi la trattazione oggetto del quesito nell'ambito di una programmazione disciplinare curriculare per un istituto di istruzione secondaria di primo o di secondo grado individuando le competenze minime, riferite all'asse culturale appropriato, che l'alunno deve conseguire al termine del modulo o unità didattica.
b) Descriva gli strumenti didattici, comprensivi anche di sussidi tecnologici, e le strategie metodologiche messe in atto per ottimizzare l'apprendimento da parte degli alunni, nonché l'organizzazione di una eventuale azione di recupero delle conoscenze.

Quesito 4 - La Teoria dei Colori di Johannes Itten.
Il candidato:
a) Collochi la trattazione oggetto del quesito nell'ambito di una programmazione disciplinare curriculare per un istituto di istruzione secondaria di primo o di secondo grado individuando le competenze minime, riferite all'asse culturale appropriato, che l'alunno deve conseguire al termine del modulo o unità didattica.
b) Definisca, eventualmente sotto forma di mappa concettuale, gli argomenti specifici che si ritiene opportuno sviluppare dettagliandone i contenuti ed evidenziando l'eventuale interdisciplinarietà con le altre materie di indirizzo.

Quesito 5 - Il candidato definisca il ruolo e i rapporti di Edouard Manet e di Paul Cézanne con il movimento impressionista.
a) Collochi la trattazione oggetto del quesito nell'ambito di una programmazione disciplinare curriculare per un istituto di istruzione secondaria di primo o di secondo grado individuando le

competenze minime, riferite all'asse culturale appropriato, che l'alunno deve conseguire al termine del modulo o unità didattica.
b) Fornisca una panoramica delle tipologie di prove di verifica che ritiene appropriate e, se previste, anche di prove di laboratorio e i criteri di valutazione adottati in tali prove.

Quesito 6 - I fenomeni della dispersione e dell'abbandono scolastico non sono riconducibili ad una sola causa, ma ad una pluralità di variabili intrinseche o psicologiche (disturbi dell'apprendimento, disagio e insuccesso scolastici, oppure handicap) e estrinseche o sociologiche (condizioni socio-economiche e familiari).
Il candidato, per ridare centralità e dignità ai soggetti dell'apprendimento (alunni), quali strategie adotterebbe per il raggiungimento del successo formativo, inteso come piena realizzazione da parte di tutti al diritto allo studio.

Classe di concorso A16 Disegno artistico e modellazione odontotecnica

Concorso ordinario 2016

Domande a risposta aperta

Quesito 1 - Il Doriforo di Policleto esprime un ideale di bellezza, un modello fisico di perfezione ed equilibrio, il candidato spieghi come è ottenuta la proporzione perfetta tra le parti del corpo.

a) Collochi la trattazione oggetto del quesito nell'ambito di una programmazione disciplinare curriculare per un istituto di istruzione secondaria di secondo grado individuando le competenze minime, riferite all'asse culturale appropriato, che l'alunno deve conseguire al termine del modulo o unità didattica.

b) Definisca, eventualmente sotto forma di mappa concettuale, gli argomenti specifici che si ritiene opportuno sviluppare dettagliandone i contenuti ed evidenziando l'eventuale interdisciplinarietà con le altre materie di indirizzo.

Quesito 2 - La funzione della luce e delle ombre in pittura (Caravaggio)

Il candidato:

a) Collochi la trattazione oggetto del quesito nell'ambito di una programmazione disciplinare curriculare per un istituto di istruzione secondaria di secondo grado individuando le competenze minime, riferite all'asse culturale appropriato, che l'alunno deve conseguire al termine del modulo o unità didattica.

b) Fornisca una panoramica delle tipologie di prove di verifica che ritiene appropriate e, se previste, anche di prove di laboratorio e i criteri di valutazione adottati in tali prove.

Quesito 3 - Il disegno e gli studi anatomici con particolare riferimento a Leonardo.
Il candidato:
a) Collochi la trattazione oggetto del quesito nell'ambito di una programmazione disciplinare curriculare per un istituto di istruzione secondaria di secondo grado individuando le competenze minime, riferite all'asse culturale appropriato, che l'alunno deve conseguire al termine del modulo o unità didattica.
b) Descriva gli strumenti didattici, comprensivi anche di sussidi tecnologici, e le strategie metodologiche messe in atto per ottimizzare l'apprendimento da parte degli alunni, nonché l'organizzazione di una eventuale azione di recupero delle conoscenze.

Quesito 4 - Sistema convenzionale di rappresentazione dello spazio. La prospettiva classica occidentale (prospettiva lineare).
Il candidato:
a) Collochi la trattazione oggetto del quesito nell'ambito di una programmazione disciplinare curriculare per un istituto di istruzione secondaria di secondo grado individuando le competenze minime, riferite all'asse culturale appropriato, che l'alunno deve conseguire al termine del modulo o unità didattica.
b) Definisca, eventualmente sotto forma di mappa concettuale, gli argomenti specifici che si ritiene opportuno sviluppare dettagliandone i contenuti ed evidenziando l'eventuale interdisciplinarietà con le altre materie di indirizzo.

Quesito 5 - Arte primitiva funzione magica e religiosa: il candidato spieghi perché le statuette femminili hanno ventri e seni enormi.
a) Collochi la trattazione oggetto del quesito nell'ambito di una programmazione disciplinare curriculare per un istituto di istruzione secondaria di secondo grado individuando le competenze minime, riferite all'asse culturale appropriato, che l'alunno deve conseguire al termine del modulo o unità didattica.
b) Fornisca una panoramica delle tipologie di prove di verifica che ritiene appropriate e, se previste, anche di prove di laboratorio e i criteri di valutazione adottati in tali prove.

Quesito 6 - Il candidato illustri come la scuola può intervenire al fine di promuovere un'efficace azione di integrazione tra il sistema dell'istruzione e le realtà economiche e sociali, sia pubbliche che private del territorio.

Classe di concorso A54 Storia dell'arte (ex A061 - Storia dell'Arte)

Concorso ordinario 1982

I Prova scritta

Con riferimento ad uno dei seguenti tre temi, il candidato, dopo aver illustrato il retroterra storico, culturale e sociale del fatto artistico prescelto, specifichi come e attraverso quali moderne metodologie d'indagine critica, ben diverse dalla sensibilità spesso invocata per conoscere "il bello", svilupperebbe in classe la trattazione delle opere prese in esame al fine di mettere i giovani nelle condizioni di poterle capire ed apprezzare.

1) I rilievi delle colonne coclidi di Traiano e Marco Aurelio: analogie e differenze.

2) La tipologia del palazzo rinascimentale nelle soluzioni e nei progetti del Brunelleschi.

3) Segno e gesto nella pittura contemporanea.

II Prova scritta

Con riferimento ad uno dei seguenti tre manufatti di rilevante importanza artistica e culturale, il candidato, dopo aver illustrato gli aspetti storico-tecnologici, quelli formali ed eventualmente i motivi iconografici, lo stato di conservazione, l'utilità funzionale del manufatto prescelto, specifichi con quali obiettivi, metodi e mezzi riterrebbe opportuno farne oggetto di trattazione nel proprio programma d'insegnamento della storia dell'arte.

1) La brocchetta proveniente da Gurnià decorata con l'immagine di un polipo.

2) A. Dürer: Il Cavaliere, la Morte e il Diavolo. Incisione datata 1513.

3) Marcel Breuer: poltrona in tubo metallico e tela (1926).

Concorso riservato 1983 (art. 35)

Il candidato, sotto forma di lezione e privilegiandone l'aspetto metodologico-didattico con riguardo agli alunni cui la lezione stessa sarebbe destinata, tratti di uno dei seguenti argomenti:
1) Funzioni sociali e caratteri architettonici della piazza in Italia dal Medioevo al Rinascimento.
2) La Firenze medicea nella storia dell'arte e del costume, con riferimento alle arti minori e all'artigianato.
3) Riassumere i tratti salienti di una o di alcune delle principali tradizioni popolari italiane, segnalandone le influenze nel costume delle popolazioni portatrici.

Durata della prova: 8 ore.
È consentito l'uso del vocabolario.
Il candidato, nell'elaborato, indichi a quale tipo di scuola appartengono gli alunni cui rivolge la propria lezione.

Concorso riservato 1983 (art. 76)

Il candidato, sotto forma di lezione e privilegiandone l'aspetto metodologico-didattico con riguardo agli alunni cui la lezione stessa sarebbe destinata, tratti di uno dei seguenti argomenti:
1) Il ritratto in Leonardo e Raffaello.
2) Il Liberty in Italia nella storia dell'arte e nel costume.
3) Criteri metodologici e scelte di materiali didattici per un moderno insegnamento di storia delle arti o del folclore o del costume e dell'arredamento.

Durata della prova: 8 ore.
È consentito l'uso del vocabolario.
Il candidato, nell'elaborato, indichi a quale tipo di scuola appartengono gli alunni cui rivolge la propria lezione.

Concorso ordinario 1984

■ I Prova scritta

1) I motivi iconografici dell'arte ravennate.

2) L'interpretazione dell'antico nella statuaria barocca.
3) Il razionalismo nell'architettura europea tra le due guerre.
Si illustrino le caratteristiche del fatto artistico prescelto inquadrandolo nelle vicende storiche (culturali, sociopolitiche ed economiche) entro le quali si è manifestato; si indichino, quindi, i procedimenti didattici ritenuti più opportuni per promuovere negli alunni un'organica conoscenza dello stesso fatto artistico.

■ **II Prova scritta**
1) Apollo di Veio - scultura etrusca del sec. IV attribuita a Vulca.
2) Teatro olimpico (Vicenza) di Andrea Palladio, portato a compimento da Vincenzo Scamozzi.
3) Ritratto del postino Roulin, di Vincent Van Gogh - 1888.
Del manufatto d'arte prescelto si illustrino gli aspetti concernenti la materia, la tecnica, il linguaggio formale, l'iconografia e lo stato di conservazione.

Concorso riservato 1988

Il candidato tratti, sotto forma di lezione, uno dei seguenti argomenti, privilegiandone l'aspetto metodologico-didattico con riguardo agli alunni cui la lezione stessa sarebbe destinata:
1) La lettura di una o più opere artistiche con particolare riguardo alle procedure adottate e ai significati di volta in volta localizzati.
2) Tra i diversi modi di rappresentazione dello spazio se ne illustri uno, cogliendone i nessi con problemi posti dalla cultura coeva.
3) Simmetria e asimmetria: due possibili parametri di ricognizione della cultura figurativa.
4) Motivi ispiratori e caratteri stilistici della produzione artistica tra la fine del Settecento e i primi decenni dell'Ottocento, anche in relazione alle arti applicate, all'arredamento, al costume.
5) Abbigliamento, arredamento, arti applicate, disegno industriale. Il candidato tratti di uno o più di questi settori nella produzione degli ultimi trenta anni, con riguardo alle influenze variamente esercitate dalle correnti artistiche contemporanee.
Il candidato, nell'elaborato, indichi a quale tipo di scuola appartengono gli alunni cui rivolge la propria lezione.

Concorso ordinario 1990

I prova scritta

Il candidato svolga, a scelta, uno dei seguenti temi:

1) Dal Manierismo alla Pittura Metafisica, al Dada: l'irrazionale nelle manifestazioni figurative.

Trattare di un periodo, sottolineandone alcuni connotati più caratteristici quali l'elemento onirico o il disorientamento spaziale o l'irrealtà scenica in luogo del reale quotidiano.

2) La Ceramografia greca dei secoli VI e V e il suo legame con la contemporanea scultura.

3) Trattare di alcuni dei Monumenti funebri (dal 300 all'800), con particolare riferimento agli esemplari presenti in Toscana e nel Lazio.

Durata massima della prova: 8 ore.

È consentito soltanto l'uso del vocabolario italiano.

È fatto divieto di svolgere più di un solo tema, pena l'annullamento della prova.

II prova scritta

Il candidato svolga. a scelta, uno dei seguenti temi:

1) Mosaico "nilotico" dal Santuario della Fortuna di Preneste I secolo (originale del Il secolo).

2) A. Mantegna. Morte della vergine, 1461 circa.

3) A. Rodin. Il pensatore, scultura del 1888.

Il candidato dovrà considerarne il materiale, la tecnica, il linguaggio formale, l'iconografia e lo stato di conservazione.

Durata massima della prova: 8 ore.

È consentito soltanto l'uso del vocabolario italiano.

È fatto divieto di svolgere più di un solo tema, pena l'annullamento della prova.

Concorso ordinario 2016

Domande a risposta aperta

Quesito 1 - La colonizzazione greca in Italia – periodo cronologicamente compreso tra l'VIII secolo e gli inizi del V secolo a.C. – presenta risultati che da un punto di vista architettonico e arti-

stico non possono essere considerati come un insieme compatto e unitario, per gli influssi dei modelli importati dalla madrepatria e al tempo stesso dalla produzione artistica propriamente locale. Tenendo conto di questi fattori, ricostruisca il candidato una mappa geografico-territoriale dei maggiori centri della Magna Grecia, in cui siano chiaramente leggibili i modelli architettonici e artistici della madrepatria.
a) Collochi la trattazione oggetto del quesito nell'ambito di una programmazione disciplinare curriculare per un istituto di istruzione secondaria di secondo grado individuando le competenze minime, riferite all'asse culturale appropriato, che l'alunno deve conseguire al termine del modulo o unità didattica.
b) Definisca, eventualmente sotto forma di mappa concettuale, gli argomenti specifici che si ritiene opportuno sviluppare dettagliandone i contenuti ed evidenziando l'eventuale interdisciplinarietà con le altre materie di indirizzo.

Quesito 2 - I Futuristi e la Grande Guerra. Un binomio che caratterizza l'arte italiana durante il conflitto mondiale (1914-1918). Spieghi il candidato l'ideologia dell'interventismo di Filippo Tommaso Marinetti, alla luce della produzione di alcuni dipinti di artisti futuristi, a scelta tra Carlo Carrà, Giacomo Balla e Gino Severini.
a) Collochi la trattazione oggetto del quesito nell'ambito di una programmazione disciplinare curriculare per un istituto di istruzione secondaria di secondo grado individuando le competenze minime, riferite all'asse culturale appropriato, che l'alunno deve conseguire al termine del modulo o unità didattica.
b) Fornisca una panoramica delle tipologie di prove di verifica che ritiene appropriate e, se previste, anche di prove di laboratorio e i criteri di valutazione adottati in tali prove.

Quesito 3 - Il ruolo delle avanguardie artistiche del XX secolo.
Il candidato:
a) Collochi la trattazione oggetto del quesito nell'ambito di una programmazione disciplinare curriculare per un istituto di istruzione secondaria di secondo grado individuando le competenze minime, riferite all'asse culturale appropriato, che l'alunno deve conseguire al termine del modulo o unità didattica.

b) Descriva gli strumenti didattici, comprensivi anche di sussidi tecnologici, e le strategie metodologiche messe in atto per ottimizzare l'apprendimento da parte degli alunni, nonché l'organizzazione di una eventuale azione di recupero delle conoscenze.

Quesito 4 - L'uso del valore plastico in architettura (La *Cappella di Ronchamp*)
Il candidato:
a) Collochi la trattazione oggetto del quesito nell'ambito di una programmazione disciplinare curriculare per un istituto di istruzione secondaria di secondo grado individuando le competenze minime, riferite all'asse culturale appropriato, che l'alunno deve conseguire al termine del modulo o unità didattica.
b) Definisca, eventualmente sotto forma di mappa concettuale, gli argomenti specifici che si ritiene opportuno sviluppare dettagliandone i contenuti ed evidenziando l'eventuale interdisciplinarietà con le altre materie di indirizzo.

Quesito 5 - Il candidato confronti l'*Olympia* di Manet e la *Venere* di Urbino di Tiziano.
a) Collochi la trattazione oggetto del quesito nell'ambito di una programmazione disciplinare curriculare per un istituto di istruzione secondaria di secondo grado individuando le competenze minime, riferite all'asse culturale appropriato, che l'alunno deve conseguire al termine del modulo o unità didattica.
b) Fornisca una panoramica delle tipologie di prove di verifica che ritiene appropriate e, se previste, anche di prove di laboratorio e i criteri di valutazione adottati in tali prove.

Quesito 6 - La valorizzazione delle testimonianze artistiche del passato è elemento propedeutico per guardare alla crescita della società futura. In quest'ottica l'educazione delle nuove generazioni all'arte, alla conoscenza e salvaguardia dei Beni Culturali è oggi in Italia un imperativo morale. Arte intesa come appartenenza civica al tessuto di valori e di esempi di moralità e civiltà, che il mondo antico ci ha tramandato e che noi oggi dobbiamo categoricamente preservare. In candidato illustri, sinteticamente, come esporre ad una classe di alunni di un liceo tali concetti, facendo riferimento alle testimonianze artistiche del sito archeologico di Pompei.

Classe di concorso A60 Tecnologia nella scuola secondaria di primo grado (ex A033 – Educazione tecnica)

Concorso riservato 1982

Con riferimento ad uno dei seguenti tre temi, il candidato dopo aver illustrato alcuni dei concetti e dei procedimenti la cui conoscenza ritiene essenziale per la formazione di base, specifichi con quali obiettivi, metodi e mezzi li potrebbe introdurre nel corso di educazione tecnica.

1) Fonti di energia.
2) Strumenti e tecniche per la conservazione e la comunicazione di informazioni.
3) Resistenza dei materiali alle sollecitazioni meccaniche.

Concorso riservato 1983 (art. 76)

1) Produzione, consumo e risparmio energetico.
2) Fibre tessili, mischie e tecniche di tessitura (*svolgimento: vedi Parte Quinta, Quesito 10*).
3) I sistemi di trasporto.

Nell'esposizione il candidato avrà cura di precisare gli obiettivi, i concetti e i linguaggi che intende mettere in luce, i momenti operativi e i materiali di cui intende far uso, nonché le relative verifiche.

Concorso ordinario 1984

1) Tenendo presenti i fattori formativi della disciplina, esporre le peculiari caratteristiche del legno utilizzato nella struttura delle costruzioni edili, evidenziando, oltre ai suggerimenti operativi, i possibili apporti interdisciplinari.

2) Ricorrendo ad opportune esemplificazioni di impianti d'abitazione, tracciare percorsi formativi per il loro apprendimento, adeguando le tecniche didattiche alle reali capacità degli allievi.
3) Partendo da un oggetto di uso comune che richieda un processo di fabbricazione facilmente comprensibile agli alunni, indicare in modo sommario il procedimento, individuando anche le implicazioni di carattere grafico, tecnologico, metodologico e didattico.

Concorso riservato 1988

Il candidato tratti, sotto forma di lezione, uno dei seguenti argomenti, privilegiandone l'aspetto metodologico-didattico con riguardo agli alunni cui la lezione stessa sarebbe destinata:
1) Il candidato, tenendo presenti le peculiari caratteristiche del ferro, dica con quali metodi, materiali e sussidi svolgerebbe una lezione sulle possibilità di impiego di questo materiale nella realizzazione di opere edilizie.
2) Il candidato, tenendo presente il rapporto tecnica-ambiente e tecnica-natura, dica con quali metodi, materiali e sussidi svolgerebbe una lezione sull'utilizzazione di alcune delle fonti energetiche esistenti in natura, idonee a garantire più favorevoli condizioni di vita.
3) Le moderne tecnologie per la trasmissione a distanza di suoni, immagini e informazioni

Concorso ordinario 1990

Il candidato svolga, a scelta, uno dei seguenti temi:
1) Il ruolo educativo e formale del disegno, inteso non solo come mezzo indispensabile per la progettazione, ma anche come strumento per l'analisi e la conoscenza della realtà.
Il candidato illustri l'argomento, tenendo presenti le attività che l'insegnamento dell'educazione tecnica comporta e gli obiettivi cui esso mira.
2) Il candidato descriva brevemente le macchine motrici e quelle operatrici usate in agricoltura, soffermandosi, in maniera particolare, sulle macchine per la raccolta delle olive.

3) Dall'abaco cinese alle calcolatrici di Pascal e di Hollerit, ai mastodontici calcolatori degli anni '40, ai computers della prima, della seconda, della terza e delle successive generazioni.
Il candidato si soffermi sulla evoluzione e specifichi le tecnologie che hanno consentito la realizzazione di computers sempre più potenti e meno ingombranti.

Durata massima della prova: ore otto.
È consentito soltanto l'uso del vocabolario italiano.
È fatto divieto di svolgere più di un solo tema, pena l'annullamento della prova.

Concorso ordinario 2016

Domande a risposta aperta
Quesito 1 - Il candidato indichi i contenuti e gli obiettivi di un'unità di apprendimento dedicata alla misura di lunghezze, in cui nell'attività pratica è previsto l'uso di moderne tecnologie.

Quesito 2 - Fra le fonti rinnovabili di energia vi sono le biomasse. Il candidato spieghi agli alunni la loro origine e l'impatto ambientale connesso al loro sfruttamento.

Quesito 3 - Il candidato determini i contenuti di un'unità di apprendimento dedicata allo sfruttamento dell'energia solare per produrre energia elettrica.

Quesito 4 - Nell'ambito di una didattica orientativa il candidato definisca i contenuti di unità di apprendimento dedicata ai centri di lavoro a controllo numerico computerizzato.

Quesito 5 - Il candidato determini obiettivi e contenuti di un'unità di apprendimento dedicata alle principali grandezze elettriche, che preveda l'uso di strumenti di misura.

Quesito 6 - Il candidato progetti un percorso didattico contestualizzato alle esperienze di vita quotidiana degli alunni, al fine di suscitare interesse per le tecnologie riducendo il rischio di dispersione scolastica.

